中国传媒大学专业学位研究生培养优秀案例选编

Selected Outstanding Cases
of Professional Degree Graduate Education
at Communication University of China

中国传媒大学研究生院・编

中国传媒大学出版社
・北京・

图书在版编目(CIP)数据

中国传媒大学专业学位研究生培养优秀案例选编 / 中国传媒大学研究生院编. --北京 : 中国传媒大学出版社, 2025. 5.

ISBN 978-7-5657-3847-0

Ⅰ. G643

中国国家版本馆CIP数据核字第2025AD0607号

中国传媒大学专业学位研究生培养优秀案例选编

ZHONGGUO CHUANMEI DAXUE ZHUANYE XUEWEI YANJIUSHENG PEIYANG YOUXIU ANLI XUANBIAN

编　　者	中国传媒大学研究生院		
策划编辑	李水仙		
责任编辑	李水仙　李明远		
封面设计	博创文化		
责任印制	李志鹏		
出版发行	中国传媒大学出版社		
社　　址	北京市朝阳区定福庄东街1号	**邮　　编**	100024
电　　话	86-10-65450528　65450532	**传　　真**	65779405
网　　址	http://cucp.cuc.edu.cn		
经　　销	全国新华书店		
印　　刷	唐山玺诚印务有限公司		
开　　本	787mm × 1092mm　1/16		
印　　张	16.75		
字　　数	346千字		
版　　次	2025年5月第1版		
印　　次	2025年5月第1次印刷		
书　　号	ISBN 978-7-5657-3847-0	**定　　价**	86.00元

本社法律顾问：北京嘉润律师事务所　郭建平

前言

2020年7月29日，在全国研究生教育会议召开之际，习近平总书记对研究生教育工作作出重要指示，强调研究生教育在培养创新人才、提高创新能力、服务经济社会发展、推进国家治理体系和治理能力现代化方面具有重要作用。国务院学位委员会、教育部印发的《专业学位研究生教育发展方案（2020—2025）》中指出，专业学位研究生教育是培养高层次应用型专门人才的主渠道，是主动服务创新型国家建设的重要路径。

中国传媒大学始终以习近平新时代中国特色社会主义思想为指导，深入贯彻党的二十大精神，面向国家重大战略需求、行业产业人才需求和教育现代化要求，以立德树人、服务需求、提高质量、追求卓越为主线，坚持需求导向、尊重规律、协同育人、统筹推进的基本原则，秉持对党的教育事业高度负责的态度，敢破善立、解放思想、开拓创新。学校抓住新版学科专业目录调整的重大机遇，大力推进学术学位与专业学位研究生教育分类发展、融通创新，通过重构专业学位研究生培养体系，构建了产教融合、课程创新、案例实践、教材研发和导师组指导模式的多层次实践教育体系，着力提升拔尖创新人才自主培养质量，加快建设高质量研究生分类培养体系，为新时代中国特色研究生教育发展贡献中传智慧。

为系统总结专业学位研究生教育改革成果，学校面向全校征集并遴选代表性案例，涵盖产教融合基地建设、实践类课程建设、教学案例建设、主题案例建设、作品研读工作坊、教材建设研究、示范导师组建设七大板块，汇编形成《中国传媒大学专业学位研究生培养优秀案例选编》，旨在展现学校在专业学位人才培养方面的创新实践，探索面向未来的智能传媒教育发展模式。

产教融合基地建设板块重点展示学校与行业深度融合的创新实践，包括与主流媒体单位共建多层次实践平台、联合打造产学研基地等典型案例，通过“以赛促学”“案例教学”等特色模式，将行业真实项目引入教学，助力研究生掌握前沿专业技能、增强研究生解决实际问题的综合能力，构建校企协同育人的长效机制。

实践类课程建设板块系统呈现学校以行业产业需求为导向开发建设的创新课程体

系。课程设计采用“任务驱动”“项目导向”“场景模拟”等多元教学模式，紧密结合行业技术发展趋势，将行业标准与专业训练深度融合，强化项目实践，培养研究生创新思维，提升专业素养与职业能力。

教学案例建设板块精选红色文化数字化传播、情景化新闻报道、经济管理战略、社区治理创新、融媒体视听创作等多元案例类型，覆盖新闻与传播、戏剧与影视、国际中文教育、国际商务、公共管理、翻译等多个专业领域，通过对真实行业场景的深度还原与问题重构，建立“理论解析—场景还原—模拟演练”三位一体教学模式，培养研究生专业思维，促进其理论认知与实践能力的有机衔接，实现价值引领与专业培养的深度融合。

主题案例建设板块聚焦教育部学位与研究生教育发展中心立项的五大主题案例，展现学校服务国家文化发展战略的实践探索。该板块精选具有时代特征的原创案例，将社会主义核心价值观融入教学实践，在案例分析中帮助研究生理解文化传播规律，培养兼具人文情怀与全球视野的复合型人才，为讲好中国故事、服务国际传播战略提供人才支撑。

作品研读工作坊板块集中展示我校专业学位育人特色，构建专业学位案例研读与学术学位文献阅读相融并促的分类培养体系，形成“赏析—解析—创作”培养路径。该板块通过对影视剧本、数字营销、品牌管理等真实项目的深度解析，引导研究生在批判性思考中掌握专业技能，实现从知识接收者到内容生产者的角色转变。

教材建设研究板块主要展现我校在专业学位教材领域的研究成果，包括“视听觉信息应用技术”“文化产业投融资”“国际中文教育”等专项研究。通过组建跨学科研究团队，对智能媒体技术、文化传播等领域开展教材建设的前瞻性研究，旨在为研究生提供科学、系统、实用的知识框架，开发适应新时代行业需求的高质量专业学位研究生教材。

示范导师组建设板块展现了我校实行的“1+1+1”导师组创新指导模式。通过建立基于项目训练的跨学科协同培养机制，分别对专业学位研究生的知识理论体系、专业技能、创作实践进行指导，有效破解了专业学位研究生培养中理论薄弱、实践不足、行业经验欠缺等难题。

《中国传媒大学专业学位研究生培养优秀案例选编》是对学校专业学位研究生教育创新实践的阶段性总结。专业学位研究生教育肩负着培养高层次、复合型、创新型人才的重任，我们希望，通过对案例的梳理与分享，能够为全国传媒类专业学位研究生培养提供有益参考。

2024年9月26日，在中国传媒大学迎来70周年校庆之际，习近平总书记给中国传媒大学全体师生回信。新时代新征程，中国传媒大学将牢记习近平总书记嘱托，坚定不移落实好立德树人根本任务，进一步深化中传特色专业学位教育体系，努力培养更多让党放心、爱国奉献、担当民族复兴大任的时代新人，为党的宣传思想文化事业发展作出新的贡献。

目录

专业学位研究生产教融合基地建设

传播研究院出版专业学位硕士研究生产教融合基地建设

负责人简介

王京山，中国传媒大学传播研究院教授、博士研究生导师、出版专业硕士研究生导师，北京市中青年骨干教师。主要研究方向为数字出版和数字传播。曾担任研究生“数字出版与技术”“传播学”“数字传播进展”等课程的教学工作，出版有《网络出版运作》《文献传播》等著作，在《出版发行研究》《中国出版》《科技与出版》等专业报刊发表论文80余篇。

■ 优秀成果或建设经验介绍

本项目经过近一年的建设，成功与北京斯麦尔数字出版技术有限公司、掌阅科技股份有限公司、国华羡林（北京）文化发展有限公司达成合作协议，并签署出版专业学位硕士研究生产教融合基地建设协议。通过“走出去”“请进来”的方式，我校出版专业硕士研究生学位点邀请各公司管理人员承担我校出版专业硕士研究生的教学、实践实习指导等工作，同时我校出版专业硕士研究生已有多人次去产教融合基地实习实践，实现了产教融合、共促发展的目的。本项目的建设经验如下：

第一，充分考虑出版专业硕士研究生的培养需求，立足高素质出版专业人才培养，持续推进产教融合，使学生和实习基地单位双获益。为满足我校出版专业硕士研究生数字出版方面的教学、实践实习需求，本次出版专业学位硕士研究生产教融合基地建设重点推进与北京斯麦尔数字出版技术有限公司、掌阅科技股份有限公司等数字出版公司的合作；同时兼顾传统出版的教学、实践实习需求，与国华羡林（北京）文化发展有限公司开展深度合作。

第二，以出版实践实习为导向，面向出版业实际开展出版专业硕士研究生人才培养模式改革。在出版专业学位硕士研究生产教融合基地建设过程中，我们秉持“开门办学”“在做出版中学出版”的理念，推动学生深入出版产业一线，面向行业需求推进人才培养模式变革。

第三，倾听业界呼声，深化教育教学改革，打通课堂理论教学与实践实习。在出版专业学位硕士研究生产教融合基地建设过程中，我们对于出版业的发展现状与人才需求有了更直接的认识。我们将结合实际深化教育教学改革，推动理论联系实际，保证出版专业硕士研究生培养质量，以更好地适应出版行业发展变革的需要。

■ 学生评价情况或成果推广情况

目前我校出版专业硕士研究生学位点已邀请产教融合基地人员入校授课、讲座等5次，出版专业硕士研究生已有10多人次赴相关产教融合基地实习，学生们反馈效果良好。我校出版专业硕士研究生通过实习实践活动解决了他们在行业认识、实操训练、职业规划等方面的困惑。与产教融合基地单位的合作大大提升了学生的出版专业实践技能，让学生拥有更多机会去“体验全流程、学习真本领”，对于学生未来的实习、求职有较大的促进作用。

结合课堂教学和师生交流经验，我校出版专业硕士学位点在前期建设的基础上推进与产教融合基地单位的进一步合作，在合作内容、合作方式、师生互动等方面深入研讨，推进合作向纵深发展。同时，传播研究院在总结已有经验的基础上，加强出版专业学位硕士研究生产教融合基地建设，充分利用北京作为文化中心和出版重镇的地缘优势，推动出版专业学位硕士研究生产教融合基地建设上规模、上档次、上水平；打通产教融合基地建设与访企拓岗的衔接，进一步提升我校出版专业硕士研究生实习实践质量和就业求职质量，为出版业输送更多高素质专门人才。

■ 相关图片

相关图片1

信息与通信工程学院电子信息领域专业学位硕士研究生产教融合基地建设

负责人简介

金立标，中国传媒大学信息与通信工程学院党委书记、教授、博士研究生导师。文化科技创新服务联盟云演艺专业委员会主任委员，中国通信学会移动媒体与文化计算专委会委员，中国电子工业标准化技术协会智能拍摄系统工作委员会委员。获中国电影电视技术学会优秀科技人才奖。主要研究领域为智能媒体通信与文化科技，主持国家重点研发计划课题“云演艺沉浸式体验关键技术与系统研发”等项目，出版教材2部，发表相关领域学术论文百余篇。

■优秀成果或建设经验介绍

一、产教融合基地建设情况

为贯彻落实党的二十大精神，推进教育、科技、人才一体化发展，加快电子信息领域专业学位研究生教育改革，深化研究生产教融合，充分发挥企业在专业人才培养中的重要作用。2022年以来，中国传媒大学信息与通信工程学院先后与北京中视广信科技有限公司、中影光峰激光影院技术（北京）有限公司和北京科旭威尔科技股份有限公司分别签署校级合作协议，共建产教融合基地。

（一）融媒体产教融合基地

融媒体产教融合基地由中国传媒大学信息与通信工程学院和北京中视广信科技有限公司联合建立，主要面向人工智能和新一代信息技术方向的专业硕士研究生。校企双方共同选派人员参与融合基地的科研管理和合作，充分发挥基地业界导师作用，组织指导教师对学生实习实践过程进行指导与管理，同时为学生提供实习研究方向和选题，将学校的研究成果投到企业技术应用中。

（二）智能拍摄产教融合基地

智能拍摄产教融合基地由中国传媒大学信息与通信工程学院和北京科旭威尔科技股份有限公司联合建立，主要面向人工智能方向的专业硕士研究生。校企双方主要围绕研究生的实习实践、新技术新产品研发等领域开展合作。双方启动“智能拍摄联合研究实验室共建项目”，公司向学院免费提供“融移播”智能拍摄系统，专业硕士研究生基于该系统逐步开展智能拍摄算法研究。

融媒体产教融合基地挂牌照片

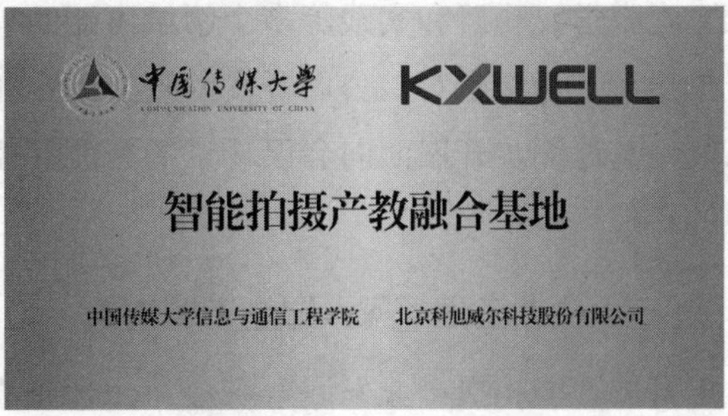

智能拍摄产教融合基地挂牌照片

（三）电影电视音视频技术产教融合基地

电影电视音视频技术产教融合基地由中国传媒大学信息与通信工程学院和中影光峰激光影院技术（北京）有限公司联合建立，主要面向人工智能和新一代信息技术方向的专业硕士研究生。该基地主要在音视频技术、光电技术、激光显示与应用光学等领域优先开展技术创新和人才培养等方面的长期合作。

二、产教融合基地建设经验介绍

（一）依托“基地课题研究”开展联合培养

校企双方共同选派人员参与融合基地的科研管理和合作，充分发挥基地业界导师作用；基地为学生提供实习研究方向和选题，按照“课题发布—课题审核—学生报名—双向选择”的方式进行相关遴选，同时也将学校的研究成果投到企业技术应用中。

以下为融媒体产教融合基地发布的课题：

序号	课题名称
1	8K 网格编 + 分层码技术及物体追踪技术研究
2	AI 物体识别及追踪技术
3	高清上变换 4K 技术研究
4	广电媒体新型数字化基础架构研究
5	广电媒体数字化转型路径及策略研究
6	音视频的智能分析研究课题
7	全媒体环境下传统电视广播单位的节目生产管理模式研究
8	基于时间序列流数据的实时智能处理与应用（监控领域）

（二）开展联合研究实验室项目共建

校企双方启动“智能拍摄联合研究实验室共建项目”，结合研究生培养方案提出了双方在教学、科研和实践等多个领域可能的具体合作事项，公司免费提供“融移播”智能拍摄系统，学生对该公司开发的智能云台和多功能控制系统进行学习和使用。基于该系统，基地逐步开展面向会议场景的智能导播算法研究，助力补齐公司在先进算法研发上的短板。

（三）企业工程师深入课堂专题讲授

开展智能拍摄产业发展宣讲会，公司派遣工程师深入课堂，在夏季小学期的综合课程“数字节目制作——专题片制作”中为学生详细介绍了人工智能技术在数字制播领域的应用；学生以“智能拍摄技术”为主题摄制了专题片作品。

（四）开展基地实践成果展示和汇报

为加强学校与企业之间的深度合作，也为学生提供展示实践成果和经验的平台，学校和企业共同开展了研究生基地实践成果展示和汇报。

（五）联合开展学术合作交流

校企双方在人员交流、学术合作等方面达成长期战略合作。人员交流方面，双方开展学术合作交流活动，邀请双方人员展开相关讲座和学术研讨活动等；学术合作方面，双方根据实际需要进行产教融合、合作调研或联合申报项目。在不违反相关保密规定、著作权法的前提下，双方分享对方的案例、前沿资讯、调研数据等资源。

■ 学生评价情况或成果推广情况

一、基地实践成果参赛

以“智能拍摄技术”为主题摄制的专题片作品在2023年8月5日由北京市广播电视局、北京经济技术开发区管理委员会主办，北京科旭威尔科技有限公司承办的“2023年全国智能拍摄产业峰会”上进行了展示，作品获得了参会者的好评。这些作品也发布在北京科旭威尔科技有限公司的官方微信视频号上，获得了大量观看、点赞和转发，为推动智能拍摄产业发展起到了广泛的宣传作用。其中，作品“直播背后的控制与切换”在第六届全国大学生网络编辑创新大赛全国赛“视听新媒体”赛道荣获二等奖。

二、学生评价情况

2020级专业硕士研究生张秦：“在中影光峰实习实践的过程中，能够深入地参与研发实验室的科研活动，让我在软硬件开发能力方面得到了极大的提升。”

2021级专业硕士研究生王月：“通过参与中影光峰委托横向科研项目‘高质量影像研发发展方向研究’，我明确了自己的毕业设计选题方向，以及未来的就业方向。”

2022级硕士张善策：“在产教基地的科研实践中，我参与的研究课题是‘基于深度学习的主动噪声控制技术研究’，使我在音频信号处理方面产生了浓厚的学习兴趣，因此，我的毕业设计选题将在语音降噪方向上继续开展深入的研究。”

■ 相关图片

相关图片2

外国语言文化学院“以赛促学”强化产教深度融合基地建设

负责人简介

刘颖，博士、教授、硕士研究生导师，美国乔治梅森大学访问学者，入选“北京市高等学校青年英才计划”，中国传媒大学外国语言文化学院副院长，主管研究生教学工作。承担国家级、省部级研究课题4项，中国传媒大学研究生教改项目5项，出版学术专著、译著、教材等5部，在《中国外语》《现代传播》等学术期刊发表论文20余篇。曾获中国传媒大学青年教师教学基本功大赛三等奖、中国传媒大学研究生教学优秀成果奖。

■ 优秀成果或建设经验介绍

2022年5月，中国传媒大学外国语言文化学院与墨责（北京）科技传播有限公司签订协议，建立翻译专业学位硕士研究生（MTI）实习基地。墨责（北京）科技传播有限公司成立于2012 年 12 月，依托中国外文局70余年来在对外翻译、国际传播和国际人才培养等领域的雄厚资源，拥有一支翻译界顶尖的专家顾问团队和资深质优的译员队伍，形成了以新技术产品+人工服务为核心的多元化经营体系。

基地定期接收翻译专硕在校生到岗实习。学生通过实际工作岗位综合历练，了解中国翻译行业、国际传播领域最新动态，提升外语应用能力、翻译专业水平和跨文化交流能力，逐步提高个人综合素质，明确职业目标，提前适应工作节奏，为步入职场做充分准备。

由中国传媒大学外国语言文化学院主办，墨责（北京）科技传播有限公司协办，2022年5月、2023年7月和2024年9月成功举办三届“中传译制奖”多语种译配大赛。大赛分为国内和国外两个赛道，涵盖22个语种，包括英语、日语、韩语、法语、德语、俄语、西班牙语、阿拉伯语、葡萄牙语、意大利语、匈牙利语、斯瓦希里语、印地语、普什图语、孟加拉语、尼泊尔语、乌尔都语、泰米尔语、马来语、印尼语、越南语、泰语。参赛对象覆盖国内外普通高校在读本科生、研究生、留学生、海外孔子学院在校生及外籍翻译爱好者，旨在“以赛促学、以赛促译、融通中外、文明互鉴”，推动中国文化走出去，向世界表达中国，让世界理解当代中国，发挥中国在世界话语体系中的重要作用，不断提升中国的国际传播能力。

■ 学生评价情况或成果推广情况

2022年、2023年和2024年“中传译制奖”颁奖典礼在中国传媒大学外国语言文化学院成功举办。2022年共计收到来自21所高校的27部参赛作品，涉及11个语种，194名参赛选手，22部作品分获一、二、三等奖。2023年共计收到来自21所高校的48部参赛作品，涉及13个语种，151名参赛选手；最终18部多语种优秀配音译制作品脱颖而出，获得奖项。2024年共计收到来自87所高校645位选手的141部作品，最终64部佳作脱颖而出，获得奖项，6家高校获最佳组织奖。

自首届“中传译制奖”举办以来，此奖项迅速得到国内外影视译制学界和业界的关注，取得了较好的学科影响力和社会影响力，打造了译制研究和实践领域的中传品牌。

作为中国传媒大学外国语言文化学院在“复语、复合、复能”国际传播人才培养与跨文化交流服务平台建设中的重要实践，“中传译制奖”影视译制大赛彰显了学院和学校专业硕士人才培养在服务国际传播能力建设、加强国际传播人才培养方面的使命与担当。

■ 相关图片

相关图片3

政府与公共事务学院公共管理类专业学位硕士研究生产教融合基地建设

负责人简介

周亭，中国传媒大学区域国别传播研究院执行院长、研究员、博士研究生导师，中国传媒大学全球舆情大数据研究团队首席专家。香港城市大学、台湾政治大学、美国西北大学访问学者。主要研究领域为大数据舆情与治理、国际传播，主持国家级、省部级、司局级项目50余项。兼任中国国际中文教育基金会舆情应对与公共事务专家，中央广播电视总台“国际在线”国际传播专家。曾任中国传媒大学政府与公共事务学院院长。

■ 优秀成果或建设经验介绍

学院高度重视公共管理专业学位研究生实践教育教学，充分调动专任教师和业界导师的社会资源，2022年先后与人民网、环球时报社、中华社会救助基金会签署实习实践基地协议；2023年与国家新能源汽车创新研究中心、尤溪县融媒体中心、长沙数智融媒科技有限公司、衢州南孔文化发展中心签署实习实践基地协议。

基地建成后，学生通过实地考察和现场教学，了解了实践中的舆情治理、政务微博运营、大数据治理、公益传播、公共政策传播等方面的知识；他们通过实习也锻炼了自身分析问题、解决问题的能力。

第一，实习实践。学生在为期3个月的实习期内参与基地工作，他们通过日常工作和项目执行，了解实习基地的工作制度和运行机制。

第二，课题研究。结合基地当前工作中存在的难点问题，有针对性地开展课题研究；将基地工作作为案例，促进学生发现问题、分析问题、解决问题的能力，也可为学生的毕业论文选题提供启发。

第三，调研交流。定期组织学生前往基地开展调研交流，深入一线了解现状。调研交流活动深化了书本知识，丰富了学生的社会经验，提升了学生的实践能力。

第四，开办讲座。邀请来自基地的业界专家开设专题讲座，开阔学生视野。

第五，推荐就业。根据学生的实习表现，基地可选择与自身工作匹配度高的岗位推荐就业。

截至2023年11月底，我院陆续开展了一系列实习实践活动，包括遴选7名MPA学生，前往人民网、国家新能源汽车创新研究中心实习；MPA导师带领学生前往人民网、尤溪县融媒体中心、长沙数智融媒科技有限公司、衢州南孔文化发展中心开展调研；与环球时报社、中华社会救助基金会开展课题研究；邀请人民网网上群众工作部主任给学生开设实践讲座；与衢州南孔文化发展中心合作，建立“读懂中国式现代化工作坊”。

■ 学生评价情况或成果推广情况

杨白雪（2022级MPA非全班）

实习基地：人民网网上群众工作部

实习内容：实习期间，从每日读报开始，深入学习理论知识，关注时事政策，这些锻炼了我的调研分析能力，使我掌握了一定的政策研究方法。每日读报是来到人民网做的第一件事，之前当成任务，现在却成了习惯，每天8：30读报的广播都会准时响起。每天发生的大事小情都新鲜有趣。我负责文字撰写和稿件修订等工作，通过老师对格式和引用的规范、理论文章的行文风格的悉心指导，使我对文字的严谨有了更深层次的认识。这次实习让我积累了宝贵经验，提高了学习实践的能力。

林雨欣（2022级MPA全日制班）

实习基地：国家新能源汽车创新研究中心

实习内容：主要负责配合老师完成日常党委会、党委相关例会以及专题会；协助组织开展党委班子专题学习；负责党支部展区展板更新；协助完成会前准备工作；配合撰写报审材料以及会议报道。在国创中心的实习，让我深刻了解了党组织在企业中的重要作用，党建工作对于提升企业凝聚力、推动发展具有不可忽视的作用，同时也深刻感受到党建对于塑造企业文化和价值观的重要性。在实习中，我还有幸参与到国创中心股东会、董事会以及监事会的前期筹备环节，让我学到了更多团队协作和组织管理的经验，激发了我在未来工作中更积极参与党建工作的愿望。

王渊（2022级MPA全日制班）

调研基地：长沙数智融媒科技有限公司

调研内容：2023年2月我们赴长沙数智融媒科技有限公司实习实践基地开展实地调研活动。长沙数智融媒科技有限公司主要负责长沙市政府官方唯一的城市级移动综合服务平台“我的长沙”App的建设运营，该平台是长沙市推动媒体深度融合的“城市服务+融媒体”平台。我们的调研活动主要针对“我的长沙”App“城市服务+融媒体”的先进模式展开，分别与其业务部门、技术部门和新闻部门进行座谈，探讨其成功融合的经验，并以实践调研内容为素材，为参加中国研究生公共管理案例大赛提供了充分的材料支撑。

■ 相关图片

相关图片4

经济与管理学院“聚焦案例建设，讲好中国故事”基地建设

负责人简介

严威，中国传媒大学经济与管理学院教授、副院长、专业学位教育中心主任，“大数据管理与应用”国家级一流本科专业负责人。主要研究领域为社交网络、数字媒体、文化数字化等。研究成果发表在*Electronic Commerce Research*、《科研管理》国内外管理学期刊上。曾获北京高校青年教师社会调研优秀成果奖等荣誉。

■ 优秀成果或建设经验介绍

立足中国场景，深入企业实践，聚焦真实问题，凝练形成“产学研赛一体化”的案例建设方法，总结具有中国特色和中国智慧的企业发展之路。我们与中国国家地理杂志社合作完成案例《始于酒，不止于酒：中国国家地理·国酒地理垂直化探索之路》，探索媒体如何推进深度融合。与东风岚图汽车合作完成案例《东风岚图如何绘成蓝图？——高端新能源汽车品牌岚图发展之道》，分析大型企业如何开展内部创业。与心咚科技合作完成案例《心咚科技：软体仿真科技引领时尚可持续》，思考企业如何实现数字创新。案例研究反哺分别教学，提高专业学位研究生人才培养水平：教师团队指导学生获得第八届全国管理案例精英赛季军（2023年）、第15届全国商业模拟大赛二等奖（2023年）、第14届全国商业模拟大赛二等奖（2022年）等，学院还举办了“管理案例开发与案例教学”师资研讨会。

■ 学生评价情况或成果推广情况

中国传媒大学经济与管理学院“聚集案例建设，讲好中国故事”基地获得“全国百篇优秀管理案例”等荣誉奖项（管理案例领域最高水平奖项），“新时代文化传播系列案例”获教育部学位中心2022年主题案例立项（案例领域最高级别项目）。1篇案例获评“全国百篇优秀管理案例”（2022年），1篇案例获评“清华大学‘卓越开发者’案例大赛二等奖”（2023年）。2021年以来，3篇案例被收录进

中国专业学位案例库，2篇案例被收录进中国管理案例共享中心案例库，1篇案例被收录进中国工商管理案例库。

■ 相关图片

相关图片5

戏剧与影视学院大型节目产教融合策划与创作实践基地建设

负责人简介

关玲，中国传媒大学教授、博士研究生导师，中国广播剧研究会副会长，中国电视艺术交流协会影视艺术专业委员会主任。主要从事广播电视艺术学的教学和研究工作，曾主持和参与多项省部级科研项目，参与策划和制作大量广播电视节目及大型活动。曾担任全国性及国家级专业评奖活动的评委，如中宣部“五个一工程奖”、中国电视文艺星光奖、中国广播文艺奖、中国广播剧奖、上海电视节白玉兰奖、中国电视金鹰奖等。

■ 优秀成果或建设经验介绍

中国传媒大学戏剧与影视学院大型节目产教融合策划与创作实践基地依托研究生“开放类实践创作”课程，采用团队教学形式，努力建设产教融合基地。我们先后与湖北广播电视台、北京广播电视台、央视创造、央视频等单位及机构紧密合作，以项目带动教学，让教学更有针对性和前沿性，缩短了课堂与业界的距离。代表性项目有：

一、第十八届长春电影节闭幕式

2023年9月2日，由中央广播电视总台和吉林省人民政府主办的第十八届中国长春电影节圆满落幕。这场星光璀璨的闭幕式的背后，有着数位中国传媒大学戏剧影视学院“90后”同学的付出和奋斗，他们用成熟的专业能力与业界进行合作，开启了这场盛会的光影之门。

二、2023网络春晚

中央广播电视总台2023网络春晚以“一起开新，共造未来”为主题，采用记录者视角讲好青年的“开新故事”，与全民共创“开新图鉴”，凝练了各个圈层文化的内容热点和精神价值。这场网络春晚以包容的创作姿态，实现了圈层文化的碰撞与交流，开启新青年文化视野，携手各个圈层嘉宾与网友共赴青春之旅。节目主创人员全部由中国传媒大学戏剧影视学院毕业生及在校学生构成。

三、2023“央Young之夏”草原歌会

“央Young之夏”草原之夜歌会是中央广播电视总台一

档大型文旅融合特别歌会，晚会于2023年8月5日在央视频、央视网播出，全部主创人员由中国传媒大学戏剧影视学院毕业生及在校学生构成。

■ 学生评价情况或成果推广情况

学生评价：戏剧与影视学院大型节目产教融合策划与创作实践基地解决了实习实践渠道及出口，有助于学生在业界平台进行锻炼，同时为后期学生就业提供了良好的履历支持。

■ 相关图片

相关图片6

艺术研究院产教融合推动内蒙古海力森嘎查乡村振兴基地建设

负责人简介

刘京晶，中国传媒大学艺术研究院党委书记、研究员、博士研究生导师。主要研究方向为公共文化艺术管理、城乡文化项目策划。坚持在基层一线开展田野调查和专业实践，积极探索艺术思政的创新举措。担任海力森嘎查文化村长，长期服务乡村振兴。

■ 优秀成果或建设经验介绍

项目坚持“五育并举”教育理念，引导师生投入乡村振兴前沿开展教学实践活动，探索实践新时代乡村文化振兴的新经验、新模式。项目团队发挥专业特长，从规划设计、筹资立项、施工建设、后续运营到品牌打造，开展全程跟踪服务，推动海力森百年古榆民俗旅游度假村从无到有。目前已经完成建设投入运营，2023年为村集体经济增收20余万元。

基地组织实施国家艺术基金“农旅融合背景下文创产品设计开发创新人才培训”，引进全国30名优秀设计师为海力森提供创意服务。我们协调兴安职业技术学院、内蒙古社科院兴安分院，挖掘海力森民族文化、文艺作品创作，协调内蒙古农业大学林学院、植保学院和兴安职业技术学院农牧系筹建海力森植物医院，持续推进当地生态修复和环境保护。我们推动中国传媒大学文化产业管理系教工党支部和海力森嘎查党支部三年共建关系，促成海力森嘎查与河南省信阳市光山县东岳村结成友好村落，开展乡村治理、支部共建、文化走亲等活动，探索建立可复制、可持续的结对发展新模式。我们组织开展了古榆树保护、乡村民俗文化田野调查、文创产品研发、乡村影像实践等专业实践活动，围绕文旅开发、乡村民宿发展、乡村文化景观营造、乡村公共文化空间打造、乡村开发与治理模式等方面开展跟踪研究。

■ 学生评价情况或成果推广情况

项目将产教融合基地与度假村建设发展相结合，提供了从“规划设计—建设运营—乡村治理”全流程的专业实践平台。中国传媒大学200余名师生先后参与海力森嘎查乡村建设，伴随整个项目推进，深入到全方位的专业实践中。2019级文化项目策划专业硕士研究生王琮的毕业作品，就以海力森公共文化空间为对象进行策划，其成果被采纳并落地实施。2020级艺术管理硕士徐双俐以海力森为样板开展深度田野调查，并完成其毕业论文。海力森乡村影像实践团组织43名师生开展乡村影像创作，并成功举办“秋收海力森家庭乡村影像志——中传学子的大力阅读”展览。

海力森广受社会各界关注，《人民日报》、《内蒙古日报》、中新网、中国网等媒体均对其进行报道。海力森嘎查2023年被列为内蒙古自治区创建国家乡村振兴重点示范村，获评“内蒙古乡村旅游重点示范村”。项目成果《打造“海力森协作体”模式　推动乡村“五位一体”全面振兴》获评2023年教育部精准帮扶典型案例。

项目设计开发的“兴安药香”系列文创产品，荣获内蒙古自治区旅游文创产品三等奖，并授权给兴安盟文旅投资有限公司开发，助力当地农旅融合发展。

■ 相关图片

相关图片7

音乐与录音艺术学院音乐产业产教融合基地建设

负责人简介

赵志安，中国传媒大学音乐与录音艺术学院教授、博士研究生导师。主持“音乐传播学导论”“中国音乐产业发展的现状和政策研究”等国家级项目；担任“音乐产业专题研究”“音乐产业项目策划与创意”等研究生课程的教学任务。

■ 优秀成果或建设经验介绍

中国传媒大学音乐与录音艺术学院是国内率先建立完整的传媒音乐、音乐产业本科、硕士、博士人才培养体系的院校。我院以音乐传播学科建设为龙头，以音乐科技和音乐产业的专业发展为支撑，凸显“传媒+”的学科鲜明特色。北京音乐产业园是致力于打造集音乐创作、音乐制作、音乐展演、音乐人才培养、音乐版权管理与服务于一体的全产业链基地，是北京市建设“国际音乐城市”、打造国家音乐产业基地示范园区的重要基地。为培养音乐产业领域的高级复合型人才，2019年以来，我院和北京音乐产业园利用各自优势资源，开展合作，共同打造音乐产业产教融合基地。一方面为我院传媒音乐专业硕士研究生的教学、科研提供理论联系实践的平台，扩展专业硕士研究生实践的机遇；另一方面，专业硕士研究生的实习实践，也为北京音乐产业园的基地建设提供人才支撑。

自该音乐产业产教融合基地建设项目推进以来，以基地建设项目为依托，我们在产业园挂牌建成“音乐产业创业人才孵化空间、演艺厅、录音棚、数字音乐实验室”等硬件设施，我院和北京音乐产业园还先后合作开展了2020第七届音乐产业高端论坛、2023第八届音乐产业高端论坛、2021第四届数字音乐“双创”大赛、2023第五届数字音乐“双创”大赛、2023第三届北京国际音响展以及系列音乐产业分行业季度交流沙龙活动。近三年来，中国传媒大学音乐与录音艺术学院专业硕士研究生结合“音乐产业项目策划与创意”的课程校外实践教学，开展了系列活动品牌的策划、宣传和项目执行等实践活动，在音乐作品创作、音乐项目创意、音乐编辑、录音制作、音乐活动品牌打造等方面，取得了丰硕的实习实践成果。

■ 学生评价情况或成果推广情况

自音乐产业产教融合基地建设项目推进以来，中国传媒大学音乐与录音艺术学院先后组织数十名专业硕士研究生组成筹备组，在北京音乐产业园的支持下，成功举办了两届音乐产业高端论坛，该论坛汇聚了国家机关部委、行业协会、业界和国内外高校的数百位嘉宾，集中且深入地探讨音乐产业的发展现状、趋势和策略，使该论坛成为具有重大影响力的音乐产业高层次、专业化、国际化的交流平台。历届论坛还会发布《中国音乐产业发展（总）报告》，中央广播电视总台、人民网、《光明日报》等主流媒体都进行了及时、深入的报道，产生了重大的社会影响。

此外，基于音乐产业产教融合基地建设项目，我院联合北京音乐产业园，依托专业硕士研究生组成的筹备组，成功举办了两届数字音乐“双创”大赛。大赛包括音乐新声、数字音乐传媒、原创词曲以及音乐创业创意等组别，面向国内高校和社会的青年音乐人广泛征集音乐词曲创作、数字音乐创意、音乐项目创业策划等领域的优秀作品。大赛作品征集覆盖了全国400多所音乐院校和综合大学音乐系所的师生，先后有130多所音乐院校的师生获得各组别的各级奖励。我院专业硕士研究生群体作为筹备组成员不仅锻炼了活动策划组织和执行综合能力，还依托大赛平台推出了一大批音乐词曲创作、数字音乐创意和项目策划领域的优秀作品，获得了各级奖励，充分展现了我院音乐专业硕士研究生的优势综合素质，有力提升了我校音乐专业的学科声誉和社会影响力。

■ 相关图片

相关图片8

播音主持艺术学院“专业、垂直、细分：融媒型播音主持专硕人才培养”基地建设

负责人简介

高原，中国传媒大学播音主持艺术学院副院长、硕士研究生导师、责任博导组成员，中国传媒大学首批“教学青年拔尖人才”。在传媒一线工作超过15年，具有丰富的电视节目主持人和制作人经验。2008年任北京奥运会帆船赛事首席解说员，2016年获邀担任二十国集团民间社会(C20)会议的中英文主持人。

■ 优秀成果或建设经验介绍

中国传媒大学播音主持艺术学院与咪咕视讯科技有限公司的合作，是依托产教融合基地进行专业学位硕士研究生（以下简称专硕研究生）培养的优质案例。双方通过深度合作，建立了一个集学习、实践于一体的培养模式，为专硕研究生提供了贴近行业前沿的实践机会，实现了教育内容和教学方式的革新。

咪咕视频拥有大量体育赛事的版权，其自身对于体育节目主持人以及解说员有大量需求。在双方合作主办的三届《沸腾吧！解说员》体育播音主持人才选拔真人秀里，我院学生包揽了全部冠军，体现了我院在理论学习与实践应用之间的顺畅转换能力。《沸腾吧！解说员》第一期节目上线后即引起很大关注，相关话题的微博阅读量过亿，7 000余人在节目下方留言评论，其中不乏对学院及学生的认可与赞扬。除在咪咕视频平台、微博、公众号、抖音等渠道传播外，人民网、新华网、北青网等均对该活动进行了翔实的报道，学院的社会影响得到巩固提升，专业声望由广播、电视领域向互联网领域延伸扩大。

依托基地，专硕研究生参与的大型赛事解说包括世界杯、世乒赛、亚运会等，他们的声音响彻国内和国际赛场。近50名师生参与了亚运会的播报和现场主持，他们服务于足球、篮球等21个体育项目的赛场，20余名学生在咪咕平台上负责解说工作，覆盖61个分项中的17个项目；2名专硕研究生承担了咪咕平台世界杯转播的官方主持和解说工作，另有1名专硕研究生和其他两名本科学生担任了咪咕

视频特意开设的以“中国传媒大学”命名的转播专属频道窗口的解说工作；6名专硕研究生在成都大运会中担任多语种播报、现场主持和演播室串联工作，还参与了相关综艺节目的制作与播出。这些经历极大地拓宽了学生的职业视野和实践范围，也获得了咪咕方负责人的高度评价，认为我院学生展现出的专业素养和临场应变能力是高水平的。

基地的建设经验表明，紧贴行业发展需求，学院能够精准定位培养计划。学院在调整教学内容和方式时，与企业的深度对接发挥了关键作用。学生们通过参与大型赛事的解说和主持，将课堂理论知识与现场实战紧密结合，不仅丰富了自己的实践经验，也为媒体行业注入了新鲜血液。

产教融合优化和细化了融媒体育竞技相关主持和解说人才的培养模式，增加和拓宽了我院专硕研究生培养的方向，提升了学生的就业竞争力，扩大了毕业生的就业渠道，最终实现了专业人才培养质量和就业率的双丰收，进一步推动了专业教育与产业需求的深度融合。

■ 学生评价情况或成果推广情况

一、学生的评价

葛宇阳（2021级播硕）：我将这次卡塔尔世界杯的解说工作看作是体育解说的新起点，非常感谢学院的鼓励和支持。

周泽昊（2021级播硕）：感谢学校、学院和咪咕视频给我们这次增长经验见识和提升专业能力的机会，让我们收获颇丰。

常道勤（2022级播硕）：感谢这次世界杯转播任务，它是对“传者”责任的体现。

倪俪绮（2022级播硕）：特别感谢咪咕和学院给我这个机会去参加世乒赛的主持。我不仅对乒乓球赛事有了更多的了解，也从奥运冠军的身上学习到了很多。面对镜头我们有了更多的业务经验。

洪博文（2022级播硕）：我在解说过程中分析对局优劣、场上局势、双方的技术特点等情况，心情也跟着职业运动员们一起波澜起伏。我锻炼了解说技能，也感受到比赛中的体育精神，着实收获良多。

夏骆宾（2022级播硕）：几天的实践让我打磨了解说技术，了解到前沿赛事的最新动态，感受到国乒健儿在赛场上的飒爽英姿，这些经历都是宝贵的财富！

张昊泽（2023级播硕）：参与世界杯的转播给了我很大的锻炼，使我更深刻地体会到口语表达艺术在体育转播节目中的关键作用。

二、行业和专家的评价

咪咕体育乒羽项目总监彭友：中传的同学们具备一定的乒乓球知识，他们的语言表达能力、临场应变能力和即兴发挥能力都很优秀。

北京广播电视台体育频道中心主持人团队负责人金巍、赛事转播团队负责人薛涛：从早上9点至下午6点，同学们始终保持着体育比赛解说应有的精气神，这非常不容易。

国际级花样滑冰裁判齐佳、北京市武术协会副主席、全国高校武术协会主席邢登江：同学们不仅有出色的播音主持功底，同时具备非常专业的解说项目知识储备。

咪咕视频解说团队负责人：在大运会的转播中，中传播音的学生展现了优秀的体育主持、解说能力，表现精彩，具备了担任体育转播前线工作的品质。

主管亚运会赛事直播工作的咪咕方负责人戴博阳：中传播音的学生在专业素养、知识储备以及临场应变能力方面都非常出色，在其他院校解说同学出现困难时，能够出色地完成解说工作。

新闻学院全媒体新闻与媒介市场研究基地建设

负责人简介

隋岩，长江学者特聘教授，国务院学位委员会新闻传播学组召集人，中国传媒大学学术委员会副主任、新闻学院院长、《现代传播》主编。完成国社科重大等国家级、省部级项目12项；在研国社科重大1项。在《中国社会科学》《北大学报》等发表论文百余篇，被《新华文摘》全文转载11篇。专著在美、英、法、俄、韩等国出版。

■ 优秀成果或建设经验介绍

中国传媒大学新闻学院新闻与传播专业硕士研究生在参与实习实践过程中表现出色，产出了诸多优秀成果。

一、优秀成果

在中国广视索福瑞媒介研究有限责任公司的实习中，我院学生深入研究微博等社交媒体应用，运用数据分析和市场调研技能，为公司提供了关于微博用户行为、趋势和内容互动的详尽报告；开展时移收视率研究并参与观众延时观看行为的深度分析；还参与进行互动平台收视研究，通过分析用户在OTT/智能电视/IPTV等领域的互动行为，为公司提供了关于新媒体平台用户趋势和偏好的数据支持。

在北京发现纪实传媒有限公司实习的过程中，我院学生积极参与纪录片作品的制作，通过深入了解脚本创作和拍摄过程，为公司制作了一系列优秀的纪录片作品；与各新媒体平台、省级卫视平台以及政府机构、社会宣传机构合作，为公司拍摄了大量电影电视节目和新媒体视频产品。公司的代表作品多次荣获国内外专业奖项，体现出学生在创作方面的卓越才华和团队的出色表现。

项目建设为专业实践创作教学指导环节提供了丰富的前期经验，在学院老师们的指导下，我院学生产出了一批优秀作品，如徐忆忻同学的音视频作品《心立兰石》、王佳琪同学的音视频作品《前门非遗过大年》等，作品在多个媒体平台上线，影响力持续上涨。

二、建设经验

我院与两家公司之间采用了一种灵活务实的合作模式。与两家公司的合作不仅仅停留在实习派遣层面，更深入到课程设置、实习计划的调整和学生评估方面。专业硕士研究生的实习派遣是整个项目的核心环节，因此，学院与企业共同制订了实习计划，确保学生能够参与到真实的项目中，获得充分的实践锻炼。

我院注重与企业的双向信息共享和资源互通，定期举办项目进展会议，达成学院与企业之间的持续沟通。项目会议由参与实践的学生、企业专员和学院教师共同参与，持续分享经验和研究成果，促进了双方在专业领域的深度合作，也使得学院的师资队伍得以与业界保持同步更新，学院根据行业的实际需求，重新调整了专业硕士课程设置，强调实践导向。通过与企业的合作，学院将学生实习工作中的具体问题融入课程设计中，以实际案例的形式使学生在课堂上能够提前了解真实工作场景，更好地理解和解决实际问题。

该项目建设的重要经验在于紧密结合新闻行业自身的特点，通过与企业深度合作，使我院培养的专业硕士研究生更加符合媒体行业的实际需求。本项目的建设经验对于今后类似项目的推进、学院教育与企业合作的深化等都具有积极的参考意义。

■ 学生评价情况或成果推广情况

2022年7月至8月，全媒体新闻实务方向和舆情分析方向的专业硕士研究生，在中国传媒大学新闻学院与中央新闻纪录电影制片厂、中国广视索福瑞媒介研究有限责任公司共同建设的“视听新媒体产教融合基地”与“媒体市场调查产教融合基地”，展开了内容丰富、成果丰硕的实习实践。

学生们对于实习项目的多样性和专业相关性给予了高度评价。实习项目包括电视与广播收视率调查、体育与媒介研究、媒体融合传播效果研究、收视数据与消费数据融合研究，以及新媒体新闻采写、纪录片编导和解说等。这些项目涉及学生专业课程教学的诸多方面，为学生们提供了丰富的实践机会。

学生们普遍反映在实习中获得了宝贵的实践技能，如数据分析、新闻采写、纪录片制作等。通过实习，学生们对新闻传播行业有了更深刻的认识，包括行业运作方式和市场需求，使他们在就业市场上更具竞争力。全媒体新闻实务方向硕士李柯润说：“通过参与纪录片编导实习项目，我深刻体验到了制片全过程，对于影片的策划、拍摄和编辑有了更清晰的认识。”

在成果产出及推广上，学生们在实习期间产出的成果包括但不限于纪录片、广播作品、社会调查报告和社会分析报告等。这些成果展示了学生们的实践能力，也为相关领域提供了有价值的参考和应用。学校通过多种渠道，如学术会议、社交媒体传播和校内展览等，积极展示和推广学生的实习成果，不仅提高了学生作品的知名度，也为他们赢得行业内的认可和关注。

总体而言，新闻与传播专业硕士研究生在实践教学基地的实习实践不仅提升和加强了他们的专业技能及对相关行业的理解，也通过成果的多样性和实用性，展示了他们的实践能力。学校通过多渠道成果推广为学生搭建了接轨行业的实践平台，为他们的未来职业发展奠定了坚实的基础。

广告学院专业学位硕士研究生产教融合基地建设

负责人简介

王昕，中国传媒大学青年拔尖人才、教授、硕士研究生导师、博士研究生导师、国家广告研究院副院长，“教育部、中宣部高校与新闻单位互聘千人计划”学者，北京社科基金首都传媒经济研究基地副主任。中国传媒大学专硕专博培养体系建设专班成员，主要负责新闻与传播学科专硕的培养方案制定，从2021年开始深入参与广告学院专硕改革及产教融合基地的建设工作。

■ 优秀成果或建设经验介绍

中国传媒大学广告学院专硕产教融合基地建设，主要解决两个方面的问题。首先是研究生技能培养与业界项目训练之间的有效对接。我们通过与央级主流媒体（新华社）、专业营销服务机构以及内容创意类广告公司的合作，打通了“广告主—媒体—品牌策划—内容创意”的广告产业价值链，并将其应用于专硕研究生的培养过程，形成了项目来源于业界实战、策划服务于业界实践、传播起效在实际环境、训练重点在内容创意的人才培养模式。目前已经在专硕培养过程中逐渐发挥作用，成为学院落实产教融合，凸显技能培养的创新着力点。其次是扩展专硕培养的校外资源。本项目从导师和场地两个维度，实现了我院专硕培养资源的丰富化和体系化。其中，教学实践场地方面，我院与合作单位共建国家广告研究院研创基地，可以使用北京红桥市场五层观坛艺术空间室内2 000平方米及室外3 000平方米的会议及教学空间，用于学术研讨、作品展示以及研究成果发布，对于我院教学场所的拓展和教学形式多样化的推动具有显著效果，也进一步强化了合作单位与高校之间的价值绑定和持续合作的紧密度。业界导师方面，本项目根据业务特点，采用业界导师项目制邀请的模式，有效打破了业界导师简单挂名，难以发挥实际作用的问题，累计引入融媒体品牌营销传播项目超百项，形成以研究报告、策划方案、调研报告等形式为代表的相关成果150多项。目前，已有40多位业界专家通过项目制合作的方式参与了学院专硕研究生的培养，为专硕研究生的培养提供了宝贵的知识和经验。

■ 学生评价情况或成果推广情况

专硕产教融合基地建成之后，中国传媒大学广告学院依托相关项目和实训机会进行了一系列相关成果发布，以主题研讨会和成果正式发布的方式产生了较高社会关注，其中，由我院专硕研究生参与编撰，与新华网联合发布的《2023中国品牌发展研究报告》，在2023中国新消费发展大会上正式发布。来自新华网、工业和信息化部、国家市场监督管理总局、中国营养保健食品协会、中国消费者协会、中国广告协会等部门和机构的领导，共同见证和启动了报告的发布环节，学院研究团队现场做了报告的介绍和解读。

2023年3月4日，由学院主办，新华信用作为首席合作平台，由上海金融与发展实验室、《产品可靠性报告》杂志社、北京清博智能科技有限公司提供学术支持的“2023中国品牌信用建设论坛暨金信奖颁奖典礼”在中国传媒大学举行。本届论坛主题为“品牌信用助力质量强国建设”，旨在对优秀品牌信用建设案例进行研究分析和表彰，引领民族品牌高质量发展。来自中国广告博物馆、国家广告研究院、广告学院、中国广告协会、上海金融与发展实验室、中国经济信息社新华信用事业部、《产品可靠性报告》杂志社等机构的领导、专家以及企业代表共同参加了活动。目前，论坛每年发布的《品牌信用年度发展报告》，已成为学院依托专硕产教融合基地、引导业界机构与在校专硕研究生共同参与、实现专硕研究生培养成果转化和展示的周期性发布平台，具有较高的社会影响力和行业关注度。

■ 相关图片

相关图片 9

电视学院以实践创新赋能新闻与传播专业学位硕士研究生人才培养

负责人简介

曾祥敏，中国传媒大学电视学院党委书记，北京市教学名师，国际新闻与传播教学团队带头人，全国新闻与传播专业学位研究生教育指导委员会副主任委员。教学成果《面向国家战略的国际新闻传播人才培养体系建构》获2022年高等教育国家级教学成果奖二等奖。出版有《电视采访》，《融合新闻学》《视听传播——主流媒体融合、社交、垂直、智能、场景的逻辑演进》等教材、专著。主持多项国家级、省部级重大课题。

■ 优秀成果或建设经验介绍

中国传媒大学电视学院以实践创新赋能新闻与传播专业学位硕士研究生人才培养基地，坚持协同多方资源，搭建全媒化实践平台。我院依托“媒体融合与传播国家重点实验室”等科研平台，深化与中宣部、中国记协、北京市委宣传部的全面合作，与CGTN、中国新闻网、中国外文局文化传播中心等机构建立融合实践基地，搭建政产学研一体的全媒化人才培养平台，探索建立具有中国特色的新闻传播人才培养机制，鼓励学生充分利用好平台资源，努力投身主战场、成为主力军，形成根植实践、面向实践的人才培养模式。

我院基地坚持运用“新闻教育实践观”的育人理念，将“实践教育”升级为“全程实践”，构建了价值塑造、知识传授、能力培养三位一体的“创意、创作、创新、创业”全流程贯通人才培养模式。通过开展“有组织的实践”，创作《十年百变》《解码中华文化基因》等高水平实践项目，实践成果在主流媒体刊播，以实际行动传承中华优秀文化，向世界展示真实、立体、全面的中国。与此同时，我院基地通过扎扎实实的育人实践，培养了一大批心怀“国之大者”的全媒体拔尖创新人才。

我院基地构建“三位一体”的育人模式，实现了价值塑造、知识传授、能力培养的有机结合。在人才培养中，基地坚持将价值塑造放在首位，学生通过全程参与“红色文化传播”“非遗文化的创造性转化”等实践项目，坚定了理想信念，传承了中华优秀传统文化，培养了责任担当。

在实践创新中，教师“手把手”教，既讲解理论知识，又现场指导实践；学生在做中学、在学中做，掌握了知识技能，提升了专业能力，培养了创新思维。这种“三位一体”的路径以马克思主义新闻观为引领，把作品写在了中国大地上，为学生未来职业发展奠定了坚实基础。

■ 学生评价情况或成果推广情况

电视学院以实践创新赋能新闻与传播专硕人才培养基地培养了一大批卓越的新闻传播学子，采取的育人措施获得了学生的一致好评。与此同时，师生团队协作共创，创作出的实践作品也产生了广泛的影响力。基地相关成果推广情况如下：

我院基地提出的“新闻教育实践观”及“实践赋能·知行合一”的育人模式，获得了国家级教学成果二等奖、北京市教学成果一等奖。相关教研成果《“实践赋能”视野下中国新闻传播教育的理念与模式创新》在《中国高等教育》发表，被《新华文摘》全文转载。

基地师生创作的《解码中华文化基因》系列作品在中国新闻网播出，该作品旨在提炼中华文明标识、传承中华优秀传统文化，获青创北京2022年“挑战杯”首都大学生创业计划竞赛主赛道银奖、第十三届北京国际电影节短视频单元知识类一等奖、第六届全国大学生网络编辑创新大赛全国赛视听新媒体类一等奖、中国高校影视学会2022-2023年度影视作品推优活动短视频单元（教师组）三等奖。其中单集视频《中医诊法》获2022青年新媒体国际传播作品“200件想和你分享的作品”称号。

基地师生创作的《十年百变》在中国新闻网传播矩阵播出，相关作品6次被中央网信办推荐全网转载，人民日报网、光明日报网、中青网等多家主流媒体同步转载上线，11条作品获中联部新闻办公室、中国网和国务院新闻办公室海外社交媒体矩阵转发推广，《十年百变》相关话题多次登上微博热搜，获中国新闻网2022年度“最佳融合报道奖”、第十三届北京国际电影节短视频单元新闻类二等创优作品，入选国家广播电视总局2023年第一季度优秀网络视听作品。

■ 相关图片

相关图片10

专业学位研究生实践类课程建设

“短视频创意与制作实践”课程建设

负责人简介

张津，中国传媒大学广告学院副教授、广告实践教学中心主任。2020教学优秀奖获得者，并入选中国传媒大学“教学青年拔尖人才”；2023年获评校教学名师。主要研究领域：多媒体、影视广告。主讲课程：影视制作技术、影视广告实务、商业摄影布光、多媒体制作、短视频创意与制作实践等，从前期策划到拍摄、后期制作均有所涉及。其中，“影视广告实务”获评北京市优质线下课程。

■ 优秀成果或建设经验介绍

“短视频创意与制作实践”课程在设计之初，我即提出几点思考：

是否要迎合当前短视频的创作经验？当几年后学生毕业，目前的经验是否还适用？还加入哪些知识模块，课程内容是否需要做取舍？

将影视类相关内容融入课程中，可以加厚基础，应对未来发展变化，做专业降维。但是课时有限，如何进行取舍？

学生本科来自不同学校，对于影视实践水平不一，如何让所有人都有提升和收获？

故而，我将如下内容作为教学设计重点：

强化相关专业知识，比如灯光、录音、构图等可以提升质量的内容，为学生提供持续创作的可能性。

将短视频创作中新的方法融入课程内容中，比如拍摄美颜、低门槛的剪辑软件等。

将理论与实践相结合，既有基本影视创作的理论实践，又有短视频的经验和实践，让学生都有新鲜的知识摄入和能力提升。

综合起来，“短视频创意与制作实践”的教学内容创新主要体现为以下几点：

本门课程在建设过程中逐渐形成科学的课程体系。围绕短视频这一大主题，对短视频创意、制作等各个环节进行教学，让学生完整地理解短视频创作流程，并将学习成果运用到创作实践中，形成了从理论到实践的完整课程体系。

提升理论深度，使之更符合专业硕士研究生层次的培养。围绕短视频创意与制作的基础理论教学，增添了拍摄技术、镜头设计、音视频剪辑、灯光照明等相关专业技术知识，形成系统且完备的理论教学内容。

积极优化课程体系，适时更新教学内容。当前课程正在开设第二轮，应在原有的课程体系之上拓宽教学内容的广度与深度。一方面，要根据时代的发展与社会环境的变化更新课程内容，使课程教学顺应当下社会传播环境；另一方面，要加强与课程相关的基础理论教学，夯实学生理论知识基础。

演示内容模块化，通过对拍摄手法、镜头组接、音视频软件操作、布光设计等教学演示，加强学生对短视频理论知识的理解与掌握；加以丰富的案例阐释为学生提供示范参考，调动学生的实践积极性，为后续实践任务的开展奠定操作基础。

创新课程考核方法。采用过程式考核方式，注重学生学习反馈。课程布置了短视频博主推荐及分析、两次分镜头拍摄练习、谬误转场练习以及期末综合实践共计6次课程实践考核，对应教学阶段布置相应课程实践任务，通过尽可能多的实践任务提高学生对知识的掌握程度；同时教师根据学生的学习反馈积极调整后续教学，不断优化教学内容，提升教学效率，最终实现课程效益最大化，并产出大量优秀学生作品。

■ 学生评价情况或成果推广情况

2022年秋季第一轮开设该课程，选课学生24位，学生评教分数为96.02，课程评教满意度高，学生整体反馈较好。

课程期待值方面，学生普遍认为本门课程的实用性较强，案例丰富，且能够将视频内容与学生本专业相结合，使其学有所用。由于媒体环境发生的变化，人人皆可成为内容生产者，短视频成为主流的传播方式，学生对短视频创意与制作的期待值高。课程的开设在迎合传播变革的同时，也极大地激发了学生的学习兴趣，调动了学生的实践积极性。

在教学形式上，课堂互动度高，通过阶段性作业的方式，让理论与实践结合，使学生切实参与到短视频创作的各个环节，并通过作业指导，起到点评针对式教学的效果。这种互动型的教学形式，让学生的学习水平在老师有针对性的指导下切实得到了提高。

在课程实践上，以过程性实践与阶段性实践相结合的方式，提高学生的创意思考能力及媒介技术运用的动手能力，课程结束后产出大量学生实践作品，为学生今后的学习工作积累经验。

虽然是线上授课，但我们采取了多机位直播、虚拟软件辅助演示、教学平台讨论等教学方式，较好地提升了演示效果以及学生的参与感。由学生的反馈可知，多机位直播的方式与现场教学相比更能够看清楚教学演示，因此，在之后的教学演示中，我们将保留现场直播返送的形式，展示更多拍摄操作的细节，让所有学生看得清、学得明。

■ 相关图片

相关图片 11

“配音译制实践”课程建设

负责人简介

麻争旗，研发研究生精品教程系列《影视剧翻译理论》《译制艺术导论》以及*Sub-dub Translation*；开发专业硕士研究生课程“国产影视剧英译”；开展译制实践教学，完成《唐山大地震》38集俄语配音译制作品；推动教学改革，开发双导师制配音实践课程，改革教学理念，创新教学理论。

■ 优秀成果或建设经验介绍

教学改革首先要解决教学中存在的各种问题，其中包括：课堂教学中理论指导与学生实践结合不紧密、教学效果不显著、缺少相关学科的理论知识等问题。

改革的目标是充分利用我校多学科教学资源以及多媒体教学优势，加强实践教学，鼓励学生学术参与和译制实践参与，为国际生定制教学内容和方法。

比如，在互动教学方面，为了凸显理论对实践的指导效果，我们在教学过程的安排上增加了学术实践环节和译制创作环节，这样不但增强了课堂内的互动，而且加强了课堂外的互动，大大增强了学生发现问题、分析问题和研究解决问题的能力，取得了较为突出的学术成果和译制作品成果。主要改革经验是：

第一，学科理念创新。配音译制是一门综合性艺术，配音译制实践教学的初衷就是采取跨学科的思路，沿着学科融合发展的指导思想，开发国际传播人才培养模式。可以说，观念创新是本课程改革最突出的成果。配音实践需要跨越语言、翻译的范畴，必须把导演、配音、录音、字幕等艺术和技术引入教学中，实现融通，这样学生才能全面理解，并实现融合发展。

第二，培养机制创新。按照跨学科理念，改进导师制度，明确双导师责任目标，充分发挥业界导师传、帮、带功能，通过实习机制，实现联合培养机制创新，这也是改革的重要成果。

第三，教学模式创新。突破单一教学传统，开发复合式教学模式，建立课堂教学、实习创作、评议考核相结合的实践课程的考核方式，把重点转移到译制创作的实践技能上。

■ 学生评价情况或成果推广情况

一、学生评价

本课程对于翻译专业的学生是一个珍贵的学习机会，是一个非常有价值的资源。它不仅可以让我们快速进入实际的翻译工作状态，取得很宝贵的实践经验，还可以得到老师专业的、深入浅出的指导，使我们的认知有所突破，对实际参与制作译制作品具有较好的指导意义，整体效果非常好。

二、学生收获

外译任务对于非母语译者来说难度不容小觑，每一句话都值得精雕细琢。最难的还是跨越文化的藩篱，说"人话"，说译入语受众懂的、地道的"人话"，这需要长时间知识的积累和钻研，任重而道远。这一教学改革是非常好的一个发展方向，有利于将课堂所学的内容运用到实际实践中，提高我国的影视译制能力。

三、学生建议

可以丰富教学题材（动画片、喜剧）等的课堂实践，帮助学生从更丰富多元的角度把握台词的翻译；建议可以适当调整课时，增加作品类型。

四、实习作品

学生薛青青（2022级专硕）

项目：纪录片《长城我来了》导演采访视频、纪录片《？？？？》（处于保密阶段）；单位：五洲传播中心；职责：字幕翻译、校对、上字幕。

学生陈思睿、迟翊含、喻静、伍婧怡（2022级专硕）

项目：国产古装电视剧配音翻译（项目处于保密阶段）；单位：中国传媒大学；职责：配音翻译。

学生邓舒韦、万玥玥、伍婧怡（2022级专硕）

项目：央视网大型双碳主题纪录片《预见未来 · 迈向3060》；职责：字幕翻译。

五、推广价值

以外语翻译配音中国影视剧作品为考核内容的结课方式，彻底改变了课堂教学的讲授方式，受到广大学生的欢迎，教学效果显著。作为结课的作品，即"中国剧英文配音译制作品"，让学生投入了极大的热情，制作期间夜以继日、废寝忘食，展映期间，争相评点，气氛热烈，整个课程学生普遍反映收获满满。

负责人通过学术讲座、兼职授课等方式，传播教学理念和教学方式，在许多高校得到了响应和支持。不少高校，比如，北京外国语大学、广东外语外贸大学、武汉传媒学院等，均使用其编著的教材、应用其独创的授课模式。

■ 相关图片

相关图片12

"媒体商务数据分析"实践课程建设

负责人简介

程静薇，中国传媒大学经济与管理学院副教授、硕士研究生导师、应用经济学学科负责人，美国密歇根州立大学媒体艺术与科学学院访问学者，中国数字经济教育发展联盟理事，北京市高等学校优秀专业课主讲教师。中国传媒大学第十四届教学名师奖获得者。

■ 优秀成果或建设经验介绍

"媒体商务数据分析"是一门针对国际商务专业硕士研究生开设的实践课程。课程一方面切合国际媒体商务专业硕士研究生的培养目标，以商务大数据分析为主要实践目标，培养学生运用互联网思维、大数据分析方法解决实际媒体商务问题的能力。课程坚持实践导向，以案例导入、理论加固、实践强化设计思想，激发学生对于媒体商务数据分析的兴趣，建立媒体商务数据分析的基本框架，掌握媒体商务数据分析的工具和流程，形成媒体商务数据分析的完整分析报告。

本课程已于2022年专业学位硕士研究生培养方案修订时列入培养方案，作为专业实践选修课程供学生选修，并于2023年春季学期开设。

通过本次实践课程建设，我们总结课程建设经验如下：

一是实践课程应该紧密结合专业学位硕士研究生人才培养方案的培养目标要求，强调理论知识与实践环节的有机融合，实践课程建设应当是理论知识的延伸与落地，学生能够学有所用、学即能用。

二是实践课程应该基于目标导向开展课程建设，每一章应该明确规定实践目标，基于该实践目标进行内容设计，同时提供实践训练内容和课后实践任务，帮助学生以具体的实践操作掌握课程内容，实现教学目标。

三是实践课程的内容要体现一定的前沿性，能够快速地学以致用。互联网时代的社交媒体已经成了占据用户大部分眼球的主要形态，其产生的大量数据成为挖掘用户需求、提供信息服务、洞察舆情走向、掌握当今热点的“数据宝藏”。本门课程便是引导学生动手挖掘宝藏、探寻规律的一门实践课程。

■ 学生评价情况或成果推广情况

在“媒体商务数据分析”这门课程评价中，应评人次11人，实评人次9人，客观题部分评分为98.6分。分项评分如下：

“学习后我的实际收获（主要指学术层面，如研究能力、研究方法、文献知识等）”这一项9人全部给出了10分的评价。

“总体来看，我对本门课程授课教师的满意度（1为很不满意，10为非常满意）”这一项有8人给出了10分的评价，1人给出了9分的评价。

“老师对这门课教学认真负责、讲课很投入”这一项6人给出了10分的评价，3人给出了9分的评价。

“课后作业、答疑、讨论等，对我学习课程知识很有帮助”这一项有8人给出了10分的评价，1人给出了9分的评价。

“老师善于与我们互动，引导和启发我们思考”这一项有7人给出了10分的评价，1人给出了9分的评价。

“老师的教学形式新颖，能够有效利用多种教学手段和手法”这一项有7人给出了10分的评价，2人给出了9分的评价。

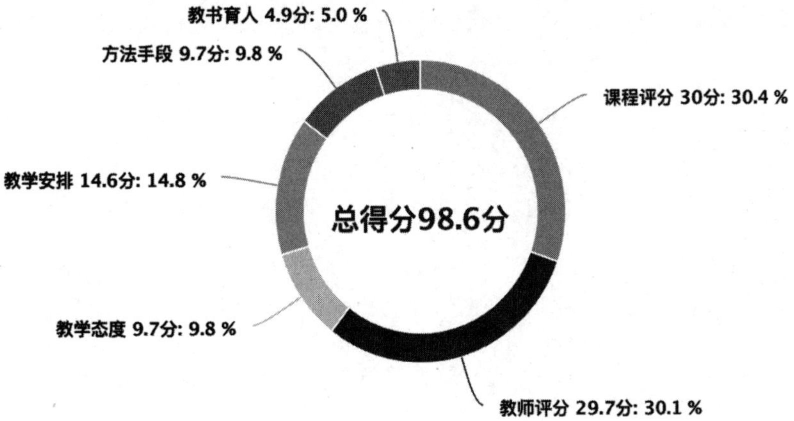

学生评教

主观评价方面，学生给出的评价反馈是：备课认真，教学认真负责，善于与学生互动，讲课内容较有深度，能够拓展学生的学术视野，上课会有许多练习帮助我们巩固学习成果、熟练运用数据分析工具，注重学生实操等。

■ 相关图片

相关图片 13

“数字图像分析与实践”课程案例式教学方法的探索与实践

负责人简介

潘达，工学博士，副教授，主讲研究生“数字图像分析与实践”课程，曾指导研究生获IEEE多媒体与博览会国际会议举办的图像处理类比赛一等奖。主持和参与国家级、省部级科研项目十余项，主持多项重大横向课题，解决企业关键技术难题。先后在CVPR、ICME等国内外知名会议、期刊发表论文十余篇，申请国家发明专利十多项。

■ 优秀成果或建设经验介绍

针对过去数字图像处理课程存在基础知识点繁多，缺乏动手实践，教学内容过于传统、深度不够等问题，本项目主要采取案例教学方法，通过“演示法”“实验法”及“综合实践”进行案例讲解。

在演示案例过程中，我主要结合本人在数字图像智能分析领域的学术研究成果，在课堂上向学生展示最新的前沿案例。例如给学生介绍自研的4K/8K超高清增强系统原理，激发学生对课程学习的热情，让他们认识到学有所用的价值。向学生介绍研发的“人群自动计数系统”，该研究可以运用人工智能技术，对白天、黑夜等诸多挑战性场景下的人群数量展开自动统计。除此之外，我还为学生演示了无人机跟踪、姿态识别等诸多有趣的研究课题，最大限度地提高学生对课程的热情。

在实验案例过程中，我一共为本课程设计了30多个实验案例，学生须在课堂上完成这些实验，并与标准方案做比对，查找实验中的问题。例如：为了使学生了解三通道的含义与实现方法，针对CUC的颜色分布特点，要求学生用matlab分别提取R、G、B三个通道，并分别展示每个通道图像。通过分析3个通道的样式，理解它们之间的关系。除此之外，实验案例还包括图像变换（水平镜像、垂直镜像、旋转）、线性变化、伽马变换、分段变换、高斯平滑、中值滤波、二阶微分图像增强-拉普拉斯算子、腐蚀膨胀等。

在综合实践中，我给学生布置了一道“基于数字图像处理的自动找碴系统设计与实现”案例大作业。该系统能对“找茬”游戏做自动截图，智能分析差异区域、自动控制鼠标点击等创新功能。具体来说，本系统首先使用窗口捕捉模块得到游戏中的两幅图像，然后根据数字图像处理知识，对两幅图像做灰度化、数值运算、二值化、形态学处理等运算，再经过参数优化后，差异区域以清晰的前景轮廓呈现。其次，本系统通过外接轮廓模块获取前景轮廓的具体位置信息，并按照轮廓面积从大到小排序，智能鼠标控制模块根据获得的轮廓坐标信息自动移动到相应位置并点击，即可达到精彩的“智能瞬间找碴”效果。该实践案例结合游戏形式，主要考查学生对数字图像基础知识的理解与运用，极大地激发了学生的学习热情，反响强烈。

■ 学生评价情况或成果推广情况

在教学评价方面，学生对案例实验教学法普遍持接受和欢迎态度，认可本课程采用的教学模式，教学评分每年皆为优秀。学生对课程所布置的案例实验能认真完成，并表示经过实验课堂学习取得了很大收获。

在教学推广方面，我们的教学课题组始终秉持着卓越的教学理念，以严谨的教学态度，提供高质量的教育服务。首先，我们重视课程设计的创新。我们不断更新课程内容，确保其与时代发展和社会需求紧密相连。通过与行业领先的企业和机构合作，我们能够确保课程内容既具有理论深度，又具有实践指导意义。其次，我们关注教学方法的改进。我们不断尝试新的教学方法，如反转课堂、小组讨论等，以增强学生的学习体验，激发他们的学习热情。这些方法不仅提高了学生的参与度，也帮助他们更好地理解和掌握知识。再次，我们强调实践与应用。我们为学生提供了一系列实践机会，包括实习、项目合作等，以便他们将所学知识应用于实际场景中。这不仅帮助学生锻炼了技能，也让他们对未来职业生涯有了更清晰的认识。最后，我们还重视与其他高校教同类课程老师的沟通与合作。我们定期开展教学讨论会，相互学习和交流。

我们通过评估和反思来不断优化我们的教学策略。我们会定期对学生进行评估，以了解他们的学习进展和需求。同时，我们也鼓励学生对教师的教学进行评价和反馈，以便促使我们不断改进和完善。

■ 相关图片

相关图片14

“文化管理与政策”实践课程建设

负责人简介

王琳琳，中国传媒大学政府与公共事务学院副教授、硕士研究生导师，主要研究领域为文化传媒政策、公共管理理论。兼任北京大学法治政府研究中心副主任、中国高等教育学会公共关系教育专业委员会秘书长。担任文化管理与政策等多门研究生课程，出版教材2部，被评为中国传媒大学教学名师。

■ 优秀成果或建设经验介绍

本课程以建设沉浸式案例为导向，创作多感官体验，让学生真正融入文化管理实务，分领域了解现实文化管理运行过程。

课程建设的主要内容为：第一，搭建沉浸式案例库。沉浸式学习是沉浸式理论在学习领域应用过程中派生的，最早出现于20世纪60年代加拿大的第二语言教学过程中。教师以第二语言作为直接的教学语言这一实践证明：将学生放置于目的语言环境中能有效提升语言学习效果。“文化管理与政策”沉浸式案例实践以学习者为中心，以认知迁移为基础，以绩效提升为目标，通过对学习过程的设计，可以使学生进入沉浸式学习状态，实现沉浸体验。第二，运用沉浸式案例库。运用沉浸式案例库需要听觉、视觉、触觉等多感官配合，以实地调研、现场直播、大咖讲述等形式，鼓励学生自我拍摄、剪辑文化管理场所和设施Vlog，寓教于乐，让学生使用相关工具的同时，真正理解文化管理与政策。第三，完善案例，将文化管理与政策同传媒领域、文化领域相结合，编写符合我校发展特色的经典案例。课堂实践Vlog在中国传媒大学MPA官方微信号上已经展示呈现。本课程通过案例教学，丰富了教学内容，激发了学生课堂参与、讨论和学习的积极性，加强了学生对文化管理政策和实践的关注，增强了学生的问题意识，提高了学生运用理论工具分析问题的能力，大大提高了教学效果。

■ 学生评价情况或成果推广情况

学生普遍反映，课程“内容丰富、形式新颖”“灵活、新颖”“Vlog作业很有意思”“课堂生动”“老师授课认真，教学严谨”“老师学识丰富，课堂上的知识量非常大，但由于老师风趣的语言和深入浅出的讲解，我们能有效汲取老师传递的知识”等评价。

课程教学成果已公开发表论文，学生撰写的相关学术论文已参加国内重要学术会议。同时，本课程展开学生社会实践调研，帮助学生了解现实、认识世界，参与各类公共管理案例大赛和创新创业大赛，并取得良好效果。

■ 相关图片

相关图片 15

深入生活，夯实创作基础
——编剧MFA“生活采风”课的教学探索

负责人简介

黄金华，中国传媒大学戏剧影视文学专业教师，2005年开始带研究生，2011年硕士研究生分为学硕和专硕之后，本人选择只担任专硕的导师。

■ 优秀成果或建设经验介绍

本人给专硕编剧专业研究生开设的课程，除了生活采风，还有电影剧作、类型叙事研究、专业创作基础、小说选读等。此外，本人多年来一直在给研究生上导师课，此课虽然不在课程表内，但是按正式上课的方式，固定每周一次，至今已经坚持十多年，来上课的学生也不仅限于我自己的学生。

专硕编剧专业自建立时起，便依据国家对于专硕的相关要求及指导原则，围绕提升学生创作能力这个核心，开设了包括生活采风课在内的多门创作类课程。

我们深感年轻的学子对于学校外面的世界太缺乏了解了，这个问题对于学生的创作影响极大，轻则表现为学生剧作中的生活不够真实，过于漂浮甚至颇为离奇；重则直接制约学生的创作发现和创意能力。

开设生活采风课的目的，即是为了弥补学生生活素材储备不足的短板。从以往的教学经验来看，此课程如果还是以课堂教学为主，教师虽然也可以布置一些课堂外的采风作业，但学生的收获是很有限的，尤其是思维上，学生并没有真正跨出校门走向广阔的社会生活。因此，我们设定，生活采风课要走出校门，要让学生深入生活，去接触，去了解，去感受，去发现。

生活采风课属于现场教学，内容丰富：有生活观察、新闻采访、人物专访、大型座谈、专题调研、现场体验、创意研讨以及创作交流等。

生活采风课的目标有二。其一，培养并建立起编剧专业研究生崇尚实地调研并以此来夯实剧本创作基础的意识。对于编剧专业的研究生来说，这是一种无形的收获，将影响到他们的创作理念、创作态度以及创作方式，对他们以后的创作必将大有裨益。其二，我们也希望，并将尽力去争取收获一些短期内可以完成的创作成果，比如采风之后的纪实性作品，再比如由采风而生发的故事创意等。

■ 学生评价情况或成果推广情况

编剧专业自2011年开始招生以来，学生不管是在校期间还是毕业以后，对于本专业的教学还是相当认可的，编剧专业硕士毕业生在影视剧、网剧以及纪录片创作领域获得的创作成果以及奖项，也颇有说服力。比如2021年度国家广播电视总局“青年编剧扶持计划”奖项，中国传媒大学10位获奖者中，有5人来自编剧专业；2022年度，编剧专业又有5位同学获得该奖项。

■ 相关图片

相关图片16

面向国际中文教育的文学地理类微课实践课程

负责人简介

张未然，中国传媒大学人文学院副教授，国家语言资源监测与研究有声媒体中心研究员，中国传媒大学2019年度“青年拔尖人才”。主要研究方向为国际中文教育、社会语言学、形态学。主持国家级项目1项、省部级项目1项、语合中心科研项目1项、校级科研项目6项，出版专著《基于认知形态学的汉语类词缀构词研究》。依托“面向国际中文教育的文学地理类微课实践课程”，指导学生参加第五届全国研究生汉语教学微课大赛，获文化类微课团队特等奖，本人获最佳指导教师奖。

■ 优秀成果或建设经验介绍

本课程已完成“遇见北京”文学地理类文化系列微课及相关配套教学资源，包括教学PPT、教学脚本、微课逐字稿等，方便后续进行持续性的课程建设。选课同学在教师的指导下独立完成了微课教学内容设计、脚本撰写、拍摄、后期制作等环节，极大地提高了他们的信息素养，为日后更好地适应国际中文教育信息化建设进程做好准备，同时也帮助他们通过实践把握如何进行国际中文教育中的文化教学。

专业学位研究生实践课程的目的是让专业硕士研究生在专业相关实践中提升专业能力，教师在课程中提供必要的引导和指导，因此课程最适合小班教学，选课人数不宜过多。另外，实践课程的教学方式应以师生共同讨论、反复磨合为主。以本课程为例，课程的最终建设目标很明确，就是录制与北京相关的文化地理类微课，但因之前在汉语国际教育领域并没有文化地理类微课可供参考，所以我们的微课设计思路是什么、脚本应该如何撰写、语言应该是什么风格都是靠学生和教师反复打磨完成的。截至录制当天，每位同学的微课脚本和PPT都至少修改了三稿。

既然是实践课程，我希望学生们能够日后学以致用，通过本课程的训练掌握微课的基本制作方法，以适应未来国际中文教育信息化建设进程，因此除了撰写脚本、制作PPT外，我还要求学生自己进行微课的后期剪辑（如抠图、使用剪映等），并配上中英文字幕。微课的拍摄也由教师和同学们自己完成。可以说，课程结束后所有选课学生对于如何制作一节高水平微课都深有体会了。如果日后他们有机会担任国际中文教师志愿者或者成为中小学教师需要独立制作一节微课，我相信他们也可以完成了。课程实践可以很好地训练学生的团队协作能力，在本课程中，除教师外，学生们也可以随时为其他同学提供微课脚本和PPT修改意见；录制当天，选课学生以团队形式参与拍摄，除轮流担任主讲外，有的学生负责题词器播放，有的学生负责录音，有的学生负责调试拍摄设备，极大地提升了选课学生的团队凝聚力。

■ 学生评价情况或成果推广情况

一、学生代表评价

学生代表一：本课程以“语言+文学+地域文化”为特色，我们系统地学习了如何制作微课，包括确定选题、撰写脚本、微课拍摄、后期剪辑等，并顺利产出8节优质微课。微课从北京著名的名胜古迹和历史人文景观出发，寻找北京在经典文学作品中的印记，让留学生进一步了解北京文化，理解当代中国。

学生代表二：此课程教学理念先进，实用性强，能够将理论与实践紧密结合，在培养学生教学实践能力的同时，也让其全面掌握了微课制作的流程和技巧。经过课程学习，学生能够深入理解并掌握现代教学方法和理论，提升综合素质，提高独立设计和制作国际中文教育微课的能力。

二、教学成果推广情况

带领学生作为“遇见北京”团队参加第五届全国研究生汉语教学微课大赛，提交了“遇见北京”文学地理类文化系列微课，最终荣获特等奖。课程负责人张未然副教授荣获最佳指导教师奖，中国传媒大学荣获最佳组织奖。

■ 相关图片

相关图片18

“人工智能与python”实践课程建设

负责人简介

朱兵，中国传媒大学副教授，目前承担研究生“python与机器学习实践课程”“Pytorch深度学习实践课程”的教学工作。

在教学过程中始终跟踪行业研究热点，不断进行教学改革，始终把教学内容和行业项目实践相结合。课程采用项目制，所有内容均采用代码教学，教学内容和科研、竞赛、毕设等实践项目紧密结合。

■ 优秀成果或建设经验介绍

在课程教学过程中，所有授课内容均在python编程环境下通过代码的方式进行演示，教学全过程均在编程环境下进行。

考核方法与竞赛内容相结合，采用天池竞赛和kaggle网站提供的数据作为结课课题。

课程趣味性强，老师与学生积极互动，是手把手教学生写代码，而不是刻板地念PPT上的文字，属于有效教学；课堂教学采用互动方式，积极引导学生将相关内容进行对比分析。

教学采用对比的方法，比如在进行分类回归问题分析时，课堂采用红酒数据集进行分析，课后的练习是就鸢尾花、泰坦尼克数据集进行分析，让学生对比课堂学习的内容完成作业，结合自己的科研内容分析相应的知识点。

■ 学生评价情况或成果推广情况

课程目标以提高学生编写代码能力为核心，努力实现课程知识点的模块化。

课堂教学内容紧密结合科研实践。

学生主观评教反馈较多的是：

（1）课程收获较大。

（2）老师备课认真。

（3）互动性强。

（4）课程注重实践。

（5）希望增加课时。

学生对课程的主观评价（节选）：

“这门课程用互动式的教学，让同学们深入了解机器学习的内容，日常作业也采用自由形式，用课上学到的内容，融入自己的课题。”

“老师从理论到实践让学生从基础的编程出发，了解机器学习过程中使用的各种工具，也鼓励我们将各自的研究方向与这门课程结合起来学习，为我们今后的科研打下编程基础的同时，又让学生更加了解自己的研究方向。在编写代码的过程中，我们可能会遇到各种问题和挑战，但是老师都会给予解答，引导学生进行发散性思考。”

“课程以使学生在各自的研究领域中能够使用python完成机器学习任务为目标，不只停留于方法的调用和参数解释，而是在课程中强调实际科研工作中的技能需求以及对科研思路的培养，列举在科研工作中会遇到的问题和算法改进的方向及方法。”

■ 相关图片

相关图片 19

“融媒体作品有声语言创作实践指导”实践课程建设

负责人简介

赵俐，中国传媒大学播音主持艺术学院教授，北京市高等学校教学名师，北京市高等学校优秀专业课教师，国家级一流本科课程“播音主持语音与发声”负责人。为硕士研究生讲授“播音主持发声艺术”等课程，参与讲授博士研究生的“广播电视语言传播”等课程。近年在央广演播《试飞英雄》等多部长篇纪实文学作品。

■ 优秀成果或建设经验介绍

“融媒体作品有声语言创作实践指导”是播音主持艺术学院新增的一门面向专硕的实践课程。课程对标国家对传媒领域高层次专门人才的需求，特别是融媒体时代的人才需求，以融媒体作品的实践创作为主要内容，以学实践活动和参与性实践活动指导为主要形式，深入作品创作的每一个环节，夯实话筒前创作表达能力，全面提升融媒体作品创作能力，为主流媒体培养高端专业实践人才。

具体的教学内容和方法上有如下创新：

第一，节目选题系列化，如：红色经典系列、文学经典系列、理论文章系列、当代大学生系列等。让学生充分得到关注和学习的机会，参与选题和组稿。

第二，节目形式多样化，如：文章播读、作品朗诵、人物访谈、小说演播、微广播剧录制等。让学生体验多种形式的有声语言创作表达实践。

第三，教学形式立体化，包括：业界专家讲座、新媒体参观、教学研讨、团队合作创意、作品播读实践指导、作品录制剪辑指导、线上互动指导等。让学生在课上实践和媒体实践中提高实践能力。

第四，教学成果作品化：课程产生的优秀作品推荐给“学习强国”、中传App和播音主持艺术学院公众号上线。让学生有一个从创意到上线的闭环体验，深化其实践能力。

播音主持艺术学院对融媒节目的有声表达实践指导，既开发了师生的综合创作能力，又突出了话筒前创作表达的优势。和融媒体平台充分合作，专家讲座、新媒体参观、节目研讨、作品上线等，弥补了旧的教学体系的不足。每次课程结束的时候，都可以培育出一批优秀作品，同时也培养了能够直接与媒体接轨的人才，让教学与业界实践无缝衔接。

■ 学生评价情况或成果推广情况

本项目已纳入2023级硕士研究生培养方案，正式开课在2024年春季学期。

一、在基础教学能力方面

团队成员主讲的专业核心课程“播音主持语音与发声”和“播音主持创作基础”均获评“国家级一流本科课程”。

教学团队录制了“语言传播的发声艺术”“播音主持创作基础”和“播音主持普通话语音”三门慕课，分别在中国大学慕课和“学习强国”慕课平台上线，线上学习观看总量超过70万人次，成为全国播音主持艺术高校的创作基础标杆课程，起到了引领示范和服务社会的积极作用。其中“语言传播的发声艺术”获评北京优质本科课程。

教学团队的两门专业基础课都进行了线上线下混合式教学，自学慕课加翻转课堂，极大提升了学生学习的主动性和积极性，教学效果明显提升。

二、在指导创作实践方面

教学团队的老师常年参与齐越朗诵艺术节暨全国大学生朗诵大会的作品辅导和“新闻基本功大赛”的“有声语言用声表达基本功”的作品指导。

很多老师都具有丰富的业界实践经验，如演播、朗诵、新媒体教学实践、节目制作等。

近几年，教学团队指导60名学生演播《习近平与大学生朋友们》有声书，于建党百年的“五四”青年节在中央宣传部舆情研究中心“学习强国”上线录用并在首页轮播。教学团队还牵头推动“学习强国”大学生朗读频道建设项目，组织学生在强国之声大学生朗读频道展映作品阅读量累计超过3 500万人次。

团队中的硕士研究生导师近几年也指导学生进行了融媒体节目创作的实践探索。

在整个过程中，师资队伍得到潜力开发，学生获得了实践指导的机会，创作能力得到大幅度提升。作品在主流媒体的新媒体平台上传播，影响力较大。

■ 相关图片

相关图片20

双导师指导模式下“社会组织管理”实践课程建设

负责人简介

崔炜，管理学博士，现任中国传媒大学政府与公共事务学院副教授、公益传播研究中心主任，主要研究方向为社会组织与公益传播。系财政部PPP项目库专家、卫健委人才交流中心医养结合项目首批专家等。2021年，荣获第十一届中国传媒大学青年教师教学基本功比赛“课程思政”组二等奖。

■ 优秀成果或建设经验介绍

一是项目具有鲜明的实践性。积极开展“社会组织管理”的案例教学、实践教学、教学实习、调研参观等各种类型的社会组织的专业实践活动，有利于专业硕士研究生熟悉和了解社会组织管理的相关政策和具体实践，培养具有国际视野、公共精神和创新能力的公共管理人才。

二是项目具有鲜明的特色。邀请业界导师进课堂，通过多种途径与专硕人才交流互动，分享社会组织管理专业经验和从业经历，激励学生成长，引领学生职业发展，搭建社会组织业界人士与在校学生的沟通与支持平台。

三是项目具有鲜明的创新性。推动导师各自优势的整合发挥，实现多学科多视角的整合，鼓励专业硕士研究生积极参与项目和联合开展“社会组织管理”领域项目研究或参与《社会组织管理与公益传播》教材的研发，促进研究生全面培养过程和质量的提升。

■ 学生评价情况或成果推广情况

一是开展“社会组织业界导师进校园”讲座活动。邀请业界导师进课堂，邀请中华社会救助基金会品牌外联部部长江楠、中国老龄科研中心王莉莉研究员为专业硕士研究生举办“志愿助老服务”讲座。业界导师通过与学生进行线上或线下交流，分享其社会组织和服务机构的专业经验和从业经历，帮助学生成长，引领学生职业发展。

二是组织“专硕人才走进社会组织”调研和实习实践

活动，积极开展“社会组织管理”的案例教学、实践教学、教学实习、调研参观等各种类型的专业实践活动。组织专业硕士研究生（MPA）实地了解社会组织，鼓励学生利用业余时间在社会组织开展实习实践活动，带领MPA同学去B站公益参访调研。

三是协同开展“社会组织管理”领域的项目研究和图书出版。以培养专业硕士研究生的实践能力和研究能力为目标，发挥导师组的整合力量，积极发挥业界导师作用，鼓励专业硕士研究生积极参与项目和联合开展“社会组织管理”领域项目研究，参与《社会组织管理与公益传播》教材的研发，组织3场社会组织高质量发展研讨会，参编《讲好中国公益故事：社会组织公益传播案例集》（中国人民大学出版社出版）。

四是联合开展“社会组织管理”领域论文指导工作。社会组织管理领域是MPA研究生的毕业论文重要选题方向，导师组在学位论文选题、开题和写作、评审、答辩等环节为学生提供指导，邀请业界导师全过程参与，与校内导师的学术指导形成互补，共同确保学位论文质量。

五是发挥“社会组织管理”课程导师组的协同育人效应。促进导师组有机协作，发挥人才培养的合力。导师组既要做学生专业学习和发展规划上的导师，同时也要做他们人生和生活中的朋友。立体化、全方位地提升研究生培养质量，发挥导师组的协同育人效应，如协调中华社会救助基金会，建立了实习实践基地。

■ 相关图片

相关图片21

文创项目运营与管理

负责人简介

蒋多，中国传媒大学文化产业管理学院副教授、硕士研究生导师、理论与政策教研室主任，主要研究领域为文化经济学、国际文化贸易、出版传播。历年主讲的研究生课程包括“文化产业园区研究”“新闻出版产业研究”“国际文化贸易”“文化经济与贸易”“文化项目策划与管理”等。

■ 优秀成果或建设经验介绍

本课程紧扣我校专业学位硕士研究生培养体系改革要求和广播电视专业硕士研究生（文化项目策划与创意设计方向）的指导性培养方案，以懂技术、能策划、会运营、善管理的复合型文创人才培养目标为指引，围绕创意能力习得、营销策略使用、管理思维训练三大教学目标，通过模块化、系统化、交叉融合的教学大纲和具有实操性、创新性、前瞻性的教学内容，以学生中心、成果导向、教研同步为主旨，对现有课程进行扩容和升级。

本课程教学内容将设计创新思维导入、营销传播策略学习和项目管理方法训练融为一体，贯穿从项目选择与启动、市场调研与可行性研究，到项目方案设计与执行、项目质量控制与风险评估，再到项目融资模式与营销策略组合、项目团队建设与沟通激励的全方位全流程训练。具体教学内容如下：

第一，无用与致用——文创项目运营管理的认知维度（4学时）。

第二，6W+2H——文创项目运营管理要素与基本原理（4学时）。

第三，定位与设计——文创项目策划的创意法则（4学时）。

第四，判断与预测——文创项目市场调研与可行性分析（6学时）。

第五，输血与造血——文创项目融资模式与营销策略（6学时）。

第六，选择与激励——文创项目组织管理与团队建设（4学时）。

第七，执行与应对——文创项目质量控制与风险管理

（4学时）。

本课程教学方法着眼于学生的创意思维训练、运营策略提升、管理能力培育乃至整体解决方案输出，通过现场教学、主题研讨、翻转课堂、路演展示和阅读分享等多种方式，以践行案例式教学、双导师参与、跨专业小组实践相结合的专硕人才培养改革创新理念，帮助学生建立文创项目运营管理的完整知识体系和实践能力图谱。

■ 学生评价情况或成果推广情况

对于本课程的教学改革创新活动，学生普遍反映教学内容丰富，理论与实践相结合，能够全面和系统地学习文创项目运营管理的知识；任课教师专业功底扎实，讲授认真细致、教学活动组织注重细节；对于引入业界导师分享的环节很有收获；所使用的教学案例丰富、内容延伸很多，师生讨论深入，可以有效激发项目创意和运营思路。

通过本课程教学改革创新探索和实践，目前已完成的可供推广的教学成果主要有：

第一，师生共同参与配套教学案例集研发。

项目从行业相关度、实践指导性、延展扩容空间3个主要维度出发，由任课教师组和学生共同参与遴选文创行业领域的成功样板、问题项目和失败案例进行深入剖析，完成8个配套教学案例集的研发和编写工作，启发学生以产品/项目经理的角色理解创意管理，建立文创项目运营和管理的全局观及战略思维。

第二，引导学生建立项目管理方法论和运营工具箱。

围绕项目主题、项目属性、项目市场环境与竞争情况，分析项目内容、项目优劣势、项目融资渠道与方式、项目经济效益与社会效益、项目可持续发展计划等内容，提高学生文创项目运营管理的专业性和科学性，其成果作为学院专硕人才培养的支撑材料，为学院进一步拓展深化专硕实践培养模式积累了有益经验。

第三，拓展实践导师深度参与教学过程的方式和渠道。

带领学生实地调研新兴文化业态领域的代表性企业和项目，围绕热点问题展开现场互动教学。邀请知名高校商学院教授、文化创业型公司或独角兽企业代表，针对学生自研项目过程中的疑难问题开展主题对话。项目组全体教师带领学生进行自研项目方案的PPT汇报和结课路演，并邀请校内外专家进行点评和指导。

■ 相关图片

相关图片22

文化产业新业态案例课程建设

负责人简介

刘江红，博士、副教授，博士研究生导师，中国传媒大学文化产业管理学院副院长，中国文化产业管理专业委员会委员。主要研究方向为区域文化产业规划、数字文化产业。主持并参与“促进数字创意产业发展的政策研究”“大运河文化和游融合规划”等多项国家级、省部级课题。主持各类文化产业规划、文化产业园区专项规划和文旅项目策划数十项。曾主讲“文化项目策划与管理”专硕课程。

■ 优秀成果或建设经验介绍

本课程采用“项目调研+学习研讨+案例写作”的方式推进，通过一学期课程学习，按照案例写作要求完成60个项目案例，后续不断更新案例，实行开放共享共创，逐渐吸收不同年级、不同专业的学生加入案例建设。

已完成的30个网络游戏案例，主要为游戏在文化传承、时代荣耀、赋能实体经济、社会公益、科技发展等方面的价值体现，案例分析成果已通过王者荣耀公众号发布。我们已完成文化赋能乡村振兴案例4个，主要为公共文化服务、文化治理、文化制造业、文艺创作与乡村振兴等领域。正在组织文化科技融合案例分析写作，初步收集了26个案例，涉及中华文明探源中的技术应用、文化遗产数字化、数字文化孪生、沉浸式文化体验、“人工智能+”文化等内容，重点聚焦文化领域科技创新应用与成果转化案例（需求导向），展示文化发展需求与前沿数字技术应用之间的融合。

本课程是对实践能力的“集成式锻炼”。本课程在教学中按照教学安排进行，但不限于教学周内的案例教学，是延续性的建设周期。在课程中我们将打开课堂围墙，形成与社会企业、事业单位共建案例课程的循环发展模式。案例聚焦文化产业新业态、新商业模式，充分反映文化产业项目最前沿、最具有市场拓展能力、传播能力的项目策划及运营模式。课程以案例教学、案例建设为抓手，形成对于案例情况、项目亮点、实际效益的整体学习，帮助学生从政府需求、市场需求、企业创新、企业社会责任、科技应用等角度去理解文化产业项目策划的核心要求，形成系统思考、综合协调的项目策划能力。

■ 学生评价情况或成果推广情况

一、学生评价情况

学生加强了对文化产业新业态发展的规律总结和实践观察，促进了数字文化产业优秀、典型案例融入人才培养过程。学生认为通过实施情景式培养，针对存在的热点难点问题，发挥案例融合理论教育与产业实践融合的作用，提高了发现问题、解决问题的能力。主要通过“创建真实任务情境—以真实事件设置问题—学生自主、协作学习”三步，以“项目教学法”激发学生自主探索意识，通过任务驱动培养学生分析问题、解决问题的能力，提高学生自主学习意识，以及与他人协作的能力。

二、成果推广情况

我们关注网络游戏新业态“王者荣耀”的正向价值案例分析，共分析33篇案例，形成5类26个案例分析报告，重点研究游戏作为新业态带来的文化传承、经济溢出和科技创新等方面的影响。包括研究源于中国传统文化，游戏形成具有时代生命力的数字文化IP，通过游戏内容、互动机制如何传承优秀传统文化；研究在游戏中传承革命文化、社会主义先进文化等为代表的中国精神，推动形成适应新时代要求的思想观念、精神面貌、文明风尚、行为规范；研究游戏为推动技术创新、提升科技成果转化率所起的作用；研究在游戏场景中，通过产品共创、空间共创、电竞共创，将游戏的数字营销能力和内容价值转化到线下，携手千行百业，实现供需、产销高效匹配。此类正向价值案例报告，已在王者荣耀公众号进行推广。

课程关注乡村文化振兴的案例，共实地调研5个乡村，按照不同的文化主题开展案例分析，形成5篇调研报告，其中3名研究生的调研报告在《小康》杂志上正式发表，并被“学习强国”转载。相关推广案例分析和推广情况见下表：

<table>
<tr><th>序号</th><th>案例村</th><th>主题</th></tr>
<tr><td>1</td><td>广东佛山紫南村</td><td>乡村文化治理</td></tr>
<tr><td rowspan="2">2</td><td>贵州黎平地扪村</td><td>文化生态保护</td></tr>
<tr><td colspan="2">形成调研报告《地扪村有座16岁的博物馆》，发表于《小康》杂志2021年第2期，网络阅读130次。</td></tr>
<tr><td>3</td><td>浙江富阳东梓关村</td><td>艺术设计复兴乡村文化</td></tr>
<tr><td rowspan="2">4</td><td>浙江德清洛舍镇</td><td>文化制造业</td></tr>
<tr><td colspan="2">形成调研报告《东衡村：矿场之上建起钢琴园》，发表于《小康》杂志2021年第2期，网络阅读326次。</td></tr>
</table>

续表

<table>
<tr><th>序号</th><th>案例村</th><th>主题</th></tr>
<tr><td rowspan="2">5</td><td>山西汾阳贾家庄</td><td>文学创作赋能乡村</td></tr>
<tr><td colspan="2">形成调研报告《文化添光彩，贾家庄村蹚出新路子》，发表于《小康》杂志 2021 年第 2 期，网络阅读 2 772 次。</td></tr>
</table>

■ 相关图片

相关图片23

文化节目融媒体主持案例分析与实践

负责人简介

赵若竹，中国传媒大学播音主持艺术学院副教授、硕士研究生导师，美国南加州大学访问学者。主要研究领域为新技术与媒体语言传播、经典诵读、文化传播等。近年来承担学硕和专硕研究生招生和培养工作，面向播音主持艺术专业硕士研究生开设“文化节目融媒体主持案例分析与实践”选修课程。

■ 优秀成果或建设经验介绍

本课程是结合播音主持专业特色，面向硕士研究生开设的实践创作课程，共计32课时，2学分。课程以点带面，连点成线，由“案例分析、专家讲堂、创作实践”3个单元组成，致力于构建文化价值引领、复合知识储备、融媒主持实践创作能力三位一体的课程向度，培养并提升硕士研究生的价值判断、学术思维与实操能力，课程具有思政性、实践性、融合性和前沿性。

课程将专业特点与思政元素紧密结合，以文化价值引领、创作优质作品为导向，引入业界专家，线上线下融合，是课程思政实践教学模式的一次积极探索。本课程创造性地提出了“专业课程实践与首都红色文化教育基地有机融合”的课程思政教学理念，构建了“主体引领、任务驱动、多元协同”的实践教学模式。项目汇聚了学校、行业、社会等各方教学资源，整合思政内容要素，精心选择和编排教学内容，实现教学着力点的有效转化，将价值观教育运用到学生自主学习创作的细节之中，让专业实践教学更具亲和力和针对性，形成多元化协同育人合力。

课程将案例分析、调研采访、实际拍摄、报告与作品等多种教学手段相结合，编排紧凑、内容丰富、方式灵活，形成课内+课外、讨论+实践、报告+作品的独特教学模式。

课程与新媒体平台对接，积极引导学生走出去，以作品为导向，将学生结课作品在央视频、新华网等国家级新媒体平台予以展示。学生通过调研、采访、实地拍摄等方式创作优质作品，在实践中学习和成长。课堂—社会—新媒体平台，全流程育人激发了学生的实践积极性和参与度。

课程立足全媒体传播语境，首次实现对融媒文化节目理论阐释和创作实践双重能力的培养，推动了中华优秀传统文化传播，契合了国家对硕士新闻传播人才的需求和方向，具有前沿性。

■ 学生评价情况或成果推广情况

课程结束后学生反响热烈，表示收获颇丰。我们遴选了15部作品上线央视频展播，推出《红博青年说》主题栏目。学生通过 Vlog 创作，讲述红色博物馆中的故事，赓续红色血脉，传承红色基因，坚定文化自信，厚植爱国情怀，使中华优秀传统文化扎根大学生心灵深处。

2023级播音硕博班刘晓佩："这门课程上我收获非常多，从专家讲堂中我认识到符合市场需求的文化类Vlog需要从'小切口'体现'大主题'；从文化节目案例分析中，我和同学们深入研究和探讨一系列优秀的文化节目，体会到'文化内涵'于文化类主持人的重要性；从独自策划制作鲁博Vlog我更了解了自身在创作思路和专业能力上的问题，有很多反思和成长。最后借用赵老师的结课祝福来自勉：努力做有文化的主持人！"

2023级播音硕博班蔡佳佳："在飞速发展的短视频的冲击下，我们能有一堂课可以讲传统节目和新媒体节目的结合，系统地分析文化节目的框架和主持人在其中的作用，对未来想要从事与节目创作相关工作的我们，是非常有益的。从这门课中，我意识到了，讲道理、上价值的最好方式是讲故事。这和我们的口语表达有异曲同工之妙。感谢若竹老师给予我们这么好的课堂和实践机会，受益良多！"

2023级播音硕博班田茗旗："在文化节目融媒体主持这门课上，我们潜下心来分析了那些曾经听说过的各个平台的文化节目，在轻松愉悦的氛围当中梳理、交流和总结，学着去反思什么样的节目好看。这门课也真的让我勇敢地往前迈了一大步，开始学着去创作一个Vlog。"

2023级播音硕博班郭惟伊："这门课让我了解了很多之前没有看过的文化类节目。通过从节目结构到主持人特征的分析，我认识到一档叫好又叫座的文化类节目，需要从多角度、多层面进行创新。课程期间，我突破最大的就是拍摄Vlog，非常感谢赵老师为我们提供拍摄北京鲁迅博物馆的机会，以及邀请新华网导演、鲁博老师为我们授课，我学到了很多更适应网络传播的叙事技巧，以及关于鲁迅先生的历史文化知识。希望在未来，我可以延续在课上创作的热情，能够继续更新文化节目的融媒作品！"

■ 相关图片

相关图片24

“剧本创作”课程的实践教学创新研究

负责人简介

赵晖，教授、博士研究生导师，系中国传媒大学戏剧影视学院基础部主任。韩国首尔大学客座研究员、美国南加州大学访问学者、香港中文大学高级访问学者、日本大学交换教授。兼任中国电视剧制作产业协会短视频工作委员会秘书长、北京电视艺术家协会短视频专委会会长、北京文艺评论家协会理事。作为总编剧，带领教学团队创作的剧本《向水而生》，为北京市广电局“十四五”规划电视剧重点规划项目。

■ 优秀成果或建设经验介绍

我在教学中注重从四个维度训练学生的剧本创作能力：

第一，剧本写作的基础理论理解能力。

蒙太奇思维和时空处理、人物形象、场景描写、情节设置、动作展现、象征与关键性物质细节、色彩感觉等，以及影视文学中的叙事处理，例如，叙事者与叙事视点、叙事时间、叙事节奏、叙事态度等。

第二，全媒体环境下剧本创作能力。

从大屏到小屏的剧本写作系统训练，涵盖电视剧、电影和短剧创作训练。

第三，面向行业的剧本写作能力。

课程以剧本项目为核心，组织学生先进行讨论，然后进行田野调研和采风实践活动，深入生活，发现生活，进行创作。

第四，理论结合实践的能力。

开设剧本创作的工作坊，对剧本从选题到大纲再到初稿进行全方位、多层面的讨论，并邀请成熟编剧和学生一起讨论，提升学生理论与实践相结合的能力。为此，我和学院老师共同发起创办了中美编剧工作坊、中俄编剧工作坊以及“一带一路”共建国家留学生剧本工作坊。

■ 学生评价情况或成果推广情况

2019年，指导的硕士研究生剧本《太空钢琴师》获得第六届“一带一路”大学生国际电影节最佳剧本奖、第19届俄罗斯圣彼得堡大学生国际艺术节之首届中俄剧本大赛最佳剧本奖。

2021年，指导的硕士研究生剧本《从前有座山》《猫猫裁缝铺》入选中宣部电影局“扶持青年优秀电影剧作计划”。

2022年，带领学生一起创作的密云水库题材微短剧《临水人家》入选国家广播电视总局网络视听精品工程。

■ 相关图片

相关图片25

有声语言诵读艺术专硕人才创作实践课程

负责人简介

查谦，中国传媒大学播音主持艺术学院综艺主持系主任、综艺主持系党支部书记，副教授、硕士研究生导师，博士。2024年北京市优质本科课程获得者，2023年北京市本科优质教案获得者，2021年中国传媒大学教学青年拔尖人才，2021年北京市高等教育本科教学改革创新项目负责人。2018-2019年，美国哥伦比亚大学新闻学院特邀文化艺术访问学者，教育部留学基金委2018年度全额资助访问学者。

■ 优秀成果或建设经验介绍

第一，有声语言诵读艺术专硕人才实践课程要在现有研究生培养体系中寻找创新生长点。

我院现有研究生培养体系中有“经典诵读与指导”这门课程，它主要立足于经典古今文学篇目的讲解、示范、朗读，并未更多涉及舞台与大摄影棚场景下的诵读整体呈现能力的教学指导。而齐越朗诵艺术节的表达场景，却建立在舞台之上。2020—2022年，我院所有进入全国展播阶段的作品，都是在大摄影棚中进行拍摄制作的。诵读作品的整体呈现，需要创作者在文学文本的基础之上，将语言表达在视觉与听觉方面做出更丰富饱满的整体设计和呈现。无论从大势还是从学生专业能力拓展来看，实践课程都呼之欲出，实践课程是现有培养体系的有益补充与延展。

第二，有声语言诵读艺术专硕人才实践课程要对学生学情进行扎实分析。项目初期调研分析阶段，我们分析了目前在校硕士生专业创作学情，进入专业硕士阶段学习的学生基本分为两大类：

一类是来自全国各地播音主持专业方向的学生，这些学生虽然在学术能力上达到了全国统招要求，但自身在本科阶段的专业水平高低有别。另一类是跨专业考入我院的学生，本科阶段爱好播音主持，但从未接受过系统专业学习。

这两类学生进入我院后，急需在创作观念、创作方法、舞台呈现、创作成果上进行整体的引导与提升，每年于秋季启动的齐越朗诵艺术节暨全国大学生朗诵大会便是极好的“以赛促学”契机。通过校级选拔初赛、决赛，全国复赛、决赛，将择优能进入下一轮复赛的学生作为选课对象，由专业硕导团队集体进行实践辅导，力争进入后几轮选拔。“参赛+选课”的激励方式，可有效提升学生在舞台场景和大摄影棚场景下的诵读呈现能力。

第三，有声语言诵读艺术专硕人才实践课程可依托品牌文化活动定制课程。

齐越朗诵艺术节是国家语言文字工作委员会全国语言文化品牌活动优秀案例，是我校著名文化品牌活动。依托这一丰沃土壤来设计实践课程，课程的时间可以同步伴随秋季举行的朗诵大会，针对性更强。对于选课学生，我们会进行严格的筛选考核，确保进入选课的学生初步具备能够冲击赛事奖项的能力。

■ 学生评价情况或成果推广情况

2023年，有3名研究生的作品进入第25届齐越朗诵艺术节暨全国大学生朗诵大会全国复选，其中2023级研究生田茗旗同学的作品《父母爱情》以总分第一的成绩，获得大会最佳艺术表现奖。“学习强国”平台首页推荐并对田茗旗进行专访。

2022年，有3名同学的作品进入第24届齐越朗诵艺术节暨全国大学生朗诵大会全国展映，展映平台有“学习强国”、央视网、央视频、北京日报。

■ 相关图片

相关图片26

“流行音乐演唱”实践课程建设

负责人简介

王韡，音乐学博士，音乐学与教育学双博士后。中国传媒大学音乐与录音艺术学院副教授、硕士研究生导师、博导组成员。中国传媒大学“青年拔尖人才”。韩国艺术研究院特聘教授、博士研究生导师、博士后合作导师。主要从事音乐学、艺术学理论等方面的教学与科研工作。

■ 优秀成果或建设经验介绍

第一，在当前的流行声乐教学中，大多数课程仅片面进行演唱技巧或演唱风格的训练，其中，又以演唱技巧的训练为多，两者并未兼顾且并重进行。“流行音乐演唱”教学体系对此进行了有效的解决，演唱技巧和演唱风格的训练并重，力求学生在牢固把握流行音乐演唱各种技巧的基础上，能够轻松驾驭多种演唱风格。

第二，在当前的流行声乐教学中，大多仅进行琴房实训中的基础练声训练环节和歌曲指导环节，许多课程未涉及、很少涉及或未系统化地进行琴房实训中的特殊演唱技巧训练环节、演唱风格训练环节、录音棚实训环节、舞台实训环节、教室实训环节。“流行音乐演唱”教学体系对上述问题进行了有效的解决，以上环节均并重，对它们进行了较为系统的建构和详细的阐释，初步实现了立体化、综合化教学。同时，本课程力求学生在琴房中学到的演唱技巧，能够真正运用到录音实践、舞台实践中去，并且在舞台上展现出较强的表现力、专业性。从另一个逻辑上来讲，“流行音乐演唱”教学体系打破了单一的传统声乐教学模式（仅强调且重视演唱技巧一个方面的训练，忽视演唱风格、舞台表演、理论科研等方面的训练）与制作式教学（不注重演唱技巧等声乐基本功方面的训练，完全靠音乐制作来“打造”歌手的演唱）。

第三，“流行音乐演唱”教学体系，倡导且体现理论对于实践的支撑、理论指导实践、理论与实践紧密结合的观念。例如，在进行各种演唱技巧的训练时，均先进行理论的阐释，再进行实训。另外，专设了教室实训环节（理论研习环节）。

■ 学生评价情况或成果推广情况

学生评价良好。另外，该课程建设的成果之一——专著《流行声乐教学体系的科学化建构：王韡流行声乐教学体系》已经由中国文联出版社出版，教学体系被国内外诸多高校汲取采用。

融合报道案例分析暨案例库建设

负责人简介

詹新惠，中国传媒大学新闻学院教授。曾在国家重点新闻网站人民网工作，参加过“两会”、党代会、奥运会、博鳌亚洲论坛、世界遗产大会等大型活动报道。讲授研究生课程“融合报道研究”“融新闻编辑实务”，出版有《网络与新媒体概论》《网络与新媒体编辑运营实务》《网络新闻写作与编辑实务》《新媒体编辑》《数据新闻报道软件工具与应用》等教材。

■ 优秀成果或建设经验介绍

本项目在“研究生教改、双一流项目结项答辩”中获得优秀，总结起来，主要有以下教学方法改革经验和创新：

第一，明确方向、统筹规划。项目申请设想中就明确了将项目建设与课堂教学相结合，统筹安排各项任务内容和时间计划。具体任务包括：遴选案例和创建案例库；课堂教学中，让学生进行案例分析并撰写分析报告；在公众号开通融媒专栏，定期发布案例文章，不断丰富完善案例库。

第二，着眼长远，打好基础。案例库建设是一个需要久久为功的工作，项目团队花费了两个多月时间收集基本素材，包括重大主题新闻的融合报道案例、突发新闻事件的融合报道案例、国际国内重要新闻事件的融合报道案例、中国新闻奖近5年的融合报道案例。虽然耗时较长，但“磨刀不误砍柴工”，这是整个项目的根基和依据，为后续的选择案例和课堂案例分析打下了坚实的基础。

第三，学生为主，讲教结合。将案例分析项目融入课堂教学，在“融合报道研究”和“融媒体编辑实务”两门研究生课程中结合案例进行有针对性的教学规划。将学生分成最多3人的小组，让学生自主选择特色的融合案例，包括H5、融新闻、游戏新闻、数据新闻、大型网页融媒体报道、长图条漫报道、剧本杀、互动微电影等，案例样本丰富多样。学生在讲解汇报的过程中，老师有针对性地进行提问，并与学生一起对案例的优点和不足进行分析研读探讨。

第四，实践落地，完成闭环。经过课堂汇报和老师的讲解点评后，学生再展开完善所选案例的分析，并从理论层面深度研究案例，撰写案例分析报告。学生完成的案例分析报告发布到专业公众号“新媒鉴”上。发布到公众号上的文章由学生自己编辑排版，让项目中的“实践”两字真正落地。

■ 学生评价情况或成果推广情况

“融合报道研究”课程的学生评教成绩如下：

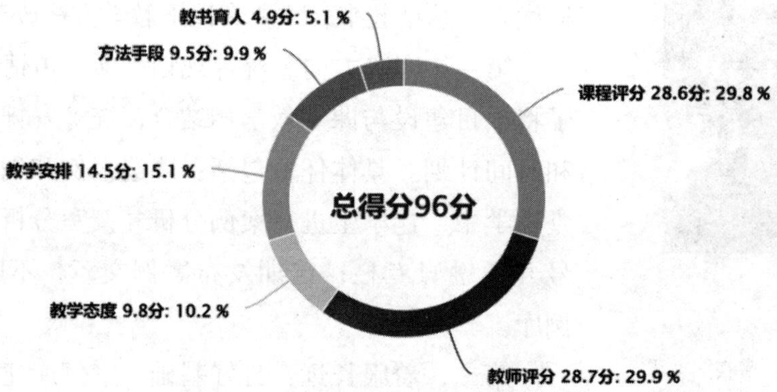

（图片来自畅课平台学生评教截图）

“案例分析”课程的学生评教成绩如下：

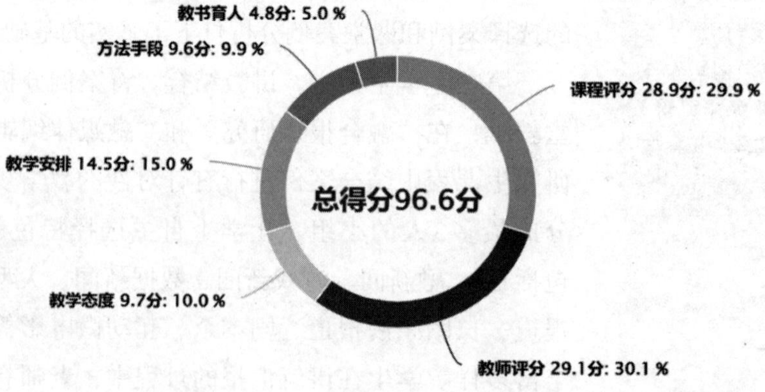

（图片来自畅课平台学生评教截图）

学生的主观评价有：

“提供了很多优秀的融媒体案例，获益匪浅。”

“课程有趣，内容丰富。”

“老师讲课认真严谨，内容丰富，案例信手拈来，干货满满，收获很多。”

“老师和蔼，乐于与学生讨论。”

“老师很负责、平易近人，课堂会举很多例子进行讲解。”

“詹老师深耕业界与学界多年，很好地融会贯通了两者间的联系，打通了所谓的壁垒。在实际教学的过程中，对于自己的研究倾囊相授，学生受益匪浅。”

“内容丰富，讲解细致，课堂气氛活跃，选题有启发性。”

“案例丰富，善于引导大家思考。”

“老师注重将理论与案例深度结合，更好帮助我们理解。”

“内容丰富翔实，紧跟研究动态。”

学生撰写的分析报告发布到公众号后，获得了很好的反响。通过公众号的“融媒案例”专栏发布，已发布17篇，最高阅读量达到1 587，单篇的阅读量基本都在400以上。融媒案例文章还被另一专业公众号“NEWS全媒体采访与写作”多次转发。多个高校的相关授课老师将我们的融合报道案例作为他们的教学案例。

■ 相关图片

相关图片27

编辑出版流程实践课程建设

负责人简介

赵均，教授、博士研究生导师，中国传媒大学出版社总编辑，教育部全国出版专业学位研究生教育指导委员会委员。为2010、2011级硕士生讲授“编辑出版理论”课程，为2013、2014、2015、2016级硕士生讲授“编辑出版实务”课程，为2017级硕士生讲授“编辑出版导论”课程，为2022、2023级硕士生讲授“编辑出版流程（上）”课程；连续3年为博士生开设“编辑出版学研究的现状、问题与方向”讲座。

■优秀成果或建设经验介绍

编辑出版流程课作为出版专业学位硕士研究生必修的专业课程，目的是帮助专业硕士研究生掌握出版业各种主要形态的基本工作流程，了解出版行业的生产要素和从业要求。编辑出版学鲜明的应用学科特点和必备的实践体验要求，使得这门课程在专业硕士研究生的培养过程中尤为重要。

该课程内容包括三大部分：一是让学生对出版物编辑出版业务流程有整体把握和认知；二是教师对具体出版物编辑出版实践技能进行案例解析，并带领学生进行实地参观；三是根据课程所学，学生完成报纸、期刊、图书、融媒体等出版形态的实操制作，检验实际学习的效果。

本课程注重在教学中体现理论知识讲解与实践技能培训相结合，编辑出版流程业务的全程贯通式教育和对出版业主要形态全覆盖式了解。课程集流程解析、现场学习、实际制作于一体，帮助专业硕士研究生掌握出版业中报纸、期刊、图书、融媒体出版的基本流程，帮助学生将课上所学知识内化为其专业素质。作业要求是学生独立制作一本图书，并在其中体现融媒体出版特征。

实践课程不能流于形式，真正学好实践课程不仅是靠讨论概念、梳理专业历史、展望发展未来，更为重要的是走进业界正在发生的融合出版中，亲身体会其中的矛盾和冲突。学生学习应用性较强的学科，光靠课堂讲授，没有亲身感受是记不住的。我们不能把编辑出版学这门来源于业界、服务于业界的学科殿堂化。

■ 学生评价情况或成果推广情况

于文悦（2022级硕士研究生）："我认为我欠缺的是理解出版的新视野，这门课恰恰提供给我的是脱离课本知识的另一个视角。从出版的不同类别入手，这门课程讲述了传统意义上的报纸、杂志、图书出版以及数字出版；从出版流程出发，介绍图书的装订方式、拼版方法、成本核算，针对不同侧重点对编辑加工、印刷复制以及发行销售进行讲述。不同主题之间彼此区分又有所关联，引发了我的新思考。"

徐宇（2022级硕士研究生）："这门课为我带来的最大影响，是带领与敦促我实现了对出版、出版业、出版工作的认知转化，即从理论化的抽象认识，转化为实践性的具象认知。这样的认知改变体现在宏观、中观和微观三个维度：宏观和中观上通过各位从业老师的分享实现；微观上则通过我自己编辑与设计一本书的实践体会来实现。"

邓淇（2022级硕士研究生）："课程带领我们认识了不同类型出版物的编辑出版流程，整门课特别有趣。一学期的课程让我了解到了编辑出版工作的各个环节与细节。报纸、杂志、图书、期刊、融媒体等都有其自身的特点和规律，课堂上几乎囊括了所有类型出版物的知识。老师在不同出版物的选题、组稿、审稿、加工整理、整体设计等讲授中总结探索，使我受益匪浅。"

詹惠楠（2023级硕士研究生）："编辑出版流程课让我感触颇深。这门课从新鲜有趣到苦恼制作，再到体会学习这门课开阔思维的乐趣。这每一步现在回忆起来都是学习中成长的宝贵历程。编辑出版流程是实践性很强的一门课，其中充满乐趣也极富挑战性。我们必须亲自去做，才能体会到该'如何做'，这比整天在理论中找寻答案更有意义。"

赵丹宁（2023级硕士研究生）："作为一名数字出版专业的研究生，编辑出版流程这门课使我深入了解了编辑出版工作的具体流程和各个环节。从策划选题、约稿、审稿，到编辑加工、排版设计、印刷，再到市场推广和发行，每一个步骤都需要专业的知识和技能。通过这门课，我对编辑出版流程有了更加系统和深入的认识，明白了编辑出版流程的复杂性和专业性，也认识到了每一个环节的重要性。这让我对编辑出版工作有了更加敬畏和尊重的态度。"

■ 相关图片

相关图片28

悬疑类型片创作

负责人简介

武瑶，中国传媒大学副教授、博士研究生导师，主讲课程影视编剧等。知名编剧，有丰富的创作经验，亚洲电视大奖最佳编剧、学院奖最佳编剧获得者，代表作品有《猎罪图鉴》《三分野》《暗夜行者》等。

■ 优秀成果或建设经验介绍

一、内容创新

传统的悬疑剧创作主要聚焦在案件如何奇诡，而这次我们在教学过程中，聚焦的是悬疑点和反转点的设计如何落在人物情感和命运上，这就避免了之前学生在创作的过程中过分迷恋故事的奇诡，而忽视人物、忽视品位，从而落入追求奇观刺激的窠臼。在落实这一创作原则的过程中，我们梳理出“悬疑六问”，成为学生在创作中自我衡量的清晰标尺：

第一，是否为新的故事。这里所谓的新故事，是指对事实的再创造，不是凭空虚构新的故事，而是挖掘过去的事件并进行再创造。

第二，是否为有趣的故事。策划的关键是要找到兴趣。不是选择电视剧制作者感兴趣的领域，而是要制作观众有兴趣且观看后会感到有趣的故事。

第三，悬疑中如何构建情感点。

第四，如何构建悬念点。

第五，如何带来更多新的信息量。剧集必须提供更多元、翔实的资料，让大众可以认识新领域中的一切。只有这样，观众才会带着好奇心看完整部剧。

第六，是否为人性化的故事。

二、教学方法改革经验

类型片创作研究一直是整个影视领域关注的热点，悬疑类影视作品又是类型化程度最高、市场成熟度最好的品类，本团队依托丰富的教学与创作经验，针对目前学生创作过程的困难，以及行业中亟待解决的创新瓶颈，从实务出发，解决学生创作中的现实困难。

本课程打破以理论体系为主的传统课程架构，采取实战教学的方式，依照市场上成熟的剧集开放流程，从采访采风收集素材开始，到项目策划、大纲写作，直到分集、分场、剧本写作，再到剧本推介——与现实创作实践的操作程序相一致，积极调动学生的兴趣与主动性。

■ 学生评价情况或成果推广情况

依托本课程研究内容写作了学术文章并完成了海外发表。写作了文章*Narrative Bodies in Chinese Suspense TV Dramas: A Case Analysis of Under The Skin*（中国悬疑电视剧的身体叙事——以《猎罪图鉴》为例），发表在*TechArt-Journal of Arts and Imaging Science*（No.2.June 30，2023）。*TechArt-Journal of Arts and Imaging Science*是由韩国中央大学高等影像科学、多媒体与电影研究生院出版的学术期刊。杂志的主题包括动画、电影、影像科学和媒体艺术。本刊被韩国引文索引（KCI）收录。

本课程完成了多次讲座，讲座内容除了悬疑类型剧集的创作外，还涉及了当下影视产业从策划到创作的前期工作，从创作到拍摄制作的生产过程，以及成片过审和作品宣发的过程，学生反响热烈。

■ 相关图片

相关图片29

“视听创意”实践创作教学创新

负责人简介

李飞雪，中国传媒大学新闻学院教授、博士、博士研究生导师，主要研究范围包括视听创意传播、网络新媒体、听觉传播等。主要讲授“视听创意”“听觉传播”等课程，所教授课程荣获中国传媒大学优质示范课程。主持国家社科基金项目及国家广播电视总局等科研项目20余项，曾在CSSCI等级别期刊发表学术论文30余篇。

■ 优秀成果或建设经验介绍

习近平总书记指出：“要坚持知行合一，注重在实践中学真知、悟真谛，加强磨练、增长本领。”坚持在实践中学习成长，对于大学生的成才至关重要。传统课程教学以教师讲授为主，缺少实践训练，本视听系列课程着重进行实践训练，从课程结构、实践教学、教学成果三方面进行教学改革创新。

一、课程结构：分阶段全方位设计

“视听创意”课程着重进行专硕研究生的实践创作训练，将所学理论知识与实践创作紧密结合。根据课程目标将课程设计为渐进式结构，每个阶段完成相应的学习任务，提交阶段作品，进而实现阶段能力目标。第一阶段，进行视听创意的整体介绍，理论联系实际，以教师讲授为主，密切结合学生互动讨论进行基础理论教学。第二阶段，分类进行视听创意的分组讨论学习，如纪录片、短视频等，作为阶段学习成果在课上与同学和老师分享并互动，这一阶段学生能够积极主动地深度参与。第三阶段，强化视频创作的综合能力，分组合作，策划创意创作原创视频，通过原创视听作品的创作，锻炼研究生在视听创意构思、基本技术、结构设计、节奏安排等方面的专业能力，以及团队协作、人际沟通、创新创意等能力。

二、实践教学：分层次全能力培养

“视听创意”课程教学过程中设计了全阶段、多情境的实践教学模式。

从实践的来源来说，有丰富的教学内容与传播渠道。充分利用现在作为主流社交软件的短视频平台以及融媒传播，不断丰富传统的教学内容与传播渠道。短视频的主要用户与学生的年龄、兴趣等有较多共性，基于短视频平台的案例教学，有利于学生将兴趣与学习结合起来，有助于培养学生自主学习的能力，激发学生学习的积极性。

从实践的目的来说，能顺应全媒体新闻实务创作人才的市场需求。随着传媒技术的迭代，市场对于"一专多能"的跨专业、跨学科复合型人才的需求更加迫切且要求也更高。在课程第二阶段，与学生本专业与视听传播方向相结合的复合型实践，能够使学生快速掌握行业必备的各项技能，充分适应全媒体新闻实务人才的市场需求。

三、教学成果：多形式多维度评价

当下视频创作类课程的教学评价更为重视形成性评价和总结性评价，在一定程度上忽略了诊断性评价与表现性评价，但其实后两者也在教学过程中具有重要作用。在课程的每个教学阶段之前，对各位学生进行诊断性评价，能够获得课程进度、学时分配等方面的调整依据。在每个教学阶段对学生作品进行分析、讨论、点评，此类表现性评价能够引导学生完善作品，逐步提高专业创作能力。通过多形式、多主体、多维度的教学评价体系的构建，学生课堂参与度提高，在教学过程中的主体地位体现得更为明确和充分，有助于学生更加关注实践创作的质量，更好地积累实践创作经验。

■ 学生评价情况或成果推广情况

本课程通过创作实践切实提升学生的创作素养和综合能力。教师在教学中认真严谨，不断进取，总结教学方法，努力提高教学质量，通过阶段性学习成果展示以及评价做到理论与实践相结合。结合全媒体传播平台的案例教学，将学生的兴趣与学习结合起来，贯穿课程全程的互动能够活跃课堂气氛，收到了良好的教学效果。本课程得到了师生广泛好评，学生评教为优。

"视听创意"课程针对融媒体新闻、纪录片、纪实类短视频、普法纪实类短视频、科普短视频等视听作品进行视听创意分析、阐释、讨论与课堂的分享和互动。学生们积极深入参与，在有限的时间内提高了知识的深度和广度。通过这一阶段的学习，学生可掌握基本的视听创意表达的逻辑和方法，初步具备视频作品创作的思维。在课程的实践创作阶段，学生需要掌握视听创意与创作的叙事、结构、剪辑、节奏等相关知识并综合运用本课程所学知识和技能，分组合作创作原创视频作品。学生通过采访、策划、拍摄、剪辑等一系列创作过程，提高了视听创意创作能力。实践作品完成后，组织展映会，每个实践创作小组的作品都要经过播放、自评、学生互评、老师点评的表现性评价过程，学生参与的积极性与热情度很高。在评价过程中，师生发现问题，解决问题，教学效果明显提升。

以赛代练、以赛促学，一直是视频创作实践中行之有效的能力提升举措。我们一方面在校内新媒体平台展示创作成果，另一方面直接对标某几个具有较高知名度的相关学科竞赛进行实践创作，如“大学生视频大赛”“大广赛”“学院奖”等。同时，我们鼓励学生将作品上传至抖音、B站等网络平台，为作品展示提供更多空间，获取更多真实的评价以继续精进专业能力。2022级全媒体新闻实务硕士研究生田煦煦创作的《唱片百年|华灯起，乐声响，歌舞升平》以及2022级硕士研究生王佳琪参与主创的《幸福村的春天》荣获中国传媒大学研究生“双一流”项目。

■ 相关图片

相关图片 30

大众文化与创意策划写作工坊

负责人简介

赵莹，中国传媒大学副教授，创意写作方向负责人，主要研究领域为文艺理论、特色文化资源研究评估与策划等。主持“甘肃省十四五智慧文旅规划编制”“文化体制改革研究”“电视剧半标准化评估评价体系构建研究”“河北省曲阳县雕塑文化产业振兴规划”“IP人才创意孵化器可行性研究”“我国电影投融资研究”“北京市供销合作总社文教集团战略发展规划”“广播电视艺术学学科服务实践与模式研究”等多项横纵向课题。发表相关文章40余篇。

■ 优秀成果或建设经验介绍

本工作坊教学形式为项目制，一般选课学生在12人左右。2022年工坊课我们将学生分为四组，3人一组。在本课程学习期间，我们成立了4个项目组进行文化资源研究分析和创作写作实践。

第一，北京房山“修德谷”文化特色分析及文旅策划。

本项目组由权欣薇、冯政洋、唐毓蔓3名同学组成，他们在了解交通及旅游规划的相关政策和资源的基础上，对北京市房山区石花洞国家地质公园的未开发区域进行深度挖掘，打造旅游亮点。依据地理位置、人文环境，在SWOT模型分析优劣的基础上，最终制定了亲子厨房建设（农田参观、农产品采摘等）、耕作营体验（农具初体验、农田参观等）、禅学体验（冥想体验、坐禅体验等）、旅游路线设计（“寻”文化主题游、商务游、家庭游、研学游）的发展方案，为“修德谷”旅游提供了切实可行的思路。

课程成果：策划文本（《北京市房山区修德谷传统文化体验基地调研报告》）+1条短视频。

第二，陕西唐三彩艺术博物馆文化资源研究与创意策划。

本小组由许祯纹、卡德丽娅、韩佩瑶3名同学组成。首先，他们前往西安，对陕西唐三彩博物馆进行调研，在了解文化背景后，在平台宣传方面，对博物馆公众号、视频号等宣传平台的目前状况提出了问题，并给出了解决方案；在IP方面，他们设定了唐彩彩、唐博、阿甘巴的卡通形象，并进行竖屏短视频制作，投放平台；在产业延伸方面，与游戏、虚拟人物等进行了合作；在学术研究方面，撰写《文旅融合视域下西安旅游模式研究》论文，提出融媒提高城市旅游品牌的传播影响力等措施。

课程成果：文本《文旅融合视域下西安旅游模式研究》+6条短视频。

第三，山西沁源县文旅策划案。

本小组由刘嘉琪、孔小宛、梁琪3名同学组成，他们在了解山西沁源县自然资源、人文资源、发展导向与政策支持的基础上，对沁源花坡宣传进行了方案策划，拟定由网络红人房琪，依据个人风格，进行一系列精美的文案和视频制作，拍摄旅行纪录片，借用媒体传播矩阵，以社区参与互动、合作联动的方式进行传播。充分利用纪念馆，名人故居、路居处等红色资源，设计以失踪的红色信件为主题的《沁源寻迹》剧本杀，进行红色文化剧本杀创意策划。

课程成果：文本《山西省沁源县文旅策划案》+剧本杀设计。

第四，迷奇烟酰胺牡丹驻颜面膜品牌宣传。

本小组由王雅柠、赵凯茜、孙毓泽3名同学组成。本项目以北京迷奇生物科技有限公司的牡丹品牌为研究和宣传推广对象，以面膜为主打产品。项目组首先对用户进行问卷调查，在了解受众人群的基本情况及需求的基础上，明确主推产品及产品背景，在微信、微博等新媒体平台上，对营销矩阵初步布局，利用SWOT模型分析优劣。聚焦文化故事《清平乐》中的牡丹与杨贵妃，制作短片《娘娘的烦恼》，与媒体合作进行线上推广，与大型电竞游戏、IP形象进行跨界合作；与校企合作进行线下宣传，如中传创品、香薰礼盒、毕业开学礼物、助残事业、快闪店宣传等。

课程成果：文本《迷奇烟酰胺牡丹驻颜面膜产品营销策划》+微视频短剧《娘娘的烦恼》。

本课程以项目为依托，将项目研究创作与教学、研讨密切结合，能让学生在实际创作中切实、深入地了解客户需求与受众喜好。同时，课程充分发挥学生的主动创造能力，让其新颖、年轻态的创意真正落地，通过实际工作让社会全面了解我院学生的创作能力和人文底蕴。

课程结束后，我们进行了工坊课的成果展，让学生重新审视自己的作品，从而有更多、更深刻的学习感悟。

■ 学生评价情况或成果推广情况

一、学生评价

韩佩瑶（陕西唐三彩博物馆组）：“大众文化与创意策划写作工坊课将课堂搬出了教室，借助校内外的文化场域，让每个小组的同学都能参与到各具特色的创意策划项目中。在赵莹老师的带领下，我们组来到历史底蕴深厚的西安，并通过实地调研，线上发放调查问卷、对专业人员进行采访、文献搜集等多元渠道，了解大唐文化与唐三彩的发展历史，从文旅融合的视域分析了西安的旅游发展模式，并结合我们项目的具体情况，进行了同类别产业的比较，根据自身的优劣势，因地制宜地为陕西唐三彩艺术博物馆设计出宣传方案。工坊课里的结课作业呈现方式丰富多彩，我们组的最终成果中就涵盖了图片、策划案、视频等多种类型，仅视频就做了6个版本，其中不仅有博物馆宣传片，还有借助虚拟人物进行讲解的科普短视频。其他组的同学还做了剧本杀。这门课给了我们很大的创意空间，也让我们切身体验了一个文案策划从思路到成型的全过程。每个人都在丰富的课程活动中学到了很多东西。”

梁琪（山西沁源县组）：“我们组参与的是山西沁源县的调研与策划。在小组策划过程中，我们共同激发灵感，分享观点，集思广益，对文化创意策划有了更深的体会。在调研的过程中，我们深入探寻了沁源这片土地，了解其背后独特的文化底蕴，让我们对创意的来源和表达有了全新的认识。这些学习和交流，不仅拓宽了我们的视野，还培养了我们更灵活的思维方式，让我们受益匪浅。”

权欣薇（房山区修德谷组）：“在赵莹老师的大众文化与创意策划写作工坊课上，我们小组来到了地处北京大西山永定河文化带，毗邻房山区石花洞国家地质公园的修德谷深入考察学习。我们体验了修德谷内的众多传统文化项目，前往大山里寻找各种中草药材，学习不同中草药植物的形态、药性及注意事项，听老师讲解植物染非遗文化及环保知识，了解到了天然植物染色与工业染色的区别。最终我们小组成员一起撰写了包含规划依据、项目概况、规划思想、市场分析、功能分区、重点项目建设旅游线路设计、保障措施这8大板块在内的《修德谷传统文化体验基地调研报告》。通过参加这门课程，我不仅对大众文化有了更深入的了解，还提高了自己的创意策划和写作能力。”

二、推广情况

项目成果发给项目资源依托地或公司，受到了一致好评，成为他们对外宣传的重要材料。在此基础上，我们与山西沁源人民政府签署了深入合作协议，修德谷成为我院学生采风、实践的重要基地。我们与唐三彩博物馆、北京迷奇生物科技有限公司也建立了良好的合作关系，唐三彩博物馆邀请我院师生下一年度工坊课程继续将其作为创作案例，并愿意提供相应课程保障。

■ 相关图片

相关图片31

有声书演播创作实训

负责人简介

曾志华，博士、中国传媒大学播音主持艺术学院教授、博士研究生导师，北京市教学名师。从事研究生教学21年，培养硕博生148人。在博士生教学中，2015年建立了“播博汇”学术沙龙研讨制度，2018年创建同名公众号。至今“播博汇”已推出300余篇原创、转载文章，在学界业界业已形成良好且广泛的影响。在硕士生教学中，从2017年起，建立了“时代之音·赏析”训练环节，至今已完成70期，并获中国传媒大学第九届（2021年）教学成果奖。

■ 优秀成果或建设经验介绍

有声书演播创作实训，是2023中国传媒大学研究生教育教学改革专业学位硕士研究生实训课程项目，于2023年3月获批立项。按照要求，本项目面向的是2023级硕士研究生，所以，2023年9月开始实施。目前课程正在进行中。

一、项目背景及前期基础

（一）有声书的行业现状

有声书（Audio Book），又名“有声读物”。

随着互联网和各类自媒体平台的发展，在线音频等新业态迎来高速发展阶段。为满足人们在碎片化生活中对阅读和自我提升的需求，有声书这类在线音频内容产品被不断开发，促进了声音市场的发展和声音经济的快速崛起。

艾媒咨询数据显示，中国声音经济产业市场规模保持连续增长态势，2022年声音经济产业市场规模达3 816.6亿元。其中，有声书的听书人群几乎呈倍数增长，2022年中国有声读物行业用户数量已达到4.2亿人，市场规模达到93.7亿元。

（二）专业院校的教学现状

不少设有播音主持专业高校的专硕生培养方案中，鲜少开设有声书演播创作实训课程，有的将有声读物的创作等同于“文艺作品演播”。这样的定位并不全面。有声读物的演播创作不仅包括语言功力的锤炼，还需要了解整个有声书演播的创作生态，以及表演方面的相关训练，包括形体、声音塑造能力、台词等。

基于上述情况，我们看到，随着有声书用户规模的不断攀升和声音经济市场的进一步扩大，一方面催生出更多对有声演播人才的需求，另一方面也带来有声书主播的培训乱象。与此同时，本应该为有声书的演播创作输送人才的专业院校，却因为课程设置的问题，尤其是实训课程设置的缺失，没能跟上时代的步伐，让我们的专业学生错失了大量创业就业的良机。

因此，“有声书演播创作实训”课，旨在培养专硕生在有声书演播创作方面的实践能力和创新能力，为有声读物市场输送优秀的人才。

第一，本项目拥有较为良好的前期基础。

项目负责人主持了多个与有声读物相关的课题和项目，主要有：

2020年，主持国社科艺术学项目“中国演播艺术家与演播艺术发展研究”（项目编号：20BC044）；

2020年，主持国家广播电视总局社科项目“新时代中国广播有声书类节目做优做强的途径与策略研究”（项目编号：GDT2012）；

2019年，主持校级课题“中国演播艺术家口述史”（项目编号：KEF19001）；

2014年，主持文化部科技创新项目“基于新媒体背景下有声读物播读评价体系研究”（项目编号：2014KJCXXM01）；

2022年，主持研究生院教改项目“以有声读物音频创作为内容的专硕导师组培养模式开发与应用”（已结项）。

项目负责人参与了包括政府机构、传统媒体和新媒体平台的有声书类节目的评选工作，主要有：

担任中宣部出版局组织的“全国有声读物精品出版工程”评审评委；

担任“喜马拉雅2022年声音潮流音频大赏活动”评选评委；

担任“2021科大讯飞AI大赛——寻声计划”评委；

担任文旅部全国红色故事讲解员大赛专业组指导教师；

担任央广、北京电台等媒体机构的节目评选评委。

第二，项目团队积累了大量媒体资源。

2021年，项目负责人和团队其他成员，相继对央广、央广“云听”、北京电台、听听FM、广东人民广播电台、广州台等机构进行了实地调研、访谈，了解有声书在传统媒体以及网络平台的生存现状。对喜马拉雅FM（包括喜马拉雅粤语频道）、懒人听书、长佩文学等新媒体平台的有声读物制作模式进行了深入的了解。在课题调研的过程中，负责人积累了大量的媒体资源，如喜马拉雅、懒人听书、央广云听、听听FM等新媒体资源，有利于搭建校企合作，为学生提供校外实习平台。

二、项目建设目标及建设内容

“有声书演播创作实训”的建设目标需要从以下两个维度来展开：

第一，从有声书演播创作的业务层面而言，通过对创作方法、创作能力的训练，让每一位学生找到自身的风格定位，从而培养专硕生的创新能力和实践能力，并利用时下互联网技术创作出具有个性风格的有声读物作品。这样既有利于专业硕士研究生结合自身特点，制订个人培养计划，锻炼自我的实践应用能力，也有助于突出我校以及播音主持艺术学院的学科特色。

第二，从有声语言专业理论和知识的角度而言，有声语言的业务训练离不开理论的指导和经典作品的引领。我们应注重培养学生对有声书创作的理解和认知，梳理有声书发展的脉络及行业变迁。通过赏析不同时代优秀的演播作品提高审美水平，对有声书的不同风格、不同创作样态有基本的掌握。同时，中国有声书演播创作的发展也是中国社会发展的文化写照，了解有声艺术发展的历史，有利于专硕生进一步学习和掌握马克思列宁主义、毛泽东思想、邓小平理论、“三个代表”重要思想、科学发展观、习近平新时代中国特色社会主义思想的基本理论。

“有声书演播创作实训”的建设内容主要有：

一是按照《关于开展中国传媒大学2023年研究生教育教学改革、“双一流”项目申报工作的通知》中关于专硕生实训课程申报要求的第2条“须纳入2023级专硕培养方案”的规定，本实训课面向2023级的专硕生。

二是课程以“实践训练+经典赏析+业务指导+基地见习”的形式为主；

三是实践训练，包括对虚构类文字和非虚构类文字的创作训练；

四是经典赏析，选取多媒体平台各类有声读物的经典作品，采用片段式“拉片”的方式进行赏析；

五是业务指导，包括形体与音频创作的关系、声音和气息与音频创作的关系、有声读物创作技巧、中国音频行业概述、平台简介等内容；

六是基地见习，组织学生到有声书制作机构和发布平台参观、见习。

三、项目创新性和预期成果

本项目的创新性和预期成果主要体现在以下几个方面：

第一，培养模式创新。弥补专硕生在有声书演播创作方面实践训练的缺失，集合业界、学界的导师团队，给予学生以科学、专业的指导。创新专硕生实践类课程，创新人才培养模式。

第二，训练内容创新。传统的有声书演播更多的是有声小说的播讲，作品大多停留在虚构层面，而“有声书演播创作实训”旨在打破边界，扩大外延，突破虚构与非虚构的壁垒，在内容和题材上扩大范围，更好地与市场接轨。

第三，实践方向创新。利用媒体资源搭建校企合作平台，增加校外实习的机会，为专硕生创新创业创造更多的机会。同时，通过有声书演播的创作实践，为市场输送优秀的有声读物创作工作者，以优秀的作品刺激市场内需，实现“研—学—产”的良性循环。

四、项目组团队成员

学界导师：

曾志华，播音主持艺术学院博士研究生导师、硕士研究生导师；

王明军，播音主持艺术学院硕士研究生导师；

芦巍，播音主持艺术学院硕士研究生导师；

成倍，播音主持艺术学院硕士研究生导师；

赵若竹，播音主持艺术学院硕士研究生导师；

金北平，播音主持艺术学院硕士研究生导师。

业界导师：

李佳颖，喜马拉雅有声小说主播经纪中心；

张东，中央广播电视总台“云听”首席内容官、演播艺术家、高级记者、主持人。

王同，纪录片声音设计师、高级录音师、纪录片解说指导，北京沐肆洲文化发展有限公司艺术总监；

曾颖，播音名“小曾”，著名演播人、制作人，配音导演，中央广播电视总台主任播音员；

满超，中央广播电视总台云听有声艺术顾问、青年演播人。

2023级博士生夏帅同学担任项目的组织、联络工作。

■ 学生评价情况或成果推广情况

目前，该项目正在进行中，学生的心得体会及评价情况，尚不完全。暂附录一篇：

附：

一、时间

2023年11月14日 星期三

二、地点

中国传媒大学国重大楼融媒体中心

三、嘉宾简介

张东："云听"首席内容官、央广传媒集团党委委员、央广广告副总裁、央广云数总经理、国家广播电视总局中广联合会"全国媒体经营委员会"秘书长、"中国广播剧微剧委员会"副会长、"全国视听委员会"副会长。

获全国播音主持"金话筒"奖、"全国五一劳动奖章""中国演播艺术家""五个一工程"等荣誉；作为主创创办了内地首个类型化音乐电台"MusicRadio"以及中央广播电视总台音频客户端"云听"。

开创并主持过央广《中国TOP排行榜》《晚报浏览》，央视《中国财经报道》《天天饮食》，北京电视台《食全食美》《上菜》《幸福厨房》，江苏卫视《当红不让》等节目；曾担任《快乐男声》《中国金唱片》等各类流行音乐及美食节目评委。

四、讲座主题

"云听"的有声书创作

五、课程目的

使同学们了解"云听"以及广播的历史演变历程；通过张东老师的从业经历拓展自身的就业道路，明确未来的就业方向及选择。

六、呈现方式

（一）主要内容

1.从业经历

张东老师：1996年从北京广播学院毕业在中央人民广播电台音乐调频（音乐之声）的《中国流行歌曲排行榜》做流行音乐主持人；之后做了多档电视节目，在美食、财经、有声演播等领域均有所拓展；担任行政职务的同时也坚持主持业务；2018年在央广传媒集团公司做经营、运营至今。

（1）张东老师的珍藏

DAT磁带、MT、台式打字机的存储盘、1997年的稿件（纯手写稿子）、给领导写的报告（内容为：1998年1月7日，申请港台地区的歌手林志炫到台里录制节目）、1998年节目单、节目运行表、听众来信等。

（2）"听众来信"

张东老师特别提到了"听众来信"，并让学生们传阅浏览了部分信件。在那个见字如面的时代，听众用书信的方式分享自己的观点，例如对歌手和作品进行自己的理解和评价，对节目的编排发表自己的看法等。

（3）“节目流程单”

张东老师讲到“节目流程单”时提到后期做节目，不需要写满篇稿子，只需要记录关键词，这对他未来的公众口语表达，以及在有声演播中能够更快提炼出关键词打下了基础。

（二）“有声书”

1.播“有声书”声音好就可以吗？（好歌手得有好歌、有声书得有好书）

（1）产品好，选的书好（很少播畅销书、播文学性强一些的）。

（2）价格低，性价比好（搭档的配合、后期的配合、录音的配合、导演的配合、与原作者的导演的配合）。

（3）点评好（差异化的东西、给人留有好评）。

2.怎样才能播好“有声书”？

（1）声音具有辨识度（差异化、有特色要坚持住！！）声音是最不重要的，发出你内心的声音才最重要。

（2）识读能力强（基本功、了解人物、梳理架构）。

（3）有文化（会思考）。

（4）多元化（跨度大、全局思维）。

3.课程训练《烟火》

（三）和“云听”有关的分享内容

1.云听“好听听云听”——中国广播的转型

云听作为首批开启我国自主研发的三维声技术菁彩声示范作用的音频平台，承接“百城千屏”项目的音频播放服务。用户通过“百城千屏”户外大屏观看纤毫毕现的8K超高清视频，可以用云听App听洋洋盈耳的菁彩声，享受沉浸式声效体验。

云听还将菁彩声技术应用于《声音日历》、多人有声剧《神雕侠侣》的生产制作，将陆续在主站上线。

2.拓展声音技术的无限可能

AI主播：高于总台央广主播IP，领先的声色模拟、情感展现。

云听朗读测评：首个将发音检测精确到拼音字母的中文评测系统。

乡音博物馆：能听、能看、能学的方言智库。

3.行业用户黏性：长音频内容更有用户吸引力

国内在线音频市场的月人均使用时长，高于整个“耳朵经济”市场的平均水平。有声书、播客等长音频内容的叙事性更强，更有沉浸感和陪伴属性。在线音频平台表现出现用户黏性强的特点，印证了长音频内容对用户的吸引力。

（四）个人心得

播音主持艺术学院2023级硕士生王捷："做有声演播时，把每件演播作品当成商品，自然会做到最好！一定要有用户心态、营销意识、运营意识，把我的听者当成我的用户！""有声书演播不能有太多条条框框，有声书演播至少在10年内不能被AI完全替代。""从业经历对未来的演播有极大的影响作用。人生可以挑几个赛道，只要你有执念并执着坚守！""机会是留给有准备的人的，在还没有对未来有明确选择的现在，不如多多尝试，在尝试中发现自己的兴趣再做选择，顺势而为。""我们学播音的，要耐得住寂寞，也要耐得住清贫。"

■ 相关图片

相关图片32

模拟法庭教学指导研究

负责人简介

周凯，中国传媒大学文化产业管理学院法律系副教授，在从事婚姻家庭与继承法、法律诊所、劳动与社会保障法等相应本科课程教学的同时，2016年开始法律硕士实践教学，课程包括法律文书写作、模拟法庭。在教学授课过程中一方面积累教学经验，另一方面结合课程特点，开展对法律硕士实践课程教学改革研究。

■ 优秀成果或建设经验介绍

2023年研究生教改立项后，我们立即按照计划开展项目研究。通过调研几所高校法律硕士模拟法庭教学，旁听其他高校模拟法庭教学课程，我们了解了其他高校模拟法庭教学的模式、特点；通过参加中国法学教育研究会模拟法庭教学专业委员会年会活动，我更全面深入了解了模拟法庭教学、竞赛、理论研究情况，加深了对课程教学目标、课程体系的认识。在此基础上，我结合自身的思考，初步建构我校模拟法庭教学目标和课程体系，在课时增加的基础上，完善教学内容和教学大纲。这次教改的一个突出特点在于，搭建了边讲边练的教学模式。这个教学模式的特点是：在教学中引入一定数量的环节演练（包括小练习、提问），如庭审质证环节，讲授、演练公诉人如何进行质证，辩护人如何进行质证。教师既讲授知识点，也穿插进行上述小型实训演练，强化了模拟法庭“现场再现”的能力。

由于模拟法庭课程教学时间安排，2023年秋季学期没有模拟法庭课程，所以这次教改未能在课程教学中进行测试，无法检验教改效果，相应就无法用调查问卷、座谈会、个别交流等形式了解学生评价。但是，经过对多所高校模拟法庭教学模式的了解以及与模拟法庭教师的个别交流，大家都有一个共识，这就是教师在模拟法庭课程教学中指导不够，指导针对性不强，单项技能训练不突出等。因此，强化模拟法庭教学过程中的单项练习，充分发挥教师在课程教学中把控、指导作用，指导学生进行庭审各环节小演练、小练习，对教师能力亦是一个更高要求。在以后的模拟法庭教学过程中完全可以应用这次教改成果，即通过在庭审各个环节训练学生的法律职业技能，让学生在一个近似真实的环境下沉浸式体验法庭庭审。

■ 学生评价情况或成果推广情况

近一段时间，我们一直在思考如何把模拟法庭教学改革推向深入，更好地打造这门课程。目前我们考虑从两方面进行，一是继续细化模拟法庭教学过程中各环节的训练，这些环节训练不是对模拟案例的整体指导，那是放在后面的步骤，我们需要的是围绕民事、刑事案件庭审过程教学环节中的一个个单项训练，教师精心删选素材，选择合适的素材。单项练习可以极大地提高学生驾驭庭审能力，由一个个单项练习最终过渡到模拟整体案件这样一个过程。这个过程是有基础的，那就是学生事先经过各种诉讼角色（公诉人、辩护人、法官等）的单项练习，已经初步掌握此项角色在庭审中的技能技巧，过渡到后面的模拟整体案件自然会水到渠成。另外，课程的实践性也需要法律实务部门的优秀人才参与部分课程教学，设想邀请富有实务经验、适合研究生教学的优秀律师、法官参与课程建设，便于给我们提供适合模拟的鲜活案例，让师生了解我国庭审制度的前沿进展，以及新技术、新软件、新设备在审判业务中的运用等。

二是发掘模拟法庭课程思政元素。现在国家要求高校课程融入思想政治教育，把课程思政元素融入专业课程中，以实现立德树人的根本任务。针对模拟法庭课程思政元素缺失问题，我们需要分析这门课程思政元素缺失的原因，这就要看这门课与法学理论知识课程存在哪些区别。法学理论课程主要从知识传授点出发，从教材上看很多都有了马工程教材，马工程教材应该说本身就蕴含思政元素，所以开展课程思政较为容易。而模拟法庭课程教学内容缺乏直接的引领，所以我们要思考从哪些方面发掘思政元素。初步路径是从课程教学目标、教学内容、教学方法等方面融合思政元素。

模拟法庭面对公众，为了庭审效果好看，有时难免有表演的痕迹。我想说的是，模拟不是表演，模拟法庭是以培养学生法律职业技能和法律职业伦理为目标的训练，是法硕学生正式进入自己的法律职业生涯前的一次演练，对学生来说，实训比表演更重要。

■ 相关图片

相关图片33

从田野寻找新脉：调查研究专硕实训课程建设与探索

负责人简介

刘楠，中国传媒大学传播研究院副教授、硕士研究生导师，中国人民大学新闻学院博士，国家公派留学联合培养博士。央视工作十年，曾任央视《新闻1+1》创始人、主编等。主持国家社科基金、省部级重点项目、北京“十四五”教育规划项目等，在SSCI、CSSCI期刊等发表30多篇论文，已出版《数字乡村传播》《寻找白岩松》等。获得第七届范敬宜新闻教育奖，北京市优秀研究生指导教师奖等。

■ 优秀成果或建设经验介绍

调查研究课程是针对专业硕士研究生开设的实践课程，于2023年秋季学期在传播研究院、国际传媒学院开设。结合新闻传播出版实践，讲授调查研究的理论、方法、案例等，打通课堂教学、学术研究与调查研究的脉络。田野观察与行动实践不仅是新闻传播研究图谱中的重要方法路径，也是劳动教育的重要场域，培养怀有人文之爱、助益社会良好沟通人才的重要手段。

本课程结合实践，教师引领学生，发挥小组协作和集体调研的优势，相互参照、形成交叉性视角。教师指导学生通过田野实践驱动作品采写，驱动学术研究成果，并把二者有机结合起来，研究者和研究对象深层互动，激活理论的应用场域，重塑新闻传播教育与研究的人文精神。

现有代表性调研成果有：《创意传播激发文旅融合潜力——安徽寿县楚文化博物馆发展策略研究》《农民数字素养对乡村发展的内生性影响：对河南齐村的调研》《从“物”的联合到“人”的联合 ——烟台“党支部领办合作社”的群众动员内在逻辑》《“世界义乌”：“一带一路”背景下小商品企业跨境贸易传播模式与服务商策略》《乡村振兴背景下区县文化旅游发展路径调查研究——以丽江纳西族传统歌舞文旅表演现状为例》《再望南方的童年：乡村留守儿童教育与数字融入》《理解数字政府：社会技术想象作为一种新向度》《信任与邻避——广东惠州太平岭核电站公众沟通效果研究》《“等”流量：数字中国背景下跨境电商直播行业实践研究——以广州市TikTok电商直播基地为

例》《乡村网红潮退中的地方性建构与反向建构的媒介地理学分析——基于鲁南Y村的田野调查》。

■ 学生评价情况或成果推广情况

在知识学习层面上，本课程帮助学生理解调查研究的基础理论、方法论、内涵与外延等。通过学习研究经典调查研究实践，进行作品分析，拓展学生学习的深度和广度。例如费孝通的《乡土中国》、毛泽东的《寻乌调查》等，掌握调查与民族志研究方法，拓展融媒手段。结合专业硕士研究生培养方案，把教学大纲设计、田野实践调研、新闻作品发表、科研成果转化、创新劳动教育有机结合起来，提高专业硕士研究生的调研研究能力，探索传媒人才培养的"知行互动"赋能模式，培养学生的经验研究能力、对过程性知识的把握以及对社会参与的行动能力。

相关成果在传播研究院公众号发表，与传播研究院"大地传媒坊"项目联动，召开优秀成果分享会，与《农民日报》等媒体平台合作，邀请快手副总编辑夏江等担任业界指导，探索"知行互动"赋能模式，探索实习实践、创新训练、学术活动、社会服务与调查研究相结合。

其中，"'守护苏东坡'数字云村民"项目被央视频、央视网、"学习强国"、《光明日报》、《河南日报》、河南卫视、中国青年网等报道，获得凤凰网行动者联盟2022年度公益创意奖。东坡乡村春晚在央视频、央视网直播。《再望南方的童年：乡村留守儿童教育与数字融入》相关内容在《农民日报》等媒体发表。《乡村网红潮退中的地方性建构与反向建构的媒介地理学分析——基于鲁南Y村的田野调查》相关调研获得中国传媒大学暑期实践特等奖、北京大创赛一等奖。

■ 相关图片

相关图片34

研究生创意写作工作坊

负责人简介

胡洪春，文艺学博士，2015年毕业于中国传媒大学人文学院。近五年先后在《文艺理论与批评》等发表研究论文18篇，主持省部级课题1项，主持校级科研项目6项，参与国家级科研项目3项，出版编著3部。

■ 优秀成果或建设经验介绍

一、培养学生创造力

引导学生发现并培养他们的创造力，鼓励他们在写作过程中尝试新的思维方式和表达形式；提供丰富多样的创意写作练习，涵盖不同的文体和主题，以激发学生的灵感和创意。

二、实践导向

将理论与实践相结合，让学生在实际写作中运用所学知识；定期组织写作工作坊、座谈会或赛事，让学生有机会分享和展示他们的创意作品。

三、文学素养的提升

引导学生阅读和分析经典文学作品，培养他们对不同文学风格和写作技巧的理解；利用文学讨论和评论，促使学生深入思考和反思他们的写作选择。

四、多媒体创意写作

整合多媒体元素，如图像、音频和视频，以拓展学生的创意表达方式；鼓励学生使用数字工具或平台，创建跨媒体的创意作品，培养多元化的创作技能。

五、个性化学习路径

了解学生的兴趣和风格，支持个性化的学习路径，以激发每个学生的独特创造力；提供选择性的课程模块，让学生能够根据个人偏好选择感兴趣的主题和风格。

通过这些方法，创意写作课程可以更好地激发学生的创造力、提高写作技能，并培养他们在不同领域中的创新思维和表达能力。

■ 学生评价情况或成果推广情况

一、学术论坛或座谈会

组织学术论坛或座谈会，邀请行业专家、作家或文学评论家参与，与学生分享、讨论创意写作的重要性和影响。在这些场合，我们积极展示学生的作品。

二、校友网络

利用校友网络，邀请成功的校友分享他们在创意写作课程中的收获，激发在校生更浓厚的兴趣。利用校友资源建立行业联系，为学生提供实习、出版机会。

通过这些推广策略，可以提高创意写作课程的知名度，吸引更多学生参与，并探索更多元的教学模式。

■ 相关图片

相关图片 35

法律文书写作课程

负责人简介

张鸿霞，中国传媒大学副教授，从事研究生教学工作长达15年有余，对研究生教学工作具有丰富的教学经验及完善的教学理念。她通过创新教学方式，将理论教学与实践相结合，通过实践案例反哺课堂理论教学，使学生更易消化接受并转化为研究能力以及处理问题的能力，真正使学生做到学以致用、学有所用，获得学生的一致好评。

■ 优秀成果或建设经验介绍

张鸿霞副教授在传媒法律及法律研究方面深耕细作，发表了多篇论文，出版了多部学术作品，主持多个市级、省部级项目。具体介绍如下：

发表论文28篇，其中核心期刊包括《新闻侵犯名誉权案实行过错责任原则质疑》（载《国际新闻界》2010年第10期）、《涉及公共利益的名誉权诉讼研究》（载《学术探索》2016年第1期）、《法人作品中参加人署名权保护研究》（载《学术界》2016年第3期）、《侵犯法人名誉权与商业诽谤行为辨析》（载《江西社会科学》2016年第5期）等。

专著：曾于2012年出版专著《大众传播活动侵犯人格权的归责原则研究》（中国政法大学出版社，2012年版）。

主编、参编著作7部：主编《网络环境下隐私权的法律保护研究》（中国政法大学出版社，2013年版）、《大众传播法学》（法律出版社，2007年版）、《文化创意企业法律实务手册》（北京市国有文化资产监督管理办公室组织编写，法律出版社，2016年版）等；参编《影视法导论》（复旦大学出版社，2005年版）、《媒体政策与法规》（中国传媒大学出版社，2006年版）等。

主持、参与项目15个（含市级、省部级项目）：自2014年起持续负责“北京市文化创意产业促进条例”的立法研究项目。曾主持“大众传播活动侵犯人格权的归责原则研究”（2007年教育部人文一般项目）、“互联网隐私保护的法律问题研究”（2010年中国法学会部级法学研究课题立项课题）、“知识产权特色小镇建设基础研究项目”（委托方：国家知识产权局知识产权发展研究中心，2017年

5月11日）等14个项目；参与项目“媒介融合背景下广电媒体报道未成年人新闻守则研究”。

■ 学生评价情况或成果推广情况

传统法学学科教育对学生的写作能力有一定的要求，但主要集中于学术论文、调研报告等方面，对实务文书的写作培训较少，导致当学生走上工作岗位后，面对的是完全陌生的写作领域。本项目的创新点在于弥合此种学习和实践之间的差异，以法律实务需求为导向，使学生能够独立完成各种法律文书的写作，为日后参加法律工作打下基础。

以真实案例为背景进行法律文书写作，是对传统教学课堂中简单法律文书案例写作的拓展。社会生活是丰富多样的，法律实务中遇到的案件也是多种多样的，而课堂的案例，往往是抽象、简化的，便于学生提取其中的法律关系，但实践中可能存在案件涉及多方当事人，或者一方当事人人数众多的情况，此类案件中复杂程度就会大大增加，仅通过简单案例的模拟是无法适应实践需求的。本项目通过真实的、较为复杂的案例引导学生进行探索、思考，尽量贴合社会实际情况，避免闭门造车。

在接触真实案例的过程中，鼓励学生按照兴趣分组，从案件涉及的各方当事人和法官裁判角度撰写各类法律文书并互相点评、修改；引导学生积极主动参与课堂互动，自主学习、自主探索；增加课堂的趣味性，提升学生的主观能动性，使学生乐于学习、善于学习。

本项目的内容不同于单纯的法律文书形式培训，也不仅仅是对文书形式的熟悉和联系。学生在练习文书写作时，同样涉及法学理论的应用，例如在写作第三人参加诉讼的申请书时，需要分析该第三人应当作为有独立请求权第三人或无独立请求权第三人参加诉讼的理由，其中涉及法律条文与实践情况等，是对学生应用理论进行说理的最佳演练。通过法律文书的写作练习，学生可以巩固实体法、诉讼法等的相关理论，加深学生对相关知识的理解，丰富其知识储备、提升其能力水平。

融媒体时代，围绕新媒介开展的互联网娱乐内容精品创作实践

负责人简介

范小青，博士。中国传媒大学戏剧影视学院副教授、副系主任，“一带一路”电影研究所秘书长。釜山国际电影节顾问，中国电影评论学会理事，中国电影家协会国际传播工作委员会委员，高校影视学会影视国际传播理事，丝路电影节一带一路青年影像盛典总策划，亚洲大学生电影节总策划。韩国东西大学林权泽影像艺术学院海外客座教授，河北传媒大学客座教授。韩国学刊TechArt（KCI）国际编委。

发表论文300余篇，出版有《韩国电影100年》《野生金基德》《亚洲电影研究（第三辑）》《亚洲电影研究（第四辑）》《中韩电视剧文化比较》等。监制、策划《八角亭迷雾》《坏姐姐之拆婚联盟》《危险关系》等影视作品。

■ 优秀成果或建设经验介绍

2023年度春季学期，本课程用4部苹果14pro拍摄了无剪辑短片，在课堂上，每一小组成员都集思广益，个人意见和团队合作得到了充分的展示与锻炼。受“时间有限，设备有限，但创意无限”的启发，每个团队迅速制定拍摄攻略和创意策略，在最短的时间里，抓住机会并创造可能，创作出了独一无二的作品。尤其是作品《倒霉的小偷》，将时空与氛围完美结合，影片充满可爱的意料之外的惊喜。这一训练锻炼了专硕生随机应对的内容创作能力，尤其是用新媒介拍摄，让创作实践看起来更加轻盈与实际。

将来在专硕生的课堂中，我们还希望能继续这种新媒介的创作尝试，并保持更新，让更多的专硕生感受到利用新媒介抓住创意灵感、迅速出片、沟通无限的创作乐趣。

■ 相关图片

相关图片36

潮玩设计开发与潮玩文化实训课程建设

负责人简介

艾胜英，中国传媒大学教授、硕士研究生导师、动画与数字艺术学院动画系主任，动画制片人，北京漫画学会副会长。

负责中国传媒大学动画、漫画专业建设规划以及招生、教学、实践的设计与实施，并主讲动画、漫画专业的创作类课程。

国产电视剧片头统一标识设计负责人，北京奥运会吉祥物动画宣传片《福娃》、残奥会吉祥物动画宣传片《福牛》核心创作者，作品曾获得中国电视金鹰奖“优秀电视动画片”奖、“最佳动画片”等奖项。

指导学生动画短片百余部，获得包括“法国昂西动画节”“日本东京动画节”“美国安妮奖”“韩国富川动画节”等动画赛事的诸多奖项。

■ 优秀成果或建设经验介绍

一、国内首创潮玩研创中心

潮玩虽然是一个新兴产业，但其消费却已经具有相当大规模的体量。在商业需求强烈的情况下，人才缺口却很大，而且国内的专业发展还没有能与之相匹配关联的专业和课程，该中心的创立具有里程碑意义。

二、构建多层次、多维度创作实践模式

常规教学受到课程时间、课堂内容、考试模式等限制，教与学都不能更长线地发挥作用。研创中心可以有效链接教学与产业，鼓励学生进行潮流玩具设计的理论与实践。学生可以根据自己的兴趣爱好，自由创作或者跟进不同层次的项目，并从中获得产业的技术、流程等支持，获得更好地成长。

三、更有助于教师的快速成长

引入业界资源，可以让我们的教师更高频次地接触到业界最新鲜的行业信息与资源，更有助于教师知识结构的迭代更新，使教师能更好地服务现代化的艺术教育与实践。

■ 学生评价情况或成果推广情况

2021级动画漫插方向　张天姣

在本次课程里，我了解到了非常多的有关潮玩和模型的制作知识，学习了如何翻模，如何3D打印，知道了各种

不同的潮玩制作工艺与流程。

授课的老师们非常专业，每节课都为我们设计了不同的学习任务，针对每个人都提出了不同的建议、给予了非常专业的帮助。

这次课程最大的收获就是将设计变成现实的过程。在这个过程中，我通过不断摸索，学会了许多专业知识，对我未来的创作非常有帮助。

在课程学习的过程中，我非常感谢每一位指导过我的老师和帮助过我的同学，许多的灵感与构思都是在大家的帮助下一步步实现的。

非常感激能有机会参与到这次课程里。

2021级游戏艺术　李好

很荣幸能够参与这次课程，在这半学期里我学习了很多原来从来没接触的东西！收获颇丰，还认识了很多新朋友~

由于是第一次尝试将平面设计三维化，我的模型从初始版本到终极版本大大小小推翻重做了四五次……内心的艰苦斗争自不必多说，感谢自己坚持到了最后！当然要特别感谢啵啵老师和夏扬老师！！如果不是老师们的辛勤指导，我肯定做不到现在这样！

通过本次课程，我也明白了我真正想要干的事情，未来我会朝着我的目标努力前进的！嘿嘿！！（再一次感谢学校和老师们！）

2022级刘舒桐

通过一学期的学习，我见识到了潮玩的各种形态，领略到了设计师们的脑洞大开与同学们的天马行空，学习了手办的制作流程与方式，还了解到3D打印的基本原理、前期后期的处理工作，包括切片与建模时应如何去处理、怎样使用打印机等，更难得的是亲自体验了一下，拥有了自己的第一个3D打印模型成品。

老师们的讲解非常清晰，用很多图片与网络和现实中的案例成功引起了我的兴趣；还从3D打印和潮玩的不同角度讲解知识，也会根据学生的自身风格去给模型提建议；并且非常鼓励我们实践操作，这有助于我们了解设备并增加实践经验。

综上所述我认为这门课很优秀，如果再次开放，我仍会选择参与。

■ 相关图片

相关图片37

“电视节目制作技术”实践课程建设

负责人简介

刘杰锋，中国传媒大学信息科学与技术学部副学部长，计算机与网络空间安全学院正高级工程师，长期担任国家级实验教学示范中心传媒学科组组长、中国传媒大学广播电视与新媒体国家级实验教学示范中心主任和中国电影电视技术学会摄影摄像专业委员会副主任。从事广播电视技术、节目制作和传媒专业实践教学与管理近30年，担任电视节目制作专业硕士研究生导师超10年，开设多门次专业实践课，教学内容涵盖视音频技术、超高清技术、节目制作和媒体融合发展与管理，侧重技术与艺术交叉融合，出版教材3部，发表专业论文10多篇，完成科研项目10多项，负责建设完成包括1400平方米超高清演播室和10讯道高清（3D）转播车在内的专业实验室近百间。

■ 优秀成果或建设经验介绍

一、课程构成

课程分为科普讲授、前沿技术、实践指导、节目创作等多个模块。在教学过程中，教师会根据学生的实际情况动态调整模块或拆分讲授内容。

二、基本思路

本课程理论与实践并重，技术与艺术融通，因地制宜、因材施教。课程基于媒体深度融合时代背景，按照全媒体新型人才培养理念，将“知识、能力、素养、智慧”育人一体化考虑融入教学全过程，坚持理论教学贯穿于实践教学全过程。

三、课程意义

本课程基本解决理论与实践脱节问题；初步解决作业、作品与产品的衔接问题；有效探索专业实践与行业生产融通问题；探索在实践中强化职业素养、职业道德、行业规范与社会责任的培养。

四、教学内容与方法创新

本课程充分利用专业演播室系统，全班分3组开展实践，每组实践过程中必须多轮次实践不同岗位，探索解决专业与专业、专业与技术、技术与艺术融合问题。最终要求每组学生组成制作团队，利用热点话题或自己感兴趣的话题，策划并制作完成一档可以直播的演播室节目，且最终制作的节目必须强化内容生产的创新意识，体现节目的

国际中文教育短视频设计与制作

负责人简介

范慧琴，中国传媒大学人文学院教授，汉语国际教育专业（中国文化海外传播方向）负责人，主持教育部语合中心重点项目2项，在《人民日报》《现代传播》《语言教学与研究》等刊物发表论文30余篇，获得首届三牛奖“拓荒牛”奖，指导研究生在“汉教英雄会”“中学西渐杯”等权威专业赛事中多次获奖。

■ 优秀成果或建设经验介绍

第一，突出汉语国际教育专业的时代性，适应新形势下国际中文教育的新需求。

随着互联网、大数据、人工智能等技术的应用和发展，教育形态和学习方式发生了深刻变革。国际中文教育顺应时代发展，从“请进来”“走出去”，开始向网络化迈进。与之相应，国际中文教师需要从原来的撰写文本教案、准备“教案+课件”，向“教案+课件+数字资源”转变。因此，短视频的制作将是国际中文教师的一项基本技能。本课程与时俱进，加强学生专业实践能力的训练。

第二，把握国际中文教育的前沿动态，培养学生用视频语言讲述中国故事、传播中国声音、教授中国语言文化的能力。

目前，我院既有国际中文教育的专业课程，也有短视频的专业课程，但是如何将短视频应用于国际中文教育，还没有相关的课程。当前我们正处于国际传播大转型的关键时期，人类从有声语言、文字语言、影视语言，已经迈向视频语言，未来将是一个视频天下的时代。因此，本课程将培养学生用视频语言讲述中国故事、传播中国声音。

第三，注重实践性、实操性，全流程指导学生设计和制作适用于国际中文教育的短视频。

国际中文教育短视频不同于普通的短视频，在脚本设计、素材拍摄、后期配音和字幕等方面，都要明确教学对象的特点和需求，具备跨文化传播的基本素养。本课程选取国际中文教材或新《标准》的具体内容，全流程指导学生选题、设计、制作原创性短视频作品。

第四，强调可持续发展，鼓励学生进行国际中文教育短视频的共享共创，积少成多、聚沙成塔，为国际中文教育事业贡献自己的智慧和力量。

通过课程，我们可以积累国际中文教育短视频，形成教学资源库，建设教学资源平台，实现短视频资源的共享共创，避免重复劳动，加强团队协作，方便更多中文教师的教学，满足更多中文学习者的需求，从小事做起，服务于国际中文教育事业。

■ 学生评价情况或成果推广情况

第一，课程实践成果已经初步形成国际中文教育短视频资源库。具体包括：民俗文化类，有春节、端午节、中秋节、十二生肖等；交际文化类：有亲属称谓、送礼文化、寒暄问候等；饮食文化类：有八大菜系、广式茶点、四川回锅肉、满族传统小吃、老北京糖葫芦、青岛啤酒等；非遗文化：有京音乐、津派刻瓷、太极拳等；自然人文景观：有古都系列、大同古城、西双版纳、大熊猫、武当山、颐和园等。

第二，课程实践成果在YouTube、中国日报网、嗨中文、中传App等平台上线，如“广式早茶”“大同古城”“忻州古城”“河南省博物院”“南锣鼓巷”“智化寺京音乐”等作品有10 000+的播放量，助力中国语言文化的国际传播。

第三，学生在课程主讲教师的指导下，完成国际中文教育专业领域权威教材《中国概况（第五版）》（王顺洪主编，北京大学出版社出版）配套数字课程，全书共14章，42个短视频，包括中国地理、政治、历史、经济、文化、文学、旅游等多个方面的中国国情文化内容。同时，制作了国际中文精品教材《新实用汉语课本》（刘珣主编，北京语言大学出版社出版）文化板块的数字资源制作，服务于世界各国的中文学习者。

第四，探索产教融合的课程教学模式。积极发挥产教融合实践基地的作用，开展课程教师与业界导师合作教学的新模式。课程主讲教师负责课程的整体设计、理论知识、专业内容的讲授；业界导师负责行业领域新动向介绍、实践技能培训等内容，同时协作指导学生的实践作品，提升学生的实践水平。

第五，构建国际中文教育实践育人体系，深化OBE教育理念在国际中文教育专业领域的应用。在2023版培养方案的基础上，我们强化专业硕士研究生的实践能力培养，进一步完善专业定位和培养目标，以学生培养的最终目标（学习成果）为起点，反向设计实践能力培养、实践育人的框架、流程和模式。

■ 相关图片

相关图片17

艺术性。具体要求如下：

实践必须基于真实内容开展，且要求在系统理论指导下进行；

重视实践育人的阶段性，充分体现实践成果从作业到作品直至专业产品的有效转化；

结课考试必须基于直播要求，必须充分体现技术与艺术的深度融合，确保节目质量；

实践育人的全过程必须充分体现思政观，让职业素养与职业道德在实践教学全过程中得到全面体现；

让“知识、文化、素养、智慧”四个方面在课程教学全过程得到一体化运用，并体现在最终的人才培养效果上。

■ 学生评价情况或成果推广情况

学生评价1：“老师好！我是国际广播电视专业的李××，这学期选修了电视节目制作技术这门课，收获非常大！首先，我对于电视导播有很大兴趣，之前也通过了中传转播团队的笔试，但是由于经验不足未能通过面试，当时感觉很遗憾。但很幸运能在这门课中学习到系统的节目制作知识，对于转播团队的工作也有了更深入的了解。其次，我可以从老师课堂讲授中感受到您丰富的电视工作经历和经验，和您交流非常有助于我们选择今后的就业方向。最后，有机会能在4K演播室上课实践也满足了我们对于中传优质教学资源的向往，十分珍惜。”

学生评价2：“老师十分负责，每次都会提前到现场安排并调试好实践器具；课程非常符合中国传媒大学的专业实践性，能够接触到前沿技术，真的落实了新闻传播学类学生对于演播室实践的想象。课程非常好玩，还想继续学到更多。”

学生评价3：“这门课实践性非常强，在课堂上我们走进了演播室。通过轮岗，每个同学都有机会学到各个岗位的知识，体验导播、摄像、音频、视频的全流程操作实践。老师会亲自示范如何调白平衡、如何切镜头等细节，为我们未来的实践操作打下了很好的基础。

学生评价4：“电视节目制作技术对节目策划和创意、摄影和摄像等前后台的工作内容都有详细介绍，我有机会了解并掌握导播台、摄像机等各项工具，这为我未来从事电视节目制作工作或相关领域的职业发展打下了坚实的基础。”

学生评价5：“每节课之前老师会进行一些理论知识的讲解，但同时作为实践课又帮助我更进一步地掌握转播节目的流程和技巧。每节课上分组进行的轮岗练习让每一个人都能接触到摄像、视频技术、音频技术、导播等不同的岗位，我们在上手操作过程中发现问题，并通过老师的讲解和指导进行改进，不断进步，从而熟练掌握各种转播技巧。”

学生评价6：“电视节目制作技术是我很喜欢的一门课，课程实操，不枯燥，刘老师的讲课内容也很生动。作为一名研究生我觉得实操课是必不可少的。”

■ 相关图片

相关图片38

新媒体创作编程实践

负责人简介

孙竞舟，在博士期间，研究方向为人工智能，发表SCI论文一篇，EI会议两篇。

在2019年底来到电视学院后，深耕新媒体技术，带领研究生团队在新媒体领域取得了较多的成果，促进了研究生全媒体人才的培养。

■ 优秀成果或建设经验介绍

本课程与工科的网页设计类似，但又有本质区别。本课程针对文科学生，重点关注新媒体作品设计。本课程与工科的网页设计有以下几点区别：

第一，内容不再大而全，而是少而精，只讲授新媒体编程中需要的知识，而不是整个网页设计的知识。例如，可简要讲授CSS排版，将排版的工作在JQuery中讲解。

第二，重视编程的“道”。编程的“道”就是编程的逻辑。通俗来讲就是每一步要做什么，将大的任务分解成可实现的小任务。所以，在课上讲解一个任务的时候，并不会直接动手写代码，而是带着学生一起写注释，然后将每一行注释的小任务，让学生自主去查询实现的方式。

第三，由于文科学生没有编程基础，所以，在课上，要将重点的基础知识进行延伸。例如，编程中最基础的布尔值，要详细讲解为什么要有布尔值以及它对整个计算机领域的意义。

第四，不只要讲技术，还要讲创意和艺术。一个成功的新媒体作品，与技术的高深不存在必然的联系，但一定与创意和艺术有关系。

第五，挖掘学生特长，增强学生自信。针对上一点要有的创意和艺术，电视学院的学生既有新闻传播的理论知识，又有视频拍摄制作的能力。基于新闻传播的理论知识，创意上就有了理论支撑；基于视频技术，整个程序的设计就会更精美也更流畅。例如，视频的画面构图可指导程序的构图，视频的转场技术可指导程序的跳转。也就是说，如果电视学院的学生学会了新媒体编程技术，再结合自身的学科优势，他们编创新媒体作品的水平甚至会超过工科学生。

第六，新媒体产品实例较多。本人在两年间开发编创了近百个新媒体产品，有些重点产品，在服务器上的版本就有50多个版本。课上，我会将这50多个版本的优化过程展示给学生，使他们对作品和产品的区别有更直观的认识。

第七，作品思政。本人在两年间上线了多个红色主题的新媒体产品，课上会对红色主题的新媒体产品进行重点讲解，让学生在作品中感受思政。

■ 学生评价情况或成果推广情况

学生对课程的评价整体较好，例如“认真、因材施教”“老师幽默风趣，对我们的问题会一一解答”“老师很好很有趣，上课干货也很多”“理论与实践并重”“老师人特别特别好，课堂有趣又收获满满”“很有耐心，很好，很喜欢”“老师很随和，很负责”“教学轻松，知识点清晰”“学习见效快”“授课思路清晰”“孙老师专业能力很强，备课很认真，课堂气氛活跃，为我们答疑也很有耐心”“老师非常认真负责，备课充分”“教师专业能力强，内容充实”“幽默风趣，学得挺开心的”“课程安排很合理，比较有创新性和实用性”“老师风趣幽默，讲授了很多很实用的知识点”“老师认真负责，上课条理清晰，课下认真解答同学问题”“授课认真，对学生很好，作业安排得当”“课堂生动有趣，知识讲解得非常好理解”“老师讲述得很专业”等。

也有一些偏负面的评价，例如“编程好难”“整体教学节奏比较难把控，课上答疑时间比较长”“有点难”“内容可以简单一点吗”。

我认真总结优点与不足，优点要继续保持，不足之处主要有两点：一个是难，一个是课上答疑时间长。

课上答疑时间长是由于课程本身内容较多较难，学生的接受程度也不一致，每个人的错误也都不一样，所以导致了课上答疑时间过长。并且，答疑的问题还不能等到课下去解决，因为课程的知识点密度较高，课程的连贯性较强，当前问题如果不解决，后面的知识点学习起来会比较困难。解决方法我想到了两点：第一是减少课程人数，第二是增加一位助教。

■ 相关图片

相关图片39

“中华诗词文化鉴赏”融视频编创

负责人简介

赵希婧，中国传媒大学电视学院副研究员。多年参与教学研究与实践。所参与的教学成果多次荣获国家级教学成果奖（获一等奖一次，二等奖两次），参与申报、建设“媒体融合传播实践”国家级一流本科课程，主讲硕士生课程“无障碍视听传播”；主持校级教改项目；参与“中华诗词文化鉴赏”融视频编创等多项实践教学活动。

■ 优秀成果或建设经验介绍

第一，教学理念创新。本课程主张教育要为国家和社会发展服务。在这一理念的驱动下，项目团队带领学生学习、制作“中华诗词文化鉴赏”融视频，弘扬优秀传统文化，助力国家基础教育、国家通用语言推广普及工作，以专硕教育的成果服务国家和社会。具体而言，项目团队努力思考如何做“有用的教育”，遵从国家大力推进“互联网+教育”的新指示，将“中华诗词文化鉴赏”融视频编创引入专硕教学，旨在通过实训课程，引领学生立足媒介发展前沿，提升融视频编创能力，以创新之作助力国家教育战略和文化发展传承，铸牢中华民族共同体意识。这样的教育理念不仅教会了学生新知识、新技能，也是“课程思政”的具体体现。

第二，教学内容创新。本项目顺应媒体融合发展趋势，在广播电视领域的专硕教育中加入融视频的理念与实践，并将其与中华诗词文化联系起来，尝试用新技术、新方法，立体生动地阐释古诗词的知识要点与文化魅力，让教学实践内容具有创新性。在教学中，项目团队结合文化传播、媒体融合等相关理论知识，向学生介绍融视频这一新型媒介形态。同时，教师还通过实训教学，教会学生如何运用数字图像处理技术、三维建模技术、MG动画技术、音频音效处理技术等新技术，让课本上的文字“活起来”、让画本上的人物“动起来”，在融媒体的情境中阐释古诗词的知识信息，营造中华诗词文化所特有的美好意境，最终达成传统基础教育资料所不能及的育人效果。可见，从教学内容看，以融视频为教学实践主体的尝试，实现了教学内容的创新。

■ 学生评价情况或成果推广情况

一、学生对课程的评价情况

2022级国际新闻传播专业刘子赫：“在本课程中，我们以融视频的创新形式，传承并发扬中华文化，这是我参加这次课程的初衷，也是中华文化国际传播的‘试金石’。”

2022级广播电视学专业赵子龙：“我在这门课中学到了许多专业技能，如何用当下的理解和画面‘活化’古诗的文字和意境，是我在创作过程中遇到的难点。我利用多图层构建空间场景，运用3D摄像机技术来制造流动的景深变化，采用了与古诗词内容相关的元素进行串联，使场景之间更具连贯性和逻辑性。”

2022级广播电视学专业卜欣荣：“因为我们制作的古诗词受众是小学生，所以我尽可能使用活泼的画面元素和丰富的音效吸引受众。作品中使用了MG动画的处理手法，对元素的关节进行拆解，产生符合自然运动规律的微动效，使画面充满灵动的感觉。”

2021级国际新闻传播专业刘佳琪：“我们的作品服务于小学师生，所以我们在撰写视频解说词的时候，严格按照教材来行文，并从古诗朗诵、诗人介绍、注释翻译、拓展阅读4个部分来结构整个视频，务必保证内容准备无误、知识容量丰富。”

二、教学成果推广情况

项目团队将师生打造的“中华诗词文化鉴赏”融视频以数字海报、电子书架等多媒体形式捐赠给西藏自治区、新疆维吾尔自治区、内蒙古自治区、宁夏回族自治区、广西壮族自治区等地的基础教育机构和主流媒体，助力中华传统文化课程与教材的数字化和网络化传播，推动铸牢中华民族共同体意识教育常态化发展，为构筑中华民族共有的精神家园作出贡献。

■ 相关图片

相关图片40

融合出版人才多维培养体系探析
——基于融合出版教学实践

负责人简介

郑志亮，中国传媒大学教授、硕士研究生导师、电视学院实践教学中心主任、融合出版与文化传播国家新闻出版署重点实验室主任，北京高校优质课程“新媒体交互设计”主讲教师、北京高校优秀实验教学指导教师、国家级一流本科课程“新媒体编辑”教学团队核心成员。长期从事融合出版实践教学、教研等方面工作。近3年，指导学生参加学科竞赛获国家级、省部级一等奖10余项，发表教学研究论文10余篇。

■ 优秀成果或建设经验介绍

本项目融合出版教学实践，试从问题研究者和出版从业者的视角，以行动研究为研究方法，对教学实践展开科学行动研究、实践行动研究、批判行动研究，阐释对融合出版人才培养的理解和反思，尝试提出融合出版人才多维培养体系。

融合出版人才多维培养体系由育人目标、育人理念和育人体系三个主要组成部分构成。育人目标旨在回答社会需要什么样的出版人才以及学校应培养何种出版人才的问题，这是在价值层面上对培养目标的设定。育人理念是出版人才培养的核心思想，它决定了出版人才的教育应以马克思主义出版观和马克思主义实践观为理论指导，并在教育中内化中国出版史和红色出版史的内容，强调实践总结经验，实践检验理论。育人体系则是在育人目标和育人理念的坐标系上进行纵向探索。在微观层面上，它以技术延伸和内容创新为导向，为人才培育搭建理论基础。具体来说，育人体系由构建理论实践融会并行的教学模块、创建跨专业的师资团队以及创新教学资源三部分组成。

■ 学生评价情况或成果推广情况

“融合出版设计实践”课程（2022-2023学年第一学期）评教结果95.38分。

成果一，建成1个课程资源库。初步建成“融合出版设计实践”“出版物编辑与制作”课程资源库，包括教学大纲、教学PPT、融合作品案例库等，已上线中传畅课平台。

成果二，已开设2门实践课程：融合出版设计实践、出版物编辑与制作。

成果三，实践成果获奖6项。

指导学生编创《李白〈关山月〉之走进诗仙笔下的玉门关》，获评第二届全国大学生网络编辑创新大赛三等奖。

指导学生编创《鲜花献英烈》融媒体交互产品，获评第六届中国数字出版创新论坛创新案例。

指导学生编创《红色云展厅》系列融合报道，获评第32届中国新闻奖三等奖。

指导学生编创《鲜花献英烈》融媒体交互产品，获评2022年度技术赋能“新闻+”推荐案例。

参与策划并指导学生编创《百年先锋》音像出版物，获批中宣部2022年主题出版重点出版物选题。

参与策划并指导学生编创《红色文物青年说》《百年先锋》音像出版物，获批2022年教育部主管出版单位主题出版选题。

成果四，发表教学研究论文2篇。

《“大实践观”视角下的融合出版教学新模式——基于行动研究法的融合出版人才培养实践》,《现代出版》2022年第4期。

《融合出版时代纸质图书交互体验式阅读的建构路径》,《中国新闻传播研究》2022年第3期。

成果五，学术论文获奖2项。

论文《融合出版多维创新人才培养机制探析》获评中国编辑学会第23届年会学术论坛三等奖。

论文《协同创新视角下数字出版英才培养的逻辑遵循与关键路径》获评第十一届韬奋出版人才发展论坛三等奖。

■ 相关图片

相关图片41

“融媒体视听创作”实践课程建设

负责人简介

白晓晴，中国传媒大学电视学院编辑出版学系副主任，副教授、研究生导师。担任中宣部《解码中华文化基因》视频项目总导演、光明日报《二十四节气里的中华文化》视频项目负责人，主持多项融合视听创作、融合出版与文创设计类创作项目，获评第三十二届中国新闻奖重大主题报道类三等奖、北京国际电影节短视频单元知识类一等奖等奖项。多次指导研究生参加全国大学生“互联网+”创新创业大赛与“挑战杯”大学生创业计划竞赛等比赛，获国家级、省部级奖项。

■ 优秀成果或建设经验介绍

内容创新：本项目带领学生开展了“中华六艺”（普通话繁体字版）系列融视频项目，完成了12条2分钟的融媒体短视频，将动画动效、实拍影像、美术设计等相结合，并推出了可以扫描二维码观看视频的文创产品。作品面向香港中小学群体传播，提升了中华优秀传统文化的在港影响力。在课程内外，教师带领学生开展“非遗文化之旅”融视频创作项目，完成25条视频和配套展示交互程序，通过泉州新媒体矩阵播出，提高了区域文化影响力和传统文化的传播力与感染力。本课程开展“福州二十四节气创意宣传”项目，完成4条围绕福州地域特色的文化短视频，通过福州新媒体矩阵播出；带领学生设计24款福州二十四节气文创产品，形成设计与传播一体两翼的文化推广路径，促进了当地的文旅融合发展。

成果经验：融视频创作，既是全媒体环境下视频形态的创新和视听传播规律的新探索，也是专业人才培养的新尝试。创作和传播实践的有机结合，能够教会学生从用户视角逆推创作思路，提升文化传播的接受效果，进而使学生获得作品被认可的成就感。在实践教学中，本项目充分发挥学生的特长与优势，在与业界合作的实践创新项目中，注重培养学生的实操动手能力和内容创意能力。通过反转课堂和沉浸式参与实践创新，贯通“产—学—研—用”，通过“作业—作品—产品”“基础实践—综合实践—创新实践”等进行产教融合、协同育人。

■ 学生评价情况或成果推广情况

本项目通过教学和实践探索出更多的文化传播新形

态，并与文旅事业单位合作，以融媒创作推动当地特色文化的推广与传播。同时本课程使学生学会了如何将文化的传承创新和融媒体视听创作相结合，培养了他们“全程创意生产观”的融媒创作理念。在具体的实践教学中，围绕非物质文化遗产、文旅融合等主题，本项目开展了融合型的实践创作活动。以理论指导实践，从实践中总结经验，紧跟业界前沿动态，将最新的行业理念与发展趋势传递给学生。团队既注重培养学生的动手能力和内容创意能力，又注重对实践经验进行理论提升，引导学生在“在做中学、在学中做”。在具体的实践教学中，围绕中华优秀传统文化等主题，开展了融合型的实践创作活动。部分学生的课程评价如下：

2022级国际新闻传播专业研究生黄睿思：“在本次课程中，我们学习到了利用丰富的画面元素展现非物质文化遗产制作技艺，此外，我们还利用实拍素材和设计元素相结合，表现出技艺的巧妙和背后的文化内涵。在画面处理上也考虑到了实拍与动画之间的平衡。”

2022级国际新闻传播学专业研究生徐劭航：“在视听创作中，声音是一个重要的辅助元素，比如《中国花鸟画》这个作品，我将花鸟鱼虫的声音以及风吹竹林这样的环境声融入视频里，在具象的画面中选取需要进行呈现的声音内容，使作品和谐而不显聒噪，让音编成为一个增量。我发现，任何看上去微不足道的细节都是视频品质的保障，这是我在课程中最大的收获。”

2020级编辑出版学本科生蒲诗钰：“在《皮影戏》的编创学习中，我看到了很多民间非遗传承人积极响应时代潮流，将传统手工艺和我国冰雪事业相结合，制作出了很多以冰雪为主题的皮影影像，因此，我将皮影艺术与冰雪运动巧妙结合，在两分钟的作品中浓缩皮影戏的前世历史与今世传奇，让传统古韵在冰雪世界里焕发新的生机。”

2022级广播电视学专业研究生卜欣荣：“在课程学习过程中，我们了解到采用国潮元素激活非物质文化遗产的技巧。比如在创作《京剧》视频时，为了让京剧更加贴合大众口味，我们通过现场演出与卡通插画的组合方式提炼角色特点，直观展现角色。此外，我们还运用了很多京剧唱段和唱腔来表现国粹的魅力。”

■ 相关图片

相关图片42

融视频编创与传播实践教学课程

负责人简介

付海钲，博士、副研究员，现任中国传媒大学电视学院五级组织员。曾主持5项，参与19项科研项目，在《人民日报》（理论版）、《光明日报》（理论版）等核心期刊发表论文10余篇。

作为无障碍信息传播研究院执行院长、“光明影院”无障碍电影制作与传播项目的主要发起人和指导教师之一，连续7年每年为视障人士制作104部无障碍电影，以“作品思政”为实践指南，将视听专业教育与公益情怀教育有机结合，培养学生的爱心、善心、责任心和公益之心。曾执导项目团队学生参加第五届中国国际“互联网+”大学生创新创业大赛，获全国金奖。

■ 优秀成果或建设经验介绍

随着新时代高等教育事业的创新发展，全面推进“新工科、新医科、新农科、新文科”建设势在必行。在此背景下，本项目团队坚持实践、教学、科研三位一体，以问题为导向，以服务国家战略、社会发展、行业需求为目标，以“家国情怀、社会责任、前沿引领、多元包容”为核心理念，打造了一套较为完善的智能融媒体实践实验教学体系。

在课程建设及创新方面，本课程主要有以下三个特点：

一是凸显专业特色，加强教材系统化建设。本课程通过对既有融视频实践成果的编创经验总结，以学理化的路径在课堂中推进经典案例分析与研究，不断推进专业教材的更新与完善，为实践实验专业教学初步搭建起具有权威性的案例库。

二是以智能融媒体技术为驱动，推动专业教学智能发展。为适应媒体融合智能发展与传播创新的实践实验目标，融视频编创实践教学课程不断更新教学内容、创新教学方法、丰富教学手段，运用H5、AR、MR等新技术手段改革教学内容和教学方式。此外，课程运用多种融合媒体教学平台，推行线上线下混合式教学，将实践实验教学与理论讲授、讨论式学习及展示式互评有机结合，实现跨课程、跨专业、跨学科、跨媒介形态与传播介质的融媒体教学生态重组。

三是以学生的学习效果为导向，优化教学方式与毕业模式。团队注重对实践实验核心课程进行互动式教学改造，营造在教师主导下以学生为主体的教学模式，注重调动学生自主学习实践的积极性，致力于培养能引领融媒体时代社会发展、具备“项目创新策划+智能编创+融媒体技术应用+传播创新推广”能力的新型复合传媒人才。

■ 学生评价情况或成果推广情况

一、建设独立高效的实践创作团队

项目团队深入社会，打造一系列“有思想、有温度、有品质”的融媒体产品。在实践基础上进行理论创新，并在实践中检验理论、发展理论，最终推动新一轮的实践创新。

课程结束后，选修本课程学生均已掌握PS、PR、AE等软件的操作，能够熟练完成视听语言的场景化编创，具备独立完成融视频策划、创作、传播与推广的能力，能够对传统文化的创造性转化提出创新方案并组建团队开展实践创作。

二、学生的实践作品传播效果突出

本课程致力于弥合人才培养与业界需求之间的隔阂，将师生的创意变成作品，在创作中体现创新，孵化被社会认可的文化产品。本课程的实践创新已走出课堂，团队创作的作品直接在主流媒体刊播、全平台推广，致力于增强中华文明传播力影响力，推进文化自信自强，直接面向社会产出成果，形成广泛影响。

“中华诗词文化鉴赏”系列融视频选取小学生语文教材必背古诗词75首，将其编创为75条4分钟的融视频作品。通过资料收集、解说词撰写、配音录制、视频脚本制定、视频合成制作、作品审核上架等一系列完整、高效的流程，将解释性的文字语言创造性地转化为融媒体视听语言，以现代化的技术手段对古诗词进行场景化再现，利用音像媒介赋予文字更强的生命力，用生动的表现形式让经典文学“动起来”、让传统文化“活起来”。

自2022年1月以来，“每日一福”在“中国好网民”微博官方账号每日刊登海报版与视频版，获得良好反馈。同时，该作品轻体量、对话感的特征也使其在微信群、朋友圈等渠道实现了广泛的人际传播。在海外平台，“每日一福”获超50万阅读量。中共中央对外联络部发言人在推特账号平台推送“每日一福”作品，海外网友纷纷留言点赞，共同庆祝中国节日。

《十年百变》系列以十年为时间跨度，以发展变化为叙事角度，契合媒体融合传播环境和新的国际传播格局，将改革与发展过程中的一个个横截面和小故事作为时代的缩影，由点及面，讲好中国故事，传播好中国声音。

■ 相关图片

相关图片43

“视听创作实务”实践课程建设

负责人简介

桂笑冬，中国传媒大学电视学院副教授、研究生导师，融合出版与文化传播重点实验室副主任、智能融媒体实践教学中心副主任。主要研究方向为视听传播、影像创作、新媒体、纪录片等，主讲课程：新闻摄影、电视影像语言、纪录片创作、影像创作意识、人物照明设计、视听创作等。

主持和参与多个国家级、省部级等横纵向课题项目，发表多篇论文，拥有知识产权产品4项。

创作作品获第十三届精神文明建设“五个一工程”奖、中国网络视听大会优秀网络视听作品、全国党员教育电视片特别奖、北京市党员教育电视片一等奖、中国纪录片学院奖等奖项。指导学生多次获国内外创作奖项。

■ 优秀成果或建设经验介绍

“视听创作实务”专硕实践课程教学原定分为5个教学部分，分别为：视听思维实训、视听呈现实训、视听结构实训、视听表达实训。因具体实际线下排课时间紧张，实际课程内容调整为4个教学板块进行线下实践授课，同时采用工作坊方式完成线上+线下项目实训指导，完成多个创作项目作品。

一、课程基本信息

英文名称：Audio-Visual Creation。

教学方式：线下8学时，线上+线下创作指导教学

授课对象：专业硕士研究生。

考核方式：创作作品。

课程简介：本课程在对视听作品进行分析、解剖的基础上，围绕作品创作展开教学。通过实训，学生全面掌握视听创作规律，教师指导专硕学生掌握创作技巧、制作方法和表达形态，使其创作出具有社会价值的作品。作品能参与学校课题项目、大赛项目，与业界实行有效对接，紧跟时代步伐，利用主流媒体进行创作内容的传播。

二、课程教学目标

第一，注重对学生视听意识和创新能力的培养和提高。培养学生创作视听作品的技能，强化学生的视听思维、视听呈现技能，掌握视听结构和表达，具备创新意识；通过实践课程，学生对知识的重点和难点有更深刻的认知。

第二，注重对学生实践意识与实践能力的培养和提高。通过教学实践，学生能更为熟练地掌握视听作品创作手法。

教师设置有层次的实训内容，使学生能够参与其中，达到“教、学、做”的统一。

第三，注重对学生综合意识与综合能力的培养和提高。培养学生对视听作品的结构、表达能力和创新思维能力，强化学生结合时代特征创作具有新意以及社会价值的视听作品的意识。

三、线下教学单元设置

课程教学共分为4个板块，分别为：

第一单元：视听思维实训，包括创作意识培养和视听思维训练。

第二单元：视听呈现实训，包括镜头训练和影像标准训练。

第三单元：视听结构实训，包括组接训练和镜头整体结构训练。

第四单元：视听表达实训，包括人物采访训练和创作叙事理念表达训练。

每单元授课包括：实践课2课时+补充实训课2课时。

同时，课程引入课题项目，教师指导学生创作完成多项作品。

四、每个单元授课内容

第一单元：视听思维实训，主要针对课题和创作要求，提前讲授视听创作作品的影像意识和创作方向。

第二单元：视听结构实训，主要针对课题和创作要求，提前讲授镜头的组接和整体结构。

第三单元：视听呈现实训，主要针对课题和创作要求，提前讲授视听创作作品的视觉化呈现。

第四单元：视听表达实训，主要针对课题和创作要求，提前讲授人物采访和价值提炼的视觉化表达。

■ 学生评价情况或成果推广情况

学生在项目中收获最大的就是规范的操作、规矩的创作、规定的严格。师生会集中进行多次选题探讨会、剪辑指导会和多轮成片修改会，形成高效的工作与学习模式。

参加项目的专硕生可以充分完成创作的全流程实践，作品会按照行业标准，在各大主流媒体平台进行传播。学生在本项目有序的安排和饱满的实践项目中收获满满，2020级MFA邵嘉琪同学说，在课程中她从最基础的技术开始学起，在课程指导和项目实践中不断获取新的技能，现在已经能独立完成作品的创作。李晋同学说，课程的内容和实际工作是息息相关的，每一个指导的板块都能够在实际创作中找到映射，很感谢有这样的学习机会，也感谢课程老师的付出。

项目的作品《行走中国》在中国新闻网客户端、微博、视频号、海外社交平台同步上线，获得国家广播电视总局优秀网络视听作品、中外短视频一等推优作品、全国大学生网络编辑创新大赛视听新媒体一等奖等奖项。

《嗨，亚运》微纪录片在第19届亚运会官网及相关新媒体平台上线，并在杭州市轨道交通楼宇等平台播放，受到亚组委官方好评，也取得了较好的传播影响力。

项目作品《信仰的力量》获得中国正能量“五个一百”网络精品。

《你好CUC》作为中国传媒大学招生宣传短视频，在线上进行了多轮多平台推广。

影片《与光明同行》与《光明日报》合作，采访了100个与《光明日报》有关联的人物，在光明网陆续制作推出。

■ 相关图片

相关图片44

虚构写作工坊

负责人简介

许蕾，长期承担一线教学任务，面向“创意写作”专业型研究生讲授专业必修课“专业创作基础”、方向必修课“创意写作前沿”、方向选修课“虚构写作工坊”等。学生对主讲课程的评价情况均为优良等级。

秉持着勤奋刻苦、踏实努力的教学科研作风，于2023年被评为首届“三牛奖”——“孺子牛奖”立德树人类个人奖；所在的“语保”育人团队被评为“孺子牛奖”立德树人类团队奖。2021年被评为第十三届中国传媒大学校级教学名师，2022年入选中国传媒大学“教学青年拔尖人才”。

■ 优秀成果或建设经验介绍

作为一种有别于传统写作的开放性写作方式，创意写作下辖的虚构写作为学生提供了对书面交流的多个方面的理解，它强调创作者独特的想象、鲜明的个性、新奇的构思以及诗意表达的能力，并鼓励生产应用型的创意文本。虚构写作对学生的价值在于通过资源整合来促使学生进行自我训练，并使其以非现实元素为背景的写作熟练化，以基本的技巧和标准来帮助学生克服写作困难，解决自身困惑，让其成为真正的“创意者”“创作者”。

工作坊这种组织形式最初来自爱荷华大学，经过百余年的实践证明，是一种行之有效的工作、教学与学习形式。我们的课程以创意虚构写作实践或创意虚构写作教育、研讨等相关工作为导向，是由若干参与者组合而成的活动组织。虚构写作工坊既是一个写作组织又是一个教学写作的综合课程，合作和沟通是其学习模式，也是一种互动的工作模式。

在工坊中，我们通过活动、讨论、短讲等多种方式，共同探讨某个话题，展开创意和写作。教师和学生在课堂上是合作体，而不是教与受的对立关系。每个学生在课上朗读自己的作品，然后由包括教师在内的所有课堂成员指出其作品的优点和缺点，给予称赞或批评，但绝不可以给出修改意见，以防固化创作者思维，限制其创作思路。我们尊重学生的写作创意和个性，尊重创意写作规律。

在课程后半段，我们举行“一句话梗概+100字梗概+情节大纲”票决活动，用微信小程序票选出前三名作品，进行课上分享和深入讨论。为了凸显创作者独特的想象、鲜明的个性、新奇的构思以及诗意的表达，我们计划设计“最佳片段演诵”活动，让学生化身表演者或朗读者，将自己作品中最满意的片段呈现给“现场观众”，由此延伸出一份真实的、独特的、有获得感的创作体验。

我们利用“创意写作专业学位研究生人才培养改革成果展”的契机，展出了虚构写作工坊课内学生作品，以此为学生搭建起了全校范围内的交流研讨平台，让学生在此充分拓展自身的文学素养。

■ 学生评价情况或成果推广情况

一学期的课程结束后，我们初步建立起了一门深受学生喜爱、具有较高应用价值、形成优质品牌的虚构写作实践课程。通过大量的写作实践和创意活动，我们达到了能够直接对标专业培养目标，为学生未来从事影视文学创作、动漫编剧、出版编辑、新兴传媒界的编导等提供引导和实训。

■ 相关图片

相关图片45

专业学位研究生
教学案例建设

基于新闻作品《上海相亲角》的“情景化”案例教学研究

负责人简介

刘萍，中国传媒大学新闻学院硕士研究生导师，韩国国民大学技术与设计交互方向博士，聚焦新闻融媒体、数据与可视化交互相关研究，在国内外发表交互设计与用户体验方向的 EI 论文多篇，出版《用户体验区域化研究》、*Design Walk* 等专著。指导学生参加国内外比赛，多次获得中国数据新闻大赛优秀指导教师称号。

■ 优秀成果或建设经验介绍

本课程采用工作坊和项目制结合的方式，教学方法灵活且容易普及。本案例面向全媒体新闻实务的专业硕士研究生，采用案例教学法和小组项目制结合的学习方法，通过融媒体新闻工作坊的形式，分析研究新闻项目策划要点，在小组项目实践中学习新闻生产的流程、方法和技巧，掌握数据新闻的选题技巧，熟练进行采写、数据收集分析呈现，创作符合时代创新要求的融媒体新闻作品。

通过案例教学的新闻情景设置，学生变身“产品经理”“程序员”“记者”“编辑”“设计师”等一系列新闻“大厨房”的员工。为了完成新闻项目提案，学生扮演不同角色形成项目组，自行进行文献检索、阅读、思考、分析、方案的讨论和交流。案例教学创造了课堂价值，让学生回归学习的本质；传统的课堂理论教学变为由一系列新闻事件而触发的案例实践，师生通过发表和复盘项目来总结规律。一系列的学习实践并不要求指向统一标准的答案，而是从案例的分析与讨论中获得启示和意义。案例教学发掘人才协同培养的模式，实现人才定制，吸引企业参与人才培养。案例教学提升了教学的效果，通过情景化案例教学，学生不但学习了案例，而且还了解了教授的方法，感受了一系列的思考过程，教学效果有了明显提升。

案例教学经验分析：

第一，案例库在国内尚处于开发和发展阶段，主要在法学、管理学这类应用性很强的社会科学教学中得到应用，因为这些学科以培养决策型、应用型人才为主，专业教学不但要完成知识的传授，还必须训练学生如何将知识转化为操作能力。案例库在新闻传播领域的应用目前还在探索中，尚不够完善。案例库需要发掘更多素材，创作更多作品，需要不断地进行应用和总结，来开发不同的教学应用情景。

第二，案例教学的目的就是帮助学生培养一种理解问题的方式，并且有助于提升一个组织和团队对问题的理解力和解决力。

第三，案例教学中教师与学生应该达到教学相长的效果，在教学中学生获得知识和能力，教师自己也通过多方面的探讨获得更多的思考角度，提升对问题多维度的理解能力。将案例教学引入新闻传播学科的专业课堂，能更好地激发学生的学习热情，更好地促进教学与实践相结合，提高人才培养水平。

第四，其他领域的教育教学模式建构的研究多是流程式的，不能照搬。我们需要结合新闻传播行业特性，从教学观、学习观、知识观等方面进行案例教学的深入思考，基于教学实践提炼案例教学模式。我们可以参照潘成云的“六位一体”教学模式、李玉栋的“四位一体”教学模式。

真正的案例教学法应以问答为基本形式，为学生提供一种模拟的情景和环境，提供进行分析的素材和机会，使学生学会结合理论规范以及社会诸因素对具体新闻事实进行分析选择，进而激发学生思考新闻在具体而复杂的社会环境中的价值。

■ 学生评价情况或成果推广情况

在实际的教学过程中产生的问题及解决方法如下：

第一，案例具有疑难性和争议性。

《上海相亲角》调查中的新闻需要采访不同人物来拼凑出事实，所有的数据收集涉及用户隐私，如何脱敏？脱敏信息是否还能反映事实？是否能够引起争议和冲突？学生可以有不同的观点，以此激发他们的兴趣，拓展他们的思考空间。

第二，案例具有综合性。

所选案例可能涉及多个融媒体新闻的知识点，可以增强学生综合运用流程去分析、解决实际问题的能力。

第三，案例具有实操性。

相亲角在很多城市的公园或市场都存在，场景的可触及率高，可以为案例教学中真实情景的观察和调查采访提供便利。

相亲的话题对研究生来说是容易理解的话题，贴近学生实际，容易展开调查。

调查体量大，适合群体共同参与完成。

第四，挖掘案例的课程思政点。

通过对上海相亲角案例的分析，我们可以了解中国人口状况以及男女比例、出生率、老龄化等问题，推测人口问题带来的社会、经济、就业等系列问题。

第五，案例教学过程中情景的精准设定和问题的提出。

案例教学过程中情景的精准设定：首先，在项目准备阶段，要求学生走访观察案例发生的现实场景，如若难以实现，我们会播放上海人民公园相亲角相关视频，让学生体会公园内气氛，为课上理解新闻事实发生的场景和采访做好准备。其次，将学生分为采访组和观察组。将教室的一半空间模拟成公园现场氛围，便于采访实验，另一半空间作为观察组复盘采访过程。

■ 相关图片

相关图片 46

“以柔治刚”，社会治理“向前一步”
——媒介化社会的多元共治创新之道

负责人简介

高慧军，中国传媒大学教授、博士研究生导师，政府与公共事务学院公共管理系主任，兼任中国传媒大学国家治理研究院院长。主要研究方向：公共管理理论和公共政策分析、文化传媒治理和政策研究，主要讲授行政管理学本科和硕士研究生的专业基础课和专业核心课。

■ 优秀成果或建设经验介绍

本案例用起、承、转、合四个部分描绘了S小区“拆”变“改”问题始末，展现电视问政栏目《向前一步》运营制作的全过程，揭示媒介化社会中媒体治理角色与社会治理方式的转型逻辑。我们再进一步运用公共价值管理理论、柔性治理理论构建分析框架，分析案例中的治理困境以及对社会治理的启示，最后提出政策建议，以期进一步优化这样的治理创新形式。

电视问政是近年来媒介化治理的一种创新形式，促成了诸多社会治理问题的解决。S小区变“迁”为“改”的问题，在《向前一步》栏目的推动监督下得到解决，居民、政府与开发商之间长达12年的误会也最终在平等协商下得以解开。S小区改造问题最终在《向前一步》栏目组介入后得以成功解决，问题解决的背后，不仅仅是节目制作的成功，更是一整套社会治理从“刚”到“柔”的治理逻辑转型。通过分析案例，得出媒介转型为实现公共价值搭建平台；政府高效响应民众需求，治理合法性与支持度提升；问题解决机制畅通高效，社会治理及运作能力提升；多元主体参与治理，柔性治理效能提升等媒介化治理经验。本案例是电视问政这一创新治理形式的典型应用，为将来政府进一步发挥电视问政的治理功能、创新政府公共传播路径、实现柔性治理起到参考作用。

■ 学生评价情况或成果推广情况

项目前期，团队成员多次讨论并确定案例选题方向为“媒介化社会的多元共治创新”，确定案例调研方向为北京电视台《向前一步》栏目组，对案例文本进行分析、确定下一步案例调研、案例修改和案例分析报告的撰写计划；

项目中期，团队成员多次对北京电视台《向前一步》栏目组、案例中涉及的街道干部和社区居民等相关人员进行调研与访谈，深入了解案例的实际情况与详细信息；

项目后期，团队成员汇总调研资料，运用公共价值管理理论、柔性治理理论构建分析框架并撰写最终案例文本及案例分析报告，现已完成题为“‘以柔治刚’，社会治理‘向前一步’——媒介化社会的多元共治创新之道”的案例及案例分析报告，并将案例入库，在新学年公共管理专业学硕和专硕的“公共管理”课程中使用。

■ 相关图片

相关图片47

悬疑类案例《猎罪图鉴》

负责人简介

武瑶，中国传媒大学副教授、博士研究生导师，主讲课程影视编剧等。知名编剧，有丰富的创作经验，亚洲电视大奖最佳编剧、学院奖最佳编剧获得者，代表作品《猎罪图鉴》《三分野》《暗夜行者》等。

■ 优秀成果或建设经验介绍

一、教学内容创新

第一，从“庖丁解牛”到“从无到有”。

传统的案例教学大多选择经典作品，然而经典作品所存资料有限，所以教师更多的是以拍摄完成的作品为文本进行分析。而这种分析难免陷入“影评式”的机械分析，缺少一个作品从无到有，逐步生长的有机性。《猎罪图鉴》作为一个由我校教师原创的剧本，其中立意的确定、创作的关节、材料的处理等都是第一手的鲜活经验，创作是一个动态的过程，从立意到策划，从创意到剧本，从文学本到拍摄本，其中的变化取舍正是传统教学里最稀缺的。《猎罪图鉴》的案例教学能够教给学生创作如何从“出乎其外”到达“入乎其内”。

第二，丰富类型剧的案例库，增加本土原创案例。

类型剧创作一直是我国影视领域的短板，影视创作如何跳出好莱坞模式的窠臼，找到有本国文化特点、文化自信的作品，是一个重要命题。《猎罪图鉴》在国内播出取得了很好的成绩，同时也已经出海韩国、日本、俄罗斯、泰国等国家，具有很好的代表性。

第三，创新教学形态，线上线下相结合。

解决传统的以教师讲授为主、相对被动的教学形式，师生对实战案例做分析，更具有揭秘性和沉浸性。我们还可以选择部分内容，开放直播，与网友共同研讨。

二、教学方法改革经验

学生在创作中存在的主要问题是缺乏把握主题的能力，同时不能围绕主题来组织材料和选择切入点，但他们对有关的问题却不乏深入的思考和深刻的认识。通过本项目的实施，我们发现这个能力完全可以通过对一个项目的多次反复解剖得到明显提升。

在项目推进过程中，部分内容因为某些原因，不易落实，我们根据实际情况进行了合理的项目选择和调整，保证了项目的顺利进行。

打破以理论体系为主的传统课程架构，采取案例教学的方式，一剧一议，深入而全面，与现实创作实践的操作程序相一致，更容易调动学生的兴趣与主动性。积极发挥媒体融合的优势，精心设计线下课堂、建设线上课程，在组织线上线下协同教学的同时，发动学生进行线下的创作实践、科学研究，将本课程的建设由以教学为主逐渐转变为产学研相结合的多元发展，架起专业与专业、校内与校外、学界与业界、创作与评论间的沟通桥梁。

■ 学生评价情况或成果推广情况

在6—12个月的建设周期内，我们面向MFA编剧方向，以《猎罪图鉴》为案例，就悬疑推理剧的创作进行研究，以“悬疑推理剧集创作”为议题针对性地开展主题讨论、文本解析、类型分析、创作方法研讨、创作实践指导；共组织专题讲座4次，听众达300余人次。学生给予了积极的回应和很高的热情。

在《猎罪图鉴》播出后，我邀请参与编剧工作的毕业生进行了访谈，这些编剧专业的毕业生就创作的过程和在校的学习心得做了分享。这些分享能更直观地让在校生感受到创作—剧作—作品之间的距离，也能够明白剧作本身是一个动态的过程，不存在一蹴而就的情况。在交流中，在校生向分享毕业生抛出了自己的困惑，例如，在和甲方讲故事方面有什么好一点的技巧？策划案的梗概或者和甲方说梗概和编剧本身学的梗概不是很一样，甲方会更想听到什么呢？是不是有那种“不被重视所以没什么魔改，被重视就会有各种各样甲方的主意”的情况？现在倍速观剧的情况如何？大家喜欢看倍速吗？如何来安排剧本里的信息？这些问题看似稚嫩，其实反映出在校生对行业的好奇和迷茫。针对这些问题，毕业生们用自己的经验给师弟师妹进行了答疑解惑。这个过程既是在校生接触行业、理解行业的过程，也是他们树立职业观念、锤炼个人品格的过程。在校生与创作者面对面交流成了一次生动的课程思政。学生们逐步理解编剧的职业性和艺术性，认识到多种维度下创作不是真空的、理想化的，在编剧过程中都会遇到各种现实问题，合格的从业者就是要能够灵活解决各种问题。

■ 相关图片

相关图片48

“访谈节目主持人的沟通素养”案例分析与实践

负责人简介

王青，中国传媒大学播音主持艺术学院教授，曾在广播电台从事记者、主持人、编辑工作7年。

■ 优秀成果或建设经验介绍

本教学案例创新了教学模式。本项目将实践一线的节目创作者邀请到课堂中来，被邀请嘉宾全方位参与课堂的整个教学过程，就其创作的具体节目案例与学生充分讨论，形成教师和学生、教师和创作者、创作者和学生、学生和学生之间多维的交流与互动，探索了一种生动有效的课堂教学模式。这种教学模式最大的优势在于，学生与一线媒体人面对面充分互动，学生可深度且多维立体地了解实践一线媒体人鲜活的节目创作过程、节目创作真实背景和节目创作意图，避免了常规教学过程中就节目论节目的情况，真正做到了理论和实践的结合，收到了良好的教学效果。

本视频案例主要分为四部分：一是教师和学生对相关理论的回顾与梳理；二是嘉宾结合具体案例，与学生互动交流，进行个人实践经验的分享；三是学生现场向嘉宾提问，进行访谈的实践练习；四是教师和嘉宾对学生现场练习进行点评。这样的授课模式，主要体现出以下优势：

首先，嘉宾现场分析自己的节目，可以从创作者的角度与学生互动分享其创作思路，并为学生现场答疑解惑，丰富了学生认识问题和分析问题的视角。嘉宾结合案例分享的实践经验鲜活生动，更容易让学生理解课堂所学的理论知识，真正做到了理论、实践和教学的充分结合，对学生的学习更具有实用性和指导性。

其次，在现场实践环节，学生分小组现场练习采访提问，教师和嘉宾从不同角度对学生的现场练习进行点评，在较短时间里让学生理解、掌握和消化理论知识，学以致用。

■ 学生评价情况或成果推广情况

参与本次教学的主要是2021级和2022级的硕士研究生。她们认为，这次课程非常受用，并总结了课程的两大亮点：

第一个亮点，一线嘉宾在课堂上与学生充分互动，内容鲜活，理论和实践深度结合。这次课程，将实践一线的节目创作者、时任《新京报》首席记者、《出圈》栏目主持人许研敏邀请到硕士研究生的专业教学课堂上，他作为嘉宾全方位参与整个课堂教学。许研敏就其创作的一个具体的节目案例，拿着该节目的文本逐字逐句地与学生充分互动和讨论，给学生讲解自己在与采访对象对话时，提问的初衷和缘由。学生们可以随时向许研敏提问，中间再穿插教师的提问和点评，许研敏和老师共同为学生答疑解惑。整个课堂形成了教师和学生、教师和创作者、创作者和学生、学生和学生之间多维的交流与互动，形成了生动活泼的课堂教学氛围。

第二个亮点，就是现场的实践环节。学生们分小组现场练习采访提问，采访对象就是许研敏。许研敏非常认真地回答了学生们的提问，并细致地点评了每个学生的提问内容和方式，为其需要在哪些方面做出调整提出建议，使学生在较短时间内理解、掌握和消化了相关理论知识，并学以致用。现场新鲜的实践，也促进了学生们的深度思考，明确了下一步学习和努力的方向。

本教学案例的教学模式充分体现了我校播音主持专业学位研究生的培养特色，适合在本专业学位课程教学中推广运用，并为相关专业学位课程教学提供模板和范例。

■ 相关图片

相关图片49

如何应对市场份额的下滑
——基于环境分析下的DN中国公司营销策略优化

负责人简介

张成虎，中国传媒大学经济与管理学院数字商务系主任、副教授、硕士研究生导师。先后主持国家自然科学基金青年基金项目1项、教育部人文社科青年基金项目1项、中国博士后面上资助1项。讲授“市场营销”，教学效果良好，在学生评教中获得优秀（评分在95分以上）。

■ 优秀成果或建设经验介绍

我充分认识到案例教学是专硕生“市场营销”课程讲授的重要方法。从市场营销整个教学过程来看，案例教学适用性较强，同时具有显著的优越性。在市场营销课程中，从企业战略与规划到4P 营销组合理论都能结合案例加以阐述。案例教学方法看似简单，但要实现市场营销学高水平案例教学则存在一定难度，需要进行充分的事前准备、严格的事中控制以及事后分析与改进。在市场营销案例教学过程中，不但要通过增加案例引发学生兴趣，而且要注重案例教学的实际效果，即强化学生的营销理论水平与理论运用水平。对于工商管理硕士研究生（MBA）的“市场营销”课程来说，选用国外或国内典型案例进行教学往往只是“隔靴搔痒”，无法结合到本土的管理环境中来，不能给学生提供真实情境的体验，因此开设适合于营销学课程的本土案例变得迫在眉睫。

第一，组建“校企结合、问题导向、三位一体”的团队。本项目研究团队由企业营销管理者、MBA授课教师、MBA或市场营销专业的学生组成，案例线索以企业问题为导向，紧密结合企业实际难点和困难，把案例编写和企业诊断及解决方案紧密融合，有效搭建了企业营销实践优化和课堂案例分析的产学结合模式。

第二，挖掘本土化的案例以反哺市场营销课程教学。本项目深入贯彻“将研究做在祖国大地上”的原则，依托案例研究的主流范式，将个别企业的典型性问题提炼抽象为能充分反映管理本质特征和具有高度适应能力的普适性管理案例。相关成果将最终运用到MBA市场营销的课程教学中，将有效帮助学生透彻理解营销的科学属性。

第三，强化理论工具在案例分析中的主导作用，挖掘教学案例的知识深度。在教学案例的开发过程中，我们紧密结合市场营销课程的知识体系，聚焦营销环境分析（PEST宏观环境分析、波特五力模型分析、SWOT态势分析）和营销策略（4P营销策略、4E营销策略）等知识点提出案例问题，并针对性完成分析。

■ 学生评价情况成果推广情况

学生对课程的评价情况：

2022—2023学年“市场营销”课程的评教为96.01分。

教学成果的推广情况如下：

将案例开发成功并科学地运用于课堂教学。首先，借助数据和图表，让学生了解DN中国公司市场份额下滑的现状及严重性。其次，引导学生分析问题，让学生从市场、产品、渠道、品牌、竞争等多角度去思考问题，并鼓励他们提出可能的解决方案。再次，开展讨论与分享，让学生分组进行讨论，每组形成一个优化方案，并在课堂上进行分享。教师和其他小组可以进行点评和提问。最后，在所有小组分享结束后，教师进行总结和评价，强调营销策略优化的重要性，并提出基于案例学习和理论知识的建议。

通过案例的使用和反馈，本项目不断迭代案例设计。在完成一次案例教学研讨之后，我们进行总结和反馈，对学生们的观点和解决方案进行归纳和评价，指出哪些观点具有可行性和实际意义，哪些方案需要进一步改进和完善。根据讨论结果和反馈意见，我们对案例设计进行迭代更新，例如添加更多实际背景材料、细化问题、增加对比案例等，使案例更加丰富和具有挑战性。迭代更新后，我们将修改后的案例再次引入课堂进行讨论。在新的讨论和实施过程中，教师注意观察学生的反应和实际操作情况，并及时给予指导和调整。如果发现新案例仍然存在不足之处，可以继续进行迭代更新。

社会热点分析与评论课程教学案例

负责人简介

张鹂，中国传媒大学播音主持艺术学院硕士研究生导师，出版7本专著、1本编著，在权威核心期刊、核心期刊发表多篇论文。

社会热点分析与评论课程获2022年中国传媒大学校级教学创新大赛二等奖，第五届全国高校混合式教学设计创新大赛三等奖，2023年校级混合式教学创新大赛一等奖。

■ 优秀成果或建设经验介绍

在课程开始前，我就“从事社会热点分析与评论担心的问题”，对学生进行了需求调查。

本课程的教学痛点可主要归纳为：

痛点一：观点以偏概全，评论缺乏深度。

痛点二：语言思维训练，方向路径不同。

痛点三：理论多于实践，如何学以致用？

■ 学生评价情况或成果推广情况

针对以上三个主要的教学痛点，本课程的混合式教学创新思路为：

一纵：向纵深打通→求评论深度。

两横：文理科交叉→求思维广度；语料库扩展→求语言丰度。

高维生长：依时序立体长成。

中国古人云“十年树木，百年树人”，这也正是教育工作者的使命。

一、教学内容创新

本课程提供了一种新的理论工具和解题思路：格局。

格局，是一个人所关注的利益圈大小。

人的格局，像是从自己出发的一组同心圆——仿佛一粒石子丢进平静的湖面，泛起一圈圈的波纹——每个人的“格局”都对应着大小不同的范围。

从格局开始，本课程在慕课中提出了分析社会热点的十个理论工具，分别是：

理论工具之一：格局。

理论工具之二：能量。

理论工具之三：善恶判断公式。

理论工具之四：躬身入局。

理论工具之五：无知之幕。

理论工具之六：多中心。

理论工具之七：万有引力。

理论工具之八：高维共存。

理论工具之九：三原色。

理论工具之十：背包问题。

这十个理论工具组合成一个思维工具箱，每个工具各司其职、相互配合，形成一个较为完整的、逻辑自洽的体系，为分析社会热点提供了观察视角和解决方案，避免了“公说公有理，婆说婆有理”的尴尬。

二、教学方法改革经验

教学方法改革，是一个渐进的、不断迭代的过程——旧的问题解决了，新的问题又会出现，如此循环往复、螺旋式上升。

社会热点分析与评论课程从开课以来，几乎每一轮都有调整。

原课程模式：教师讲授为主。

理论体系的充分论述，配合更早完成的自制慕课“高维看世界”，能将底层逻辑充分地展开。

第一次迭代：精准时长控制。

参考课程主讲人在业界担任中央广播电视总台特约评论员的实践经验，以3分钟时长为限，强化学生评论的时间观念。

第二次迭代1：评论时长增加。

从原先以3分钟时长为限，延长至8分钟，学生能对问题进行充分的展开和论述。

第二次迭代2：PPT课前指导。

没有提前指导的分享，是学生的大自然状态，基本属于放任自流；增加课前指导环节，能最大限度地挖掘学生潜力，提升课堂呈现效果及学生的满意度。

第三次迭代1：课前小组讨论。

课前小组讨论，能让学生自主地相互激发灵感、启发思维，调动起学生的学习兴趣和探索欲望。

第三次迭代2：师讲生讲穿插。

半天4课时，如果前2课时师讲，后2课时生讲，虽分工明确但会出现“理论和实践脱节”的情况。改成师讲生讲穿插后，课堂节奏更明快，学生思考和探讨的参与度明显增强。

第四次迭代1：线上线下相混合。

线上慕课、线上小程序提供丰富的资源。线下课堂生动有趣、形式多样，提供线上课程无法替代的参与感、互动感、体验感。

第四次迭代2：语言训练小程序。

让学生用小程序打卡、反向学习的方式积累词汇量和金句，希望以语言输出为导向，体现OBE教育理念。

三、课程评价

在课程结束后，学生对课程的整体评价可在“相关图片”中查看。

其中，“新颖”是高频出现的词语，其他还有令人钦佩、亲和力、互动性强、独特、热情、太棒了、赞赞赞、获益良多等。

通过本课程的教学活动，学生观察社会现象的视角更全面，并能更深入地分析问题；思维能力和口语表达能力得到了一定的提升；能将所学理论与实际情境相结合，达到了良好的教学效果。从整体教学效果来看，大多数学生都表示很喜欢。

从课程实际训练效果来看，学生发布的评论作品在互联网上获得播放5 624.8万，点赞187.4万，收藏32.5万，转发68.9万，实现了学以致用的教学目标。

四、推广价值和改革成效

课程主讲人的原创格局理论在第七届中国伦理学年会上做大会发言，获得伦理学界专家学者的认可。

课程主讲人长期担任中央广播电视总台签约评论员，应邀参加《超级演说家》《叮咚上线！老师好》等节目录制，获得主流媒体认可。

慕课“电车难题有答案”获得高校同行认可。

对学生而言，本课程的创新内容为他们带来了很大触动。

有学生认为课程内容“真有那种当头棒喝、醍醐灌顶、全身仿佛掠过一道闪电般的兴奋”，也有学生提到“我认为这门课是所有大学生在进入社会之前都要上的课，这能够为学生在进入纷繁复杂的社会之前做好一个良好的心理准备”。

本课程虽然是播音与主持艺术专业的专业选修课，但同时也适合作为全校通识拓展课。对此，我们进行了问卷调查。

在参与调查的学生中，认为这门课“播音专业和其他专业学生都适合听，既有表达的训练，也有思维方式的训练”的占71.43%，可见本课程也同样适合向其他专业的学生推广。

相关图片50

WM公司国际化和多元化发展战略

负责人简介

刘静忆，中国传媒大学经济与管理学院讲师，主要研究方向为文化产业和文化贸易，为研究生讲授“数字贸易”和“国际文化贸易（双语）”课程。在研究生教学教改、专业建设、教材和案例建设方面扎实工作，注重课程建设创新，积极探索多种教学方法，采用项目式教学、合作式教学、案例式教学等多种方式不断提升教学效果。承担4项教学改革课题，入选北京市课程思政教学名师团队。

■ 优秀成果或建设经验介绍

第一，教学选编案例应选取具有代表性和实用性的案例材料。在进行案例教学之前，需要选取具有代表性和实用性的案例材料，最好能够自行撰写案例，加强对案例的把控程度，以确保教学的针对性和有效性。

第二，注重案例分析和讨论。在案例教学中，需要引导学生深入分析案例，讨论各个方面的问题和挑战，以提高学生的思考和分析能力。

第三，借助多种教学方法和手段。在案例教学中，可以借助多种教学方法和手段，如小组讨论、情境假设、角色扮演、案例讲解、演讲和课堂互动等，以提高学生的学习兴趣和学习效果。

第四，引导学生总结案例教学的经验和教训。在案例教学过程和后续反馈过程中，需要引导学生总结案例教学的经验和教训，以加深学生对案例的理解力。

第五，不断修正案例。案例写好后，并不能一劳永逸，应及时根据企业发展变化进行调整修正，将鲜活的企业经营案例融入研究生专业学位教育中，将教学、科研和实践密切结合。

第六，保持与企业互动，将课堂案例反哺到企业实际经营活动中，匹配研究生专业学位培养目标，不断提高案例开发和教改水平。

■ 学生评价情况或成果推广情况

本课程案例在2022级国际商务硕士课程“数字贸易”

和“国际文化贸易（双语）”课程教学中使用并进行研讨，根据课堂直接反馈初步掌握了案例使用效果情况。在案例分析课堂上，课堂气氛活跃，老师将学生分成小组，学生们通过小组讨论、合作和交流的方式，共同完成案例分析和解决问题的任务，同时有意识地根据企业发展具体情境使用情景分析法。在合作的过程中，学生可以相互协作、互相学习，提高团队合作能力，增强实践能力。汇报讨论结果时成果丰硕，课程锻炼了学生们的分析解决问题能力、表达演讲能力和团队合作精神。根据反馈，该案例难度适中，使用效果显著，达到了预期使用目的。

第一，本案例中涵盖了WM公司的国际化多元发展历程，包括战略定位、市场开拓、品牌建设、人才引进等多个方面。一方面，案例能使学生深刻认识并理解企业采取国际化战略发展和多元化战略运营的原因、过程和意义；另一方面，案例能使学生增强对文创产业国际发展趋势的判断能力，并增强根据各国别/地区市场特点因地制宜分析问题、提出针对性解决方案的能力。案例还使学生能够在多元化战略实施过程中，关注企业核心竞争力的构建、强化与提升，创立基于精品战略和范围经济的价值链整合系统。本案例也能帮助学生在企业创立和运营过程中更好地选择适宜的发展战略并贯彻执行，从而在全球市场中处于竞争优势地位。

第二，提高了学生解决问题的能力。案例中涉及了企业在国际化发展过程中所面临的各种挑战和问题，通过对案例的分析和讨论，学生能够提高其解决问题的能力。

第三，培养了学生的实践能力。通过案例教学，学生可以了解企业的运作方式和国际化战略，学习如何在实践中应对各种挑战和问题。研究生通过实地调研、走访企业，深入了解企业的国际化多元发展历程和实践，同时了解相关的市场情况、竞争对手、文化差异等，提高他们对于多元国际化发展的实践认知。

第四，提高了学生的国际商务、国际市场营销和贸易能力。案例中涉及了WM公司在不同国家的市场开拓和人才引进情况，便于学生能够更好地理解和适应跨文化的商务贸易方式和沟通技巧。

“城乡规划与区域发展”案例教学——“村改居”社区治理困境中的多重堕距如何生成

负责人简介

刘新鑫，博士，中国传媒大学政府与公共事务学院副教授、硕士研究生导师。担任中国国际公关协会学术工作委员会委员，2022年冬奥会张家口媒体中心专家顾问，北京国际城市发展研究院特约研究员，成都市委宣传部天府成都国际传播研究中心特聘专家，瑞典斯德哥尔摩大学商学院访问学者，“中国城市营销发展报告”课题组核心成员等。曾出版著作4部，国内外发表论文30余篇。

■优秀成果或建设经验介绍

一、案例引入与多元视角的融合

案例教学在公共管理专业学位教学中扮演着核心角色，极大地促进了学生将理论与实际相结合的能力、解决实际问题的能力，培养了学生的批判性思维。在开发此案例的过程中，我非常注重案例的选取和教学模式的创新，以真正推动教学内容和方法的革新。特别是引入涉及基层治理、社区治理、地方政府治理等多层面的真实世界公共管理问题作为案例，不仅反映了多元需求群体在治理过程中的挑战，也增强了学生对现实问题的学习兴趣和实际应用能力。在案例讨论过程中，我注重引导学生从多元视角出发，将理论知识应用于实际问题的分析和解决，以此培养他们对复杂社会问题的敏感度和解决问题的综合能力。

二、互动教学与自主学习的推动

案例教学的核心在于师生互动和生生互动。在案例教学过程中，我的角色转变为引导者和协调者，鼓励学生积极参与讨论，提出问题和解决方案。此外，我还着重于促进学生的反思能力和自主学习能力。案例分析和讨论，可有效激励学生自主寻找信息，批判性地分析问题，这不仅提高了他们的问题分析能力，还促进了他们解决问题的创新思维能力。

三、跨学科融合的实践

在案例教学中，我特别注重跨学科融合的必要性。公共管理是一个涉及多学科的领域，因此，在案例开发和案例教学的过程中，我注重将政治学、经济学、社会学、行政管理学等不同学科的视角融合在一起。这种跨学科的整合不但为学生提供了更全面的学习视角，而且也帮助他们更好地理解和应对复杂的公共管理问题。

总的来说，通过此次案例开发以及应用于教学改革的过程，我深刻感受到了案例教学在公共管理教育中的巨大价值。在每一次的案例教学过程中，每当看到学生热烈的讨论、激情的发言时，我都不禁感谢学校对此案例开发的支持与帮助。建立于真实案例基础上的案例教学模式，不仅加深了学生对公共管理专业的理解，也提升了他们解决实际问题的能力，这为学校更好地开展职业素养培养，帮助学生树立起专业自豪感和信念感产生了深远的影响。

■ 学生评价情况或成果推广情况

一、学生对课程的积极评价

学生普遍对案例教学方法表示高度认可。他们表示“课程中教学层次丰富，案例有趣且引人深思”“事例新颖，易于理解”“能够引导我们在实际问题的解决中，如何应用好我们的知识……打开我们的‘视’界……”他们认为，通过实际案例的学习，他们的理论知识得到了生动的应用，他们能够更好地理解和掌握公共管理的核心概念。多元视角的引入增强了他们的批判性思维和解决问题的能力。学生特别赞扬了课程中的互动环节，认为这些环节提高了他们的参与感和学习兴趣。此案例应用于专业硕士研究生课程“城乡规划与区域发展”，近三年的评教分数分别为98分（2021年）、97.1分（2022年）和97.7分（2023年）。

二、教学成果的实际应用

案例教学的实施不仅提高了学生的学术水平，还提高了他们在实际工作中的应用能力。许多学生在完成课程后，在公共管理和政策制定领域找到了实习或工作机会，他们将课堂所学应用于实际工作中，收获了积极的反馈。

三、跨学科融合视角的成效

学生对课程中跨学科学习的体验表示赞赏。他们认为这种学习方式能帮助他们更全面地理解公共管理问题，使他们能够从多个角度分析问题、解决问题。这种全面的视角为他们未来的职业生涯奠定了坚实的基础。

四、持续的教学改进

基于学生的反馈和教学效果，我还会不断调整和完善教学方法。这包括更新案例库、增强多媒体元素的应用和强化实践性教学环节。在案例教学过程中，我将致力于持续提升教学质量，以适应学生的需求和社会发展的趋势。

■ 相关图片

相关图片51

网络剧剧本创作实训案例：《我在未来等你》

负责人简介

谭苗，文学博士，中国传媒大学戏剧影视学院副教授、硕士研究生导师，主要研究领域为戏剧叙事学、影视剧作。出版专著《类型与续集：当代好莱坞电影研究》、教材《网络剧剧作基础教程》、译著《九型人格的智慧》，在《当代电影》《中国电视》《江苏社会科学》《中国文学研究》《北京电影学院学报》等CSSCI期刊发表论文10余篇，另有论文被“人大复印资料”全文转载，主持国家广播电视总局部级项目、教育部产学育人项目等课题，参与国社科重大项目、教育部人文社科项目等，创作剧集《家宴》《暗花》《英雄时代》《非凡医者》《我在未来等你》及电影《星语心愿之再爱》《饮食男女好远又好近》等作品。

■ 优秀成果或建设经验介绍

本项目以项目负责人谭苗担任编剧的36集网络剧《我在未来等你》的文字剧本为基础，以公映播出作品的影视叙事资源为支撑，提炼总结出剧作教学的案例教学体系。案例教学路径分为四个部分：IP改编、人物设计、剧作技巧（剧本修改）及现场拍摄，帮助学生熟悉剧本创作的基本流程、了解网络剧创作的业界生态、掌握网络剧创作的基本能力。

针对编剧MFA剧作教学中，学生无法在初期完成原创作业的痛点，项目通过教学案例中的类型模型和工具化的人物形象，搭建起一个可供所有剧作类课程使用的创作基本功训练场域，供学生进行有效的剧作基础训练。本案例的建立有效解决了针对刚入门的学生原创能力较弱、花费大量时间在题材选择和人物塑造上、缺少开展真正有效的剧作训练时间的问题，让学生得以在已经拍摄完成的影视剧基础上进行改写和续写，迅速进行有效的剧作基础训练。

在案例化教学过程中，本项目创设了“一个根本，双重聚焦，实践落实”的课程特色模式：课程教学内容紧扣学校定位和专业特色，以培养书写中国故事的当代影视编剧人才为育人的根本；聚焦专业内知识和能力的解构和重组；以点带面落实产教融合、项目式教学，增进学生创作与市场接轨，以高校思政成果孵化产业项目，促进高校人才培养与市场人才需求接轨。

案例教学同时孵化出“三维立体”的混合教学模式：线上和线下课堂相结合；在已播出剧集的基础上，进行深度拉片，对人物创作进行技术分析；加大对校外导师的培养，引入市场主体作为策划资源。

■ 学生评价情况或成果推广情况

剧作类课程专业特色就是指导学生进行自主创作，重视学生自我能力的培养，强化融入学生主体，以产教融合为基础进行实践输出。长期以来，因为学生的阅历有限和学生创作能力尚在培养中，所以传统的剧作作业在商业竞争中优势有限。

目前该课程已经在MFA两个年级四个班级（编剧2022级、编剧2023级、电影创作2022级、电影创作2023级）的剧作课程中进行教学实践。从学生反馈情况来看，通过具体项目进行实战教学的模式，不但能够训练学生剧本写作的技巧和能力，而且还能帮助学生提前熟悉商业剧本创作流程和产业市场运作规范，成为学生在后续进入业界实习时可供参考的剧本创作路径。

项目负责人谭苗老师在课程实践过程中带领学生团队完成了由陆川导演的热播医疗剧集《非凡医者》的编剧创作（该剧于2023年11月19日在湖南卫视和芒果TV同步播出），并帮助参与创作的学生获得署名。

在此基础上，项目负责人以党的二十大报告等为指导思想，以立德树人为根本，从当下网络剧生产与传播的生态特征入手，契合党的二十大以来当代国产网络剧自身发展与剧作人才培养实际，将剧作经验总结转化为课程教材实践的教学路径，撰写专业教材《网络剧剧作基础教程》（27.8万字），该教材已由北京大学出版社2024年6月出版。

■ 相关图片

相关图片52

尤溪县融媒体中心“数字乡村公共服务平台”建设项目

负责人简介

罗霆，传媒经济学博士，中国传媒大学政府与公共事务学院副教授、实践教学中心主任、硕士研究生导师、博士研究生导师组成员。主要研究领域是媒体融合发展、政治传播与社会治理。为公共管理专业硕士研究生讲授“融媒体管理与政策”“政务舆情治理”“文化管理与政策”等课程。从教20多年来，秉持“知行合一，躬身入局”的理念，积累了丰富的教学和社会服务经验。

■ 优秀成果或建设经验介绍

在教学内容的创新方面，首先，本案例项目注重整合跨学科的理论与实践，以培养学生的全局视野和综合分析能力。本案例的教学内容引入了公共管理、政治学、新闻传播、社会学等相关学科的概念、理论，让学生能够从多个角度去理解和分析融媒体公共服务平台的管理问题。

其次，本案例的教学内容注重政策分析与解读，全面系统地梳理了中央关于媒体融合与数字乡村建设的政策文件。这些政策文件为媒体融合发展提供了指导和方向，对于推动融媒体促进农村地区的信息化建设和社会治理具有重要意义。在案例教学中，通过对这些政策文件的解读和分析，我们可以帮助学生更好地理解政策在融媒体产业中的作用和影响，以及政策在实施过程中遇到的问题和挑战；同时，也可以帮助学生掌握如何在实际工作中运用政策文件，提高融媒体管理的水平和效果。

在教学方法改革方面，在“融媒体管理与政策”这门课，以及“尤溪县融媒体中心‘数字乡村公共服务平台’建设项目”的案例教学中，全面引入了以下教学方法。

第一，线上教学：利用畅课平台，将案例材料提前发布给学生，要求学生进行预习和初步分析。利用在线讨论区或即时通信工具，组织学生进行初步的讨论和交流，以便在课堂上进行深入的探讨和分析。

第二，线下教学：在课堂内，教师先对案例进行简要的介绍和分析，然后引导学生进行小组讨论，深入探讨案例中的管理、政策等方面的问题。小组讨论后，组织学生进行课堂发言或展示小组讨论成果，进一步激发学生的学习热情和参与度。

第三，角色扮演：在小组讨论中，我们设置了政府部门（公安、环保、人社、教育等）、媒体机构、居民用户等角色，由学生进行角色扮演，使学生能够更好地理解案例中的各个角色和利益相关者的立场、观点。

■ 学生评价情况成果推广情况

学生对课程的评价主要有以下几个方面：

一是本案例具有很强的代表性，内容丰富，实践性强。2020年6月30日，中央深改委第十四次会议审议通过《关于加快推进媒体深度融合发展的指导意见》，强调推动媒体融合向纵深发展，探索建立“新闻+政务服务商务”的运营模式。本案例是贯彻中央文件精神的典型案例，无论是取得的成果还是存在的问题，都具有很强的代表性和针对性。

二是教师水平高、讲解清晰。学生认为教师具有较高的专业水平和丰富的实践经验，能够清晰地讲解复杂的概念和理论，使得学生更好地理解和掌握知识。

三是案例分析生动有趣。学生认为课程中的案例分析非常生动有趣，能够让学生更好地理解融媒体管理的实际操作和实施过程；同时，也可以让学生更好地了解政策在其中的作用和影响。

四是课程组织有序、收获大。学生认为课程组织有序，能够让学生系统地学习和掌握知识，同时也可以让学生更好地了解“融媒体+公共服务”的前沿发展实践。

2023MPA非全班学生、中国少年儿童新闻出版总社王小鲲的反馈具有代表性：“我此前在团中央宣传部工作，负责团中央各新媒体平台、产品、活动，在一线摸爬滚打很多年，听您的课真是太舒畅了，每个观点都特别认同。既‘躬身入局’又有理论框架的老师太珍稀了，很幸运跟您上课，一定努力，好好学习，天天向上！”

本案例教学取得了较好的成果，得到了学生的普遍认可和好评。为了更好地推广教学成果，我们采取了以下措施：

一是编写案例分析报告。将案例内容进行整理和分析，编写成案例分析报告，并发表在学术期刊或专业网站上，供更多人学习和参考。

二是开展学术交流活动。组织学术交流活动，邀请相关领域的专家学者进行交流和讨论，进一步推广本案例教学的经验和成果。

三是建立教学案例库。将本案例加入教学案例库中，供更多的教师和学习者使用。也可以通过案例库的平台，进行在线教学和讨论。

四是开展实践活动。组织实践活动，带领学生到尤溪县融媒体中心进行实地考察和学习，深入了解该中心的运作和管理模式，进一步巩固和拓展本案例教学的成果。

■ 相关图片

相关图片53

《中华文化通志》浮签案例及审稿分析

负责人简介

李频，中国传媒大学传播研究院教授、博士研究生导师。主要研究领域为编辑出版理论、期刊史论、出版专业阅读理论等。2012年至今，在中国传媒大学讲授研究生层次的编辑出版理论、出版活动分析、出版专业阅读、编辑出版实务（补修）等课程。

■ 优秀成果或建设经验介绍

浮签是传统出版社曾经流行的审稿形式，是贴在书稿上以纸条形式呈现的片段性的审稿意见。本案例以中华文化研究史上第一部具有里程碑意义的大型出版工程《中华文化通志》为对象，以《中华文化通志》的编辑出版过程及其社会影响为专业理论背景，以审稿浮签为重点，解释浮签所记载的审稿、编辑加工行为内涵和专业意义，以引导出版、传媒类学子深入理解审稿的类型，掌握审稿技巧和思想方法。

本案例最终成果主要包括两方面：

我们建设了包含1 600多条浮签的浮签案例库，并精选其中近200条浮签，在较为精细分析的基础上，制作出近200张PPT，显示浮签原样、浮签释文、浮签对应的出版文本，解释浮签专业意义等。目的在于便利案例观摩者学习、案例使用者教学应用。

作为2022级出版专业学位研究生教学案例，指导研究生分析撰写完成了两篇研究报告《从〈中华文化通志〉审稿浮签看标题修改与知识体系搭建》《引文编辑加工：知识传播效度分析——以〈中华文化通志〉为例》。

本项目建设获得的出版专业学位研究生教学经验：

首先，尝试了独家案例材料解释的独家摸索。浮签—审稿知识单元—审稿知识专题的案例结构，知识系统较清晰，知识层次较明确，既有浮签所凝结的知识核心，又有由浮签所延展的知识分析和能力培养提示。开放性和教学运用的选择性、可操作性较鲜明。

其次，这是一次出版专业学位教学案例库的总体结构尝试。本研究精选的近200条浮签涉及了编辑出版的诸多理论问题。作为成果形式的PPT，曾多次调整呈现结构，建构者亦在调整中理解了某些浮签专业内涵的多维性。

最后，以浮签案例分析有效带动出版专业硕士专业阅读，培养其审稿、加工的专业意识与能力。浮签为提请作者、出版社领导等订正终校样中可能的编校错误、知识错误、表达错误等而写，是编辑工作中实际发生的。对于教师而言，只有实施本课题的研究才能体会到浮签作为出版实务与实物的科学研究、人才培养价值。对于出版专业研究生而言，参与本案例研究具有专业研习典型性、案例新奇性。

■ 学生评价情况或成果推广情况

本研究从收集到的1 600多条浮签中精选近200条收录并解释于结题PPT。研究过程获得了浮签著作权人虞信棠先生的授权，并得到虞信棠先生的热情指导，为浮签案例分析的可持续开发、研究提供了基础。出版专业案例教学使用者可以每条浮签合成的知识单元为基础，先做专题知识分析和能力训练，再做跨专题的总结分析和能力深化，进而完成审稿、编辑加工的意义归纳。这是课题设计之初的理想目标。在教学研究过程中，教师和研究生均加深了对于这一理想目标的体会，对浮签所负载的出版专业意义理解更多、更深了。

参与本课题研究的硕士生因实施案例研究而学会了如何细致审稿、编辑加工，专业阅读能力有了较大提升。硕士生齐可心撰写的《从〈中华文化通志〉审稿浮签看标题修改与知识体系搭建》，从标题修改这一微小视角探究书籍知识体系构建这样重要的知识生产与传播问题。报告中认为“虞信棠、陈昕等资深编辑在《中华文化通志》的编辑工作中所夹的审稿浮签，正是其编辑思想的留痕”。这样的研究将具体的编辑实务与抽象的知识生产相结合，尝试事实与理论结合，很有新意。硕士生苏欣雨撰写的《引文编辑加工：知识传播效度分析——以〈中华文化通志〉为例》，以浮签为材料，从引文编辑加工这一微小视角探究知识传播效度这样前沿而重要的知识生产与传播问题，提出“对浮签进行具体的分析举例，探索编辑如何通过专业知识与经验，将引文中的知识去伪存真，以使其在知识传播中发挥积极作用”。这种探索既有历史意义，也有一定的理论价值。

《中华文化通志》浮签案例库收集1 600多条浮签，量大事繁，专业意涵丰富，并力求达成专业分析。这一成果中包含的如辅文加工、图片图像审稿与加工、书籍标题的审稿与加工等，沉潜有更多意涵，任课教师可以根据需要从中选调、组配。

■ 相关图片

相关图片54

抗疫题材报告剧《武汉人》英文配音译制作品

负责人简介

刘雯，中国传媒大学电视学院副教授，中宣部国际新闻传播硕士班班主任。承担并主讲“英语泛读”“英语新闻制作”“视听创作”等本科课程；参与“国际新闻实务”“文献研读”等研究生课程。

■ 优秀成果或建设经验介绍

2020年9月29日，抗疫题材时代报告剧《在一起》首播，以单元剧的形式讲述了全国人民在抗击新冠疫情中发生的故事。作为特殊时期的影视剧作品，《在一起》从内容到叙事创作都有与以往现实题材影视剧截然不同的影像表达，拓展了现实题材内容的维度，也给予观众审美认知的提升与对现实生活的思考。从内容上看，《在一起》具有“讲好中国故事”的精神内涵和文化底蕴，符合主流意识形态语境下的叙事特性。经国家广播电视总局推荐，中国传媒大学电视学院师生团队得到抗疫题材时代报告剧《在一起》的片方授权，对其中《武汉人》上、下两集进行英文版的配音译制。截至2021年2月，该影片已经在27个海外媒体机构或平台上线播出，并入选了“2020年度优秀海外传播作品”，位列第一。

《武汉人》英文配音译制作品案例可以作为一个相对独立的教学场景，设置为国际传播实务类课程中的一个单元或者教学板块。其教学目标为：第一，理解中国影视剧国际传播的重要意义、现状、存在问题、改进方法；第二，掌握影视剧英文配音译制的理论知识、方法和技能；第三，能够小组合作完成影视剧片段的英文配音译制。教学环节可以包括话题导入、理论知识讲解、案例观摩与讨论、实践练习、完成思考题、自主延展阅读等。

该案例可以应用于新闻与传播专业学位研究生培养的国际传播实务类课程，通过《武汉人》配音译制作品的创作背景和传播效果，我给学生讲解了中国电影及电视剧国际传播的现状、问题和发展，带领学生思考和理解中国电影、电视剧国际传播对中国文化走出去、中国国家形象塑造等方面的意义。

结合《武汉人》配音译制作品案例，我给学生讲解了影视信息的通译性、影视译制的合理性、影视翻译的特殊性与翻译原则、影视译制的知识与技能等。基于《武汉人》的中英文对照的对白文稿，我给学生讲解影视翻译的“译术”与“艺术”。通过观赏该作品的视频片段和配音的幕后花絮，我给学生讲解了影视配音的口型贴合技术、配音过程中的再创作、配音表演的基本原则。

■ 学生评价情况或成果推广情况

案例教学法是在长期的教学实践中形成的独具特色的教学方法，是通过案例营造一个包含所须传授内容在内的具体教育场景，通过老师对教学内容的描述与讲解，以及学生和老师之间展开的讨论，达到对理论与知识的认知目的。因此，案例建设是在教学中将理论与实践相结合，符合教育教学规律的一种教学改革与创新。

该项目以“自主创新、开放吸纳、共建共享、规范标准”为原则，以建设共享型专业学位研究生教学案例资源库、服务学校专业研究生教学质量为目标，将抗疫题材报告剧《武汉人》英文配音译制作品进行教学转化，搭建了一个相对独立、知识内容较为完整的教学案例，学生可以通过观看、阅读、学习和分析案例，掌握国际传播的相关理论、知识运用以及实践技能。

在案例建设过程中，项目组总结出如下经验可用于日后教学案例库的建设：

第一，考虑专业特点与课程特色，案例建设必须与专业和课程紧密结合，能够对课程教学内容进行很好的补充与辅助。

第二，注重对学生自主学习、分析问题、解决问题、实践技能等方面能力的开发与培养，使学生通过案例学习，在接受知识的同时主动探索并开展创造性实践活动。

第三，在案例建设过程中，要同时考虑案例应用于教学过程中，对案例分析、课堂讨论等环节进行设计，引导学生积极参与，加强师生交流。

■ 相关图片

相关图片55

《我们正青春》：融媒体微纪录片对外讲好中国共产党故事

负责人简介

韩飞，中国传媒大学电视学院视听传播系副主任、副教授、硕士研究生导师。主要教学方向为纪录片领域的理论和业务课程，开设“中国纪录片发展前沿”“纪录片专题研究”“视听传播概论”等本科生课程，在高职学院开设“电视采访”“新媒体编辑”专业课程，“镜头里的中国”入选中国传媒大学通识教育核心课程。

■ 优秀成果或建设经验介绍

一、案例选择：典型性、特色性和时新性相结合

典型性，指该案例能经得起一定时间的检验，具有典范性价值。特色性，指该案例能体现和代表行业发展趋势，具有一定代表性，能通过其了解到中国题材纪录片创作和国际传播发展的前沿动态。时新性，是考虑到当前中国纪录片日新月异的发展变化，案例选择和研究要与时俱进。

《我们正青春》主题突出，特色鲜明，充分应用数据可视化方案，语态生动且创新性强，能为中国纪录片国际传播能力建设提供有益启示，因此具有较强的推广和学习价值，在案例的教学使用过程中也更具代表性和启发性。

二、案例建设：内容实际，分享“干货”

用一句话来说，读完案例要知道这个项目的真实运作情况。本案例研究强调一定拿到一手核心资料、核心数据。案例的研究者同时也是创作者，作为主创人员，要对项目整体“复盘”，贡献一手信息，突出权威性、独家性；同时，在实践经验基础上，凝练案例要点，对经验成果进行理论化总结和提升，以达到“知行合一”。

三、案例撰写：突出应用价值，侧重实务提升

案例的研究和撰写侧重突出该案例的核心价值，深入浅出，完整复盘节目策划—制片—创作—传播全链条的脉

络，点明核心特色。知识点明晰、形象性强、可读性高，助力专业型硕士创作实务能力提升，促进教学与实践有机融合。

四、案例使用：多样化教学场景，全方位能力培养

本案例属于视听作品的“全案研究”，将纪录片作品的创作和国际传播还原为动态连续的过程，细分为项目背景、创意策划、制片方式、创作特点、国际传播策略和效果评价等环节。这些内容可以培养学生的视听思维能力，为专业相关内容创作打下坚实基础。我们带领学生探索纪录片制片与创作规律，了解纪录片视觉语言、读解方式和结构形态，引导学生发现国际传播方面的问题，使其具备中国立场和国际视野。案例同时融入课程思政，主张学生利用课堂所学知识，对接和服务国家战略，在案例学习和实践中与祖国建设发展同向同行。

■ 学生评价情况或成果推广情况

一、本案例纳入我校专业学位研究生教学案例库

我们已建设完成案例《〈我们正青春〉：融媒体微纪录片对外讲好中国共产党故事》，并整理与案例教学相关的文本、图片、视频资料，制作完成了配套教学材料。本案例成为广播电视、新闻与传播专业硕士研究生课程教学的重要支持，并纳入我校专业学位研究生教学案例库，免费开放使用。可使用的既有课程有“视听节目分析”“国际传播”“纪录片创作”等。案例也将服务我校艺术类专硕、专博改革，作为未来纪录片创作方向专硕、纪录片艺术方向专博建设的教学案例。

二、本案例纳入《中国题材纪录片创作与国际传播案例库》

本案例纳入负责人主编的《中国题材纪录片创作与国际传播案例库》，该书由社会科学文献出版社出版。本案例通过中宣部国家级纪录片国际合作机制性平台“一带一路”纪录片学术共同体（BriDoc）为渠道传播共享，覆盖中国纪录片国际传播的主要行业主体，切实服务行业发展和国际传播能力建设事业。通过中国高等院校影视学会纪录片专业委员会、中国高等院校影视学会影视国际传播专业委员会分享到兄弟院校，服务全国相关学科专业学位硕士研究生教学和人才培养工作。

三、本案例获评2023中国好故事十大研究案例

融媒体系列微纪录片《我们正青春》在建党百年之际面向海外推出，以“青春”和“奋斗”为主题，通过活跃在各行各业的普通工作者、小人物，反映新时代中国青年风

貌以及各行各业的发展和建设成就，是以纪录片为载体对外讲好中国共产党故事的范例。以该纪录片为内容的文字教学案例《〈我们正青春〉：融媒体微纪录片对外讲好中国共产党故事》也入选由华中科技大学—中国外文局共建的中国故事创意传播研究院举办的“中国故事国际传播论坛（2023）”，并获评2023中国好故事十大研究案例。

四、本案例获评优秀教改项目

专业学位研究生教学案例《〈我们正青春〉：融媒体微纪录片对外讲好中国共产党故事》获评2022年度研究生教改项目优秀成果。

■ 相关图片

相关图片56

红色文化数字化传播的创新实践
——以《百年先锋》为例

负责人简介

涂凌波，中国传媒大学电视学院教授、博士研究生导师，广播电视学系主任、教工党支部书记。国家级教学成果一等奖团队核心成员，获教育部霍英东教育基金会第十七届高等院校青年教师奖、北京市高等教育教学成果一等奖、北京高校第十一届青年教师教学基本功比赛人文类一等奖等。近五年来，为本科生和研究生讲授“新闻学概论”“实践中的马克思主义新闻观”“新闻传播理论基础”等课程。

■ 优秀成果或建设经验介绍

该项目旨在通过“百年先锋”创新性传播实践，实现新闻与传播专业硕士研究生的价值塑造、知识传授与能力培养的有机统一。项目核心在于将红色文化与现代数字化传播技术相结合，以提高学生对专业知识的掌握和实际应用能力。具体创新之处体现在以下几方面：

第一，项目强调了红色文化的重要性和数字化传播技术的应用。深入挖掘“红色文化”中的课程思政元素，引导学生对红色文化自觉展开学习和深度体悟，激发他们的自主探索精神和提高其实践创新能力。同时，项目引导学生深度参与课程建设的全流程，鼓励学生使用融媒体技术（如智能视频技术、4K超高清录制技术），在实践中提升媒体融合制作与传播能力。

第二，项目探索了“做中学”的红色文化传播育人实践模式，为完善课程思政体系拓展育人理念做出了有益的尝试。深入分析教学案例《百年先锋》的制作环节与流程，帮助学生理解专业知识的应用、掌握相关实践技能。这种“做中学”的教学模式不仅加深了学生对红色文化的理解，还锻炼了他们的实际操作能力。

第三，项目以数字化创新传播实践为突破，实现了红色文化创新性传播实践与“新文科”建设的有机统一。利用数字化传播技术和创新的教学理念，用青年人能接受的方式开展党史学习教育，探索继承与创新结合的新形式，将文物故事的讲述者、英雄先锋故事的讲述者由专家学者变成学生本人，使“老师讲、学生听”转化为“青年讲、青年听”，有效推动党史学习教育进课堂、进头脑。

总的来说，该项目通过将红色文化与现代传播技术相结合，为新闻与传播专业的教学内容创新和方法改革提供了一个富有成效的实践案例。这种教学模式不但增强了学生的专业知识和技能，而且树立了他们的核心价值观，提升了他们的创新能力，展现了教学改革的深远意义。

■ 学生评价情况或教学成果推广情况

第一，学生的评价情况表明，参与红色文化的数字化传播后，学生在精神层面受到了红色文化的洗礼，加深了对党史的理解，增强了家国情怀，并在实际操作中锻炼了自己的专业能力，提高自己的实践技能。《百年先锋》是在中国传媒大学4K演播馆录制的，学生深度参与了整个课程建设的全过程。在拍摄与录制流程中，实践团队从机位位置到导播方案，从灯光到服装，都经历了认真细致的设计和反复编排。在后期剪辑和制作过程中，学生通过智能剪辑和虚拟影像技术将文物、文物所在纪念馆有机地嵌入演说视频当中，极大地提升了短视频的呈现效果。中国传媒大学学生卜欣荣在参与项目的过程中表示：“很高兴我有机会用自己的专业知识与技能，将革命英雄故事赋予新的传播力与影响力，唤醒这种一脉相承的革命精神。”其他高校的学生，如中国人民警察大学的牛泓伟、中南财经政法大学的陈雨彤和中国劳动关系学院的王玉庚，也表达了对项目的积极评价，强调他们通过参与项目深刻感受到了红色文化的感召，增强了对党和国家的认同感。

第二，教学成果的推广方面，项目打造了包括移动音视频作品、微视频系列等在内的多样化教学成果，多渠道的传播实现了教学成果的广泛推广，有效地传承和弘扬了红色文化。“百年先锋”的移动听音视频作品、系列微视频等成果，先后在国家中小学网络云平台、党建网、《人民日报》客户端、“学习强国”、芒果TV等平台上线，影响了全国范围内的中小学生、广大党政干部、普通党员以及社会公众，其在传播红色文化的同时，弘扬了社会正能量。与此同时，《百年先锋》文本及音视频通过人民教育电子音像出版社出版，面向社会发行，在全社会形成了较好的传播影响力。

■ 相关图片

相关图片 57

“红色文物青年说”融媒体视听创作课程思政教学案例

负责人简介

于然，中国传媒大学电视学院教授、博士研究生导师，主讲“摄影基础”“影像语言”等10余门课程，获得CILECT Teaching Award及市、校级各类教学育人奖项，指导的学生作品短片入围奥斯卡学生奖、戛纳国际电影节短片角、多伦多短片节等。以第一作者身份多次在国际、中文核心期刊上发表论文。

■ 优秀成果或建设经验介绍

“红色文物青年说”是中国传媒大学开展党史学习教育和进行课程思政建设的重要举措。它围绕我校优势教学项目组建，并融入研究生翻转课堂中。本课程以短视频的高阶视听创作为方法，在课堂上焕发传媒专业教育与党史学习教育新的活力。

一、教学模式的创新

依托“红色文物青年说”系列微课程，本课程教学模式由“教师传道、授业、解惑”向“以青年人视角进行故事化讲述从而得以创新性呈现”的案例教学模式转型。这一教学思路的转变将使学生在课程中的参与度与实践体验获得提升，也为其专业知识与技能的掌握提供了条件。

二、教学主体的创新

“红色文物青年说”案例教学实现了党史学习教育方式的重要转变，其将党史学习教育的实践主体从教师转换为学生自身，使“老师讲、学生听”的单向讲授模式转化为“青年讲、青年听”。翻转课堂的教学模式，将教学主体从教师转换到学生，激发学生的自主思考，突出学生的主体性地位。从确立选题到搜集资料再到全流程制作，最后研习讨论总结，这一系列实践教学环节，由师生共同研创，可充分发挥学生的主动性与参与性。

三、教学手段的创新

“红色文物青年说”系列微课程，将传统课堂讲授手段与新型视听技术相融合，用短视频方式去呈现革命文物、历史人物及其背后所承载的革命精神，实现红色文化的创新性表达与创造性发展，让红色文物从纪念馆中“走出来”，让人物从书本中“活起来”，成为传承红色基因、汲取奋进力量的活力源泉，也成为专业教学模式的创新生机。

四、课程思政的创新

本课程旨在通过学习与实践相结合、实践与创新相结合的“课程思政”新模式，探索党史学习教育和红色资源利用的新机制，在加强学生思想政治素质，培养学生专业技能的同时，引导学生服务国家战略、增强民族认同感与自豪感。

■ 学生评价情况或成果推广情况

自项目推进以来，多位学生参与到课程学习中，反响积极。

从课程的参与度来看，学生表示在课堂上必须打起十二分的精神，充分调动自己的思维。他们积极参与讨论和提问，与老师和同学们展开深入的交流，以共同研创新的学习方式。这种参与不仅提高了学生的学习热情，还激发了他们的创造力和批判性思维能力。学生感受到了课堂上的活力和互动，他们愿意主动思考和解决问题，形成了一种积极向上的学习氛围。

从课程形式的接受度来看，学生认为课堂将传统讲授手段与新型视听技术相融合，使自己能够通过视听语言的方式学习党史知识，这种新颖的授课形式十分引人入胜，自己在听课的过程中好似穿越到了那个年代，并深深为文物背后的历史故事、革命精神所感动。

从课程的实践效果来看，学生表示在自主挖掘红色文物与相关人物作为选题、制作一集属于自己的“红色文物青年说”的过程中，提升了个人的实践以及创新能力。从搜集资料到拍摄制作，再到宣传推广，每一步都需要考虑实际情况，在原有内容的基础上进行创新，并思考如何用年轻人容易接受的方式讲述红色文物的故事，让红色文物在新时代焕发出新的活力。

同时，学生也谈到实践作业的顺利完成，离不开老师的悉心指导。课堂上，老师通过案例，向学生讲解宣发过程中的关键环节，如分析目标受众、作品影响力的提升、社会反响等，讲解内容与宣发的关联性，并对学生所收集的资料、拍摄的素材进行点评。经过老师的讲解，学生的实践思路更清晰、更明确。

课程有效帮助了学生结合专业优势，投入自主学习以及专业实践，充分融入媒体融合发展的时代背景与行业现状；提高了学生的社会责任感，将爱国主义内化于心，外化于行，实现了课程思政的目标。

■ 相关图片

相关图片 58

中英双语系列融视频《二十四节气里的中华文化》

负责人简介

张龙，中国传媒大学电视学院国际新闻与传播系主任、教授、博士研究生导师，获教育部霍英东教育基金会高等院校青年教师奖、全国高校混合式教学设计创新大赛一等奖、全国高校教师教学创新大赛二等奖、北京高校教师教学创新大赛一等奖，入选北京市"青年拔尖人才"。主讲的"国际新闻理论与实务"课程入选北京高校优质本科课程重点项目。主要研究领域为国际传播、影视传播、播音主持艺术等。

■ 优秀成果或建设经验介绍

第一，在教学案例的选取方面，要充分明确所选用案例的创作背景、创作目的、作品特征、传播情况和用户反馈，遴选出适合课堂教学（尤其是互动教学）的作品。既要深入考虑案例的专业性，又要全面考虑案例的思政性，充分体现出"课程思政"的站位。我们之所以选取《二十四节气里的中华文化》系列双语融视频作为教学案例，一方面是考虑到该作品具有鲜明的"中华文化对外传播"属性和特点，不但可以通过案例教学来培养专业型硕士研究生的国际传播创作能力，而且有助于其在实践教学中提升文化自信。另一方面，《二十四节气里的中华文化》系列双语融视频通过《光明日报》的新媒体矩阵发布，在内容创作方面体现出了较强的创新性，在播出后收到了良好的反馈，适合用作专业型硕士研究生的教学案例。

第二，在教学环节的设计方面，要高度明确所选案例与相关专业、相关课程的适配度，确保教学案例能够帮助任课教师有针对性地使用。以《二十四节气里的中华文化》系列双语融视频为例，该视听作品本身可以从融媒体编创、视听语言、中英文写作、短视频策划等很多不同专业角度进行分析。在"加强国际传播能力建设"国家战略的指引下，国际传播专业人才培养的重要性日益凸显。因此，如何使用《二十四节气里的中华文化》系列双语融视频来助力培养卓越国际传播人才，是教学设计需要深入思考的问题。在这样的背景下，考虑到该作品具有"中华优秀传统文化对外传播"的重要属性和特征，主创团队特别选取了

"译创"作为教学的切入点，围绕"译创"话题来设计相应的教学环节，旨在通过讲解该作品的译创业务要领，使学生熟悉当前新媒体视听作品对外传播的话语形态，提升学生的对外传播创作能力。

■ 学生评价情况或成果推广情况

由《光明日报》社和中国传媒大学联合出品的《二十四节气里的中华文化》系列双语融视频共24期，每期分为中英文两个版本。目前英文版节气融视频的国际传播已形成媒体、机构、个人相协同的矩阵式传播格局，以节气为令，完成规律性发布。与此同时，以孔子学院为代表的国际中文教育机构已将节气融视频纳入了孔院微课堂专栏，以供学生学习、转载。在译制层面，该系列的英文版视频并没有简单地将中文版视频解说词逐句翻译后重新配音，而是采用有针对性、创新性的步骤，在中文版基础上进行编译和二次创作，即"译创"。该作品案例突破以往视听作品文本翻译的范式，实现了视听内容与外译文本内容的有机融合，有效提升了对外翻译与传播效能。

本案例体现了中国传媒大学"智能传媒"和"国际一流"的建设方向，能够体现我校在人才培养上的特色和前瞻性，把握时代发展大势和高等教育发展大势。通过一系列融视频打造优质案例库，可以帮助教师有针对性地为新闻传播专业学位研究生进行细致讲解。兼具媒体融合特色和国际传播特色的案例，不仅是全媒体环境下对视频形态创新和视听传播规律教学的创新探索，更是对国际新闻传播专业人才培养的创新尝试。

2021级新闻与传播专业硕士研究生蔡钰婷在学习了《二十四节气里的中华文化》中英双语系列融视频案例后表示："这个系列的双语短视频融合了动画、图片、花字、音乐、音效、解说等多种视听元素，竖屏展示，非常适合在手机端收看，能够给观众带来特别美的意境，让观众在感知美好的同时，也深刻体会到中华文化的魅力，从而增强我们的文化自信。特别是该系列视频的英文版，不但能够帮助中国学生扩大英语词汇量，而且也能够帮助外国留学生朋友学习汉语和中国文化。"

■ 相关图片

相关图片59

无障碍影视制作与传播

负责人简介

赵淑萍，中国传媒大学教授，新闻传播学部电视学院学术委员会主任。具有40多年的教学实践经验，参与并主持多项国家级及社会服务研究课题，2013年获北京市优秀教师荣誉称号。

在研究生教学方面，根据学生的构成、学习态度、专业基础、专业能力等不同情况及时予以协调解决。指导学生进行科研活动，从研究方法、研究视角、观察能力、思想高度、写作技巧等方面进行具体的指导，开展科研与专业学习相结合的教学活动，效果显著。

■ 优秀成果或建设经验介绍

本项目自2022年5月至2023年12月，在“光明影院”无障碍电影公益电影制作与传播项目基础上，共开设了5次课程。内容包括“第一节 无障碍影视作品的定义与发展历程”，主要讲述无障碍影视作品的定义与国内发展现状、无障碍影视的类型趋势、无障碍影视的发展态势以及无障碍影视的中国模式，让学生在理论上了解无障碍影视作品的基本情况；“第二节 无障碍影视创作实务——讲述稿撰写”，本节课程以《流浪地球》无障碍讲述稿为案例，讲述无障碍电影讲述稿撰写规范、要点与操作方法，并让学生进行课堂练习，掌握无障碍电影讲述稿撰写规范；“第三节 无障碍影视创作实务——配音与录制”，本节课程以《战狼2》无障碍电影配音与制作为案例，带领学生走进无障碍电影配音间，学习无障碍电影配音规范、录音棚调音台、编辑机和编辑工作站操作步骤，逐步掌握无障碍电影制作流程；“第四节 无障碍影视创作实务——推广与传播”，本节课程主要讲述无障碍电影推广与传播现状、经典案例与渠道方式，引导学生积极思考，策划推广与传播方案；“第五节 无障碍影视的未来发展趋势”，本节课程主要讲述我国乃至全球无障碍影视的未来发展趋势，并让学生积极思考全媒体时代下，如何更好地促进无障碍电影的制作、推广，提升传播声量、影响力这一重要课题。

■ 学生评价情况或教学成果推广情况

在项目进行过程中，本课程与“光明影院”无障碍公益电影制作与传播项目展开深入合作，开设了10次线上、线下培训会，让学生在课程学习之余，巩固无障碍电影基础知识、熟练无障碍电影配音与制作操作内容，了解视障人士的习惯与需求，为无障碍电影制作与放映奠定基础。

■ 学生评价情况或成果推广情况

在学生掌握无障碍电影讲述稿撰写、配音与制作基本要领、操作规范基础上，我们还撰写无障碍电影讲述稿78部，配音无障碍电影61部，完成无障碍电影61部，30集无障碍电视剧撰稿，为无障碍电影事业献出一份青年力量。部分成果介绍如下：

第一，推出“奋进新征程　建功新时代”特别策划，庆祝党的二十大胜利召开。

“光明影院”团队坚持每年制作104部无障碍电影，让中国的视障人士能够做到每周欣赏两部电影，达到甚至超过一般明眼人的平均观影频次。2022年，为了庆祝党的二十大胜利召开，“光明影院”团队不仅完成了104部无障碍电影的制作任务，还推出了“奋进新征程　建功新时代”主题系列无障碍电影，让视障人士通过无障碍电影，一起做新时代的见证者、开创者、建设者。

第二，推出扶贫主题电影《青春作伴好还乡》。

2022年，中国传媒大学联合长影集团共同打造了电影《青春作伴好还乡》无障碍版本。影片以“决战决胜脱贫攻坚　全面建成小康社会”为时代背景，讲述了一名高校硕士毕业生回到家乡，带领乡亲们共创美好生活的故事，以青春赋能乡村振兴。影片先后在第十二届北京国际电影节、第十七届中国长春电影节上进行公益放映，并荣获第十七届中国长春电影节“最佳公益展映影片”荣誉称号。

无障碍电影推广与传播方面，项目团队带领学生参与第十二届北京国际电影节公益放映活动、第四届海南岛国际电影节公益放映活动、国际残疾人日主题月活动。此外，团队着眼于服务国家战略，积极运用自身无障碍信息平台，利用学科优势、发挥专业特色，参与冬残奥会各个领域的服务保障工作。

我们还积极参与多项活动，部分活动介绍如下：

第一，第十二届北京国际电影节“光明影院”公益放映单元。

2022年8月12日，“同心笃行，共享文化成果——第十二届北京国际电影节‘光明影院’公益放映”活动拉开帷幕。团队师生志愿者专程走进北京市美后肆时景山市民文化中心，为4位盲人朋友送上无障碍电影《超越》专场放映，用实际行动践行了公益惠民、文化共享和“残疾人一个也不能少”。

第二，十七届中国长春电影节“光明影院”公益放映单元。

2022年8月26日，第十七届中国长春电影节“光明影院”公益项目单元启动仪式在长春电影院举办，与长影集团达成合作意向；签署战略合作协议，将在吉林省有线电视网络平台设立“光明影院”无障碍电影点播专区；发布中国长春电影节组委会与中国传媒大学合力创作的《中国长春电影节蓝皮书》。

第三，“光明影院”公益点播专区上线全国有线电视。

2022年9月29日，“光明影院”公益点播专区全国有线电视上线启动仪式在北京举行。此次上线专区覆盖全国超两亿有线电视用户，视障朋友可以在家通过所在省份有线电视“光明影院”公益点播专区观看无障碍电影。

第四，国际残疾人日主题月活动。

2022年12月3日，为进一步推动残疾人事业发展，关心关爱视障人士，丰富他们的精神文化生活，“光明影院”在全国开展第31个国际残疾人日主题月活动。“光明影院”联合厦门国贸控股集团有限公司、厦门广播电视集团、厦门市残疾人联合会启动公益观影计划，开展主题月无障碍电影放映活动。

第五，第四届海南岛国际电影节“光明影院”公益放映活动。

2022年12月18日9：30，第四届海南岛国际电影节“光明影院”公益放映单元在三亚1+X红树林影城成功举办。活动放映了青春赋能乡村振兴题材的电影《青春作伴好还乡》无障碍版本，数十位残障人士和陪同人员共同观看。

第六，《爱是一道光》学生志愿者系列专访短视频。

以“每年104部无障碍电影是怎样炼成的”为话题，展现无障碍电影从制作、放映到推广的全过程，上线爱奇艺、腾讯视频、学习强国等多个平台，被《光明日报》等多家媒体转载报道。

2023年11月1日，中国传媒大学《以文化帮扶促乡村振兴——校企合作“光明影院”无障碍电影制作与传播公益项目案例》荣获“第四届全球减贫案例征集活动”最佳减贫案例。

2023年11月1日，“2023 全球减贫伙伴研讨会”在京召开。中国传媒大学《以文化帮扶促乡村振兴——校企合作“光明影院”无障碍电影制作与传播公益项目案例》从全球898个案例中脱颖而出，荣获“第四届全球减贫案例征集活动”最佳减贫案例，并被收录进南南合作减贫案例库，为促进全球减贫、巩固脱贫成果和推动乡村发展提供特色鲜明的减贫模式与实施方案。

本教学案例基于中国传媒大学“光明影院”无障碍电影制作与传播项目，包含无障碍影视作品发展背景、无障碍影视作品创作技巧、无障碍影视作品推广传播三方面，以理论指导实践，以实践支撑理论，系统化讲授无障碍影视作品的发展历程与创作实践。在本次课程中，学生参与了无障碍电影讲述稿撰写、电影配音与制作、无障碍电影推广与传播活动，能够在短时间内掌握写作、拍摄、配音、录音、混音等专业技能，能够了解国情、社情、民情，感知视障人士内心，真正明白“一个都不能少”的意义，极大地提高了学生的家国情怀与社会责任感。

■ 相关图片

相关图片60

教育部学位与
研究生教育发展中心
主题案例立项

遗产青年说（Heritage So Young）：青年讲述遗产保护的中国经验

负责人简介

杨红，中国传媒大学文化产业管理学院教授、非遗传播研究中心主任，哈佛大学文理学院访问研究员，入选国家高层次青年人才计划。研究方向为非物质文化遗产保护与传播，著有《非物质文化遗产数字化研究》《非物质文化遗产展示与传播前沿》《文化体验设计与营销》《丝路非遗的价值发现与重塑》，编著有《非物质文化遗产：从传承到传播》等。讲授课程有文化资源学、文化遗产保护与管理、文化资源创新利用前沿、非遗传播与数字化展示等。

■ 案例建设背景

本案例是依托联合国教科文组织《中国世界遗产地保护和管理》项目开展的3年期线上线下传播项目，以“用网络媒体链接遗产与当代”为初衷，鼓励青年参与中国遗产宣传和传播。项目开展3年来，完成了云南石林、贵州赤水、四川卧龙和雅安、贵州松桃、福建泉州5个世界遗产地的实地走访、调研和拍摄，形成图文推送28篇、短视频作品48个、可视化长图10份（中英文版）、小程序1个、专题研究报告3份。相关专业师生还每年为世界遗产地带头人、传承人开展线上公益培训，169人通过培训直接受益，其中女性占比为55.35%，超过14 040人间接受益，为形成教学案例和科研案例打下了基础。

■ 案例研究价值

其一，助力双向价值认知的形成。一方面，使高校青年人认知文化遗产的价值及遗产保护的重要性；另一方面，使世界遗产地居民认知传播的重要性。

其二，促进双向能力培养。一方面，推动世界遗产地文化传播与产品营销能力的建设；另一方面，培养高校青年人文化传播的实践能力。

其三，产生多方正向影响。一方面，世界遗产地从事遗产传播的网络达人不断增多，开辟了传承人新媒体生计渠道；另一方面，“遗产青年说”的模式输出，可以带动更多高校青年关注、参与遗产保护。

此外，就案例研究价值我们已开展了一次高规格专题研讨：

联合国教科文组织驻华代表处与中国传媒大学于2022年5月20日共同举办了“新媒体传播遗产价值”网络研讨会，聚焦遗产价值在当代的认知与拓展，从社区建设、科技赋能、公众参与等方面探讨遗产保护的新视野。

■ 案例主要内容

案例“遗产青年说（Heritage So Young）：青年讲述遗产保护的中国经验”是依托于联合国教科文组织相关委托项目持续开展而形成的专业实践案例，已形成了包含中国南方喀斯特云南石林、中国丹霞贵州赤水、四川大熊猫栖息地雅安和卧龙、梵净山贵州松桃以及“世遗之城”福建泉州5个世界遗产地子案例成果，以及若干个教学科研个案成果。具体如下：

一、案例涉及的5个世界遗产地子案例

中国南方喀斯特云南石林“绣里河山”团队青年志愿者与云南石林彝族（撒尼）刺绣项目国家级非遗传承人毕跃英结成了对子。他们除拍摄视频外，还进行了小程序搭建、微信公众号运营、H5互动页面制作，并设计了LOGO、IP形象和文创产品。

中国丹霞贵州赤水“居有竹”团队青年志愿者与赤水竹雕工艺省级非遗传承人卢华英结成了对子，拍摄并发布了独竹漂、竹雕等与文化遗产相关的短视频和图文内容。

四川大熊猫栖息地雅安、卧龙“熊猫星愿”团队青年志愿者与卧龙县熊猫乡自然中心结成对子，围绕遗产教育和生物多样性展开调研，记录护林员和社区居民在遗产保护和可持续发展方面的努力。

梵净山贵州松桃“云上松桃”团队青年志愿者与贵州省松桃梵净山苗族文化旅游产品开发有限公司结成了对子，是用镜头记录遗产主动融入当代生活的典型例证。

福建泉州“海丝鲤城”团队采访并拍摄了闽南传统民居营造技艺国家级非遗传承人蒋钦全、南音省级非遗传承人庄丽芳和丰泽区蟳蜅女民俗文化推广使者黄丽泳等，产出宣传片、创意短片和图文内容。

二、案例涉及的教学科研个案举例

世界遗产地传播能力建设代表赤水竹编工艺带头人牟小燕、传承人金理慧通过新媒体传播非遗，其运营的账号“修竹大叔”全网粉丝量达70.9万，获赞量达233.4万。

遗产青年代表所揽月在项目实践过程中重新认识了家乡和遗产，在找到兴趣、收获友谊的同时希望能够成为遗产保护的从业者。

■ 案例适用课程

本案例适用于研究生专业课“文化遗产保护与管理”，本科生通识核心课“文化资源创新利用前沿”、专业核心课“文化资源学”、专业选修课“非遗传播与数字化展示”等。

■ 案例思考与创新

其一，发挥青年的网络媒体叙事专长，增强中华文明传播力、影响力。青年是网络媒体环境中内容生产的主体，网络媒体叙事对青少年群体的影响力也是巨大的。一方面，在迈向数字文明进程中，网络空间成为当代人尤其是年轻人日常活动的重要场所，科技、数据、媒介与文化、价值观等内容相结合时，能够生发出守护功能。另一方面，中华文化需要更多关注者、认知者、守护者，项目通过短视频、图文、直播等网络媒体叙事方式讲述遗产保护的中国经验，从公域流量中寻求突破，使遗产多元价值、遗产保护意义被更多公众了解、认同。

其二，青年是中华优秀传统文化“两创”实践的核心力量。相关专业青年群体的实践可创新激活中华文化与网络媒体的链接点，为文化遗产的传承与弘扬带来新的发展动力。文化遗产是中华优秀传统文化的重要组成部分，与遗产相关的普通民众心中对遗产的感情和致力遗产传承保护的意志力是构成文化遗产本位保护的力量源泉，而公众通过自媒体平台能够实现个人与文化遗产价值的互动传播。“遗产青年说”已发布的短视频、图文内容中活生生的他者、他者生活的质感、他者传递的真善美被可视化，这是一个遗产与当代人建立关联，并让遗产知识个人化的过程。此外，短视频平台还为传统表演艺术、传统手工艺传承人提供了新的生存路径。“非遗+短视频”“非遗+直播”业态成为传承人的自有舞台与谋生渠道，非遗类网络视频成为非遗这类传统文化资源价值创造性转化的新型载体。

■ 相关图片

相关图片61

助力文化传承与价值创造的沉浸式“不夜城”文旅示范案例研究

负责人简介

李楠，中国传媒大学研究生院副院长、教授、博士研究生导师，教育部“高层次人才计划”青年学者，北京市青年教学名师。主要讲授“服饰与传播”“视觉文化研究”等课程，所授课程获批国家级一流课程、国际在线优质课程，教学成果曾获全国高校混合式教学创新设计大赛三等奖、北京市高校教师教学创新设计大赛二等奖等10余项省部级以上成果奖。

■ 案例建设背景

党的二十大报告指出：“必须坚持在发展中保障和改善民生，鼓励共同奋斗创造美好生活，不断实现人民对美好生活的向往。”繁荣发展文化事业和文化产业，是满足人民精神文化需求、增强人民精神力量、建设中华民族共有精神家园的基本途径。中国地标性“不夜城”特色文旅项目的主要目标是服务于国家重大发展战略、国家社会经济和文化建设，努力为人民创造美好生活。该项目采用创新的文化模式，融合了文化、旅游、商业、娱乐等多元业态，其表现特点与传统文化艺术及美术设计等形式截然不同，展现了极强的综合性，无论是历史文化的探索，还是独特的旅游景点，抑或是各类商业活动和娱乐项目，都能满足不同游客的需求。此选题不仅具有学术价值，更具有在实际社会应用中的重要意义和价值，“不夜城”特色文旅项目作为中国地标性的文化创新实践，具有丰富的内涵和重要的现实意义。它以综合性和创新性为特点，为国家社会经济建设和人民美好生活的实现贡献着不可替代的力量。

■ 案例研究价值

中国地标性“不夜城”特色文旅项目在学理上的最大创新点在于其多学科、跨学科的融合性。与传统单一学科的研究不同，该项目将文化、旅游、商业、娱乐等多个学科进行融合与创新，创造出全新的视角和丰富性。首先，多学科的融合带来了更广泛的研究领域。通过将不同学科交叉结合，项目能够涵盖更广泛的领域，例如，文化研究、旅游学、商业管理学、艺术设计学等多个学科的融合，为项目提供了多样化的研究方向，丰富了学术研究内容。其次，跨学科的融合促进了学科之间的交流与合作。这种合作促进了学科间的交流与碰撞，有助于促进学科之间的互补与创新。最后，融合性的学理价值还在于项目能够拓展研究视角。由于涉及多个学科的知识与理论，该项目能够从不同角度来审视问题，提供全新的研究视角。这种跨学科的研究方法有助于打破学科壁垒，推动知识的交叉融通，从而为解决实际问题提供更全面、综合的解决方案。总体而言，中国地标性“不夜城”特色文旅项目的这种创新性研究模式使得该项目在学术研究和实践应用上都具有广泛的应用前景，不仅为学术界提供了新的研究范式，也为社会发展和文化建设带来了新的思路和机遇。

■ 案例主要内容

第一，西安盛世天街——大唐不夜城：该项目以盛唐文化为背景，采用“夜游+IP”的模式，将大唐文化与现代科技相结合，打造了一条高潮迭起的沉浸式夜游路线。在大唐不夜城，游客可以感受到古长安的繁华和热闹；夜游时间延长，构建了夜经济商圈。

第二，马鞍山长江文化标杆——长江不夜城：该项目以长江文化为特色卖点，通过立体景观形式展示长江沿线的风貌，利用裸眼3D、全息投影技术等手法，让游客充分体验长江文化，实现全身心的融入和情感交流。

第三，四川丝路文化IP——南丝绸之路不夜城：该项目以丝路文化为核心，打造了中国首个丝路文化主题沉浸式互动体验空间。通过丰富的文化表演和互动活动，再现了南丝绸之路上的旖旎风情，吸引了大量游客前来观光消费，推动了当地夜游经济的蓬勃发展。

这些特色案例充分展示了中国地标性“不夜城”特色文旅项目的创新力和创造力。“不夜城”特色文旅项目通过巧妙结合历史文化和现代科技，成功打造了多个具有影响力和吸引力的夜游项目，为中国夜游文旅市场注入了新的活力和魅力。

■ 案例适用课程

该案例适用的课程范围广泛，涵盖多个学科，特别是与文化产业管理、艺术与文化、商业结合相关的学科。以下是该项目适用的一些主要课程：

文化产业管理：该专业的课程是项目的核心，包括文化产业概论、文化创意产业管理、文化市场营销、文化企业战略管理等，旨在培养学生对文化产业的认知和管理能力。该项目将帮助学生了解文化产业发展的规划和管理原则，以及文化产业目的地的推广与开发策略。涉及项目中的艺术表现和文化体验方面，课程内容可能包括艺术市场分析、文化艺术管理与策划、文化遗产保护等。

市场营销：在项目中，市场营销策略对于吸引游客和提升项目知名度至关重要。学习市场营销课程可以帮助学生了解市场分析、推广策略、品牌建设等。

艺术与设计：考虑到项目的创意性和美学要求，该项目也适用于艺术与设计类学科的课程，可以通过对传统文化资源的学习和再利用，开发、设计新的文化产品，结合多种学科，打造艺术综合体。

以上仅是适用于该案例的一些主要课程范围，还可能涉及其他相关学科的课程，因具体项目的设置而有所不同。通过理论与实践的结合，学生将能够获得更全面的知识体系，为未来在类似领域的实践中取得成功打下坚实基础。

■ 案例思考与创新

该案例的融合性和多学科、跨学科的特点，为后续课程提供了丰富的拓展空间。在项目开发和实施的过程中，我们积累了大量有价值的案例和经验，这些资源可以为相关学科的教学提供宝贵的教材和教学内容，拓宽学生的知识面和视野。作为地标性的文化创新实践，该项目将为学生提供大量实践的机会。学生可以参与项目的策划、组织和推广，亲身体验文旅项目的运营和管理。这种社会实践经验对于学生的职业发展和个人成长具有重要意义。该项目的多元业态和创新文化模式使其成为一个综合性实践基地。学校可以将其作为实践教学的平台，开展课程实践、科研实践、社会服务等活动，为学生提供全方位的实践机会。该项目的融合性学理价值和实践经验，可以促进产学研结合。学校可以与相关产业企业合作，开展与项目相关的研究和实践，推动产学研深度融合，实现知识的转化和应用。总之，在开发计划中强调中国地标性“不夜城”特色文旅项目对后续服务更多课程和社会实践项目的作用，有助于充分发挥该项目在学术研究和实践教学中的综合优势，为学生和社会提供更多有价值的学习和发展机会。

■ 相关图片

相关图片62

中国品牌国际传播案例研究

负责人简介

赵新利，中国传媒大学广告学院院长、教授、博士研究生导师，入选国家级人才计划，国家社科基金重大项目首席专家。研究领域为国际传播、品牌传播和品牌史等。在《新闻与传播研究》《中共党史研究》等权威期刊发表多篇论文，出版《萌力量：可爱传播论》《中国品牌四十年》等专著，以及《中国品牌全球化》《品牌战略进化论》等译著。

■ 案例建设背景

本案例建设的背景主要包括三点：

第一，党中央高度重视国际传播工作。2021年5月31日，习近平总书记在中共中央政治局第三十次集体学习时强调加强国际传播能力建设，企业也要开展国际传播；2023年10月召开的全国宣传思想文化工作会议正式提出，要着力加强国际传播能力建设、促进文明交流互鉴，不断提升国家文化软实力和中华文化影响力。品牌是开展国际传播的重要抓手，是开展国际舆论工作的一把利剑。当前通过新闻舆论开展的国际传播工作遭遇瓶颈，品牌的国际传播成为重要突破口。

第二，党中央高度重视品牌事业，亟须品牌国际传播助力“世界一流企业”建设。2014 年5月10日，习近平总书记在河南考察时提出“三个转变”。2024年正值“ 三个转变”提出十周年，品牌国际传播的研究有重大现实意义。《新时代推进品牌建设的指导意见》指出要“引导品牌国际化”,《质量强国建设纲要》指出要“ 争创国内国际知名品牌”。党的十九大报告提出、党的二十大报告重申要“加快建设世界一流企业”。

第三，构建中国自主的国际传播知识体系，推动建设品牌学科。习近平总书记指出，“加快构建中国特色哲学社会科学，归根结底是建构中国自主的知识体系”。国家战略和企业品牌实践正对西方舶来品的品牌理论提出新的挑战，构建自主品牌知识体系势在必行。

■ 案例研究价值

从学理价值上看，首先，本土标杆品牌的国际传播案例研究，将对广告学、品牌学和传播学等学科研究形成有益补充。目前学界对中国品牌国际传播的案例挖掘和研究尚显不足，亟须加强。其次，通过对本土品牌国际传播实践的深度挖掘，有利于从中提炼出原创性的在地知识，促进建构中国自主的国际传播知识体系。最后，所选案例均与中华优秀传统文化、中国特色社会主义制度、中国主流价值理念密切相关，其中蕴含着丰富的学理价值。

从应用价值上看，本课题聚焦于中国品牌国际传播的成功经验与案例梳理，从中挖掘出可以借鉴的实践经验和模式方法，为当前中国品牌出海与国际传播提供智力支持。本课题在对外讲好中国故事和扩大中华文明传播力、影响力等方面同样具有应用价值。

■ 案例主要内容

在综合考虑国际传播实际成效、所有制、成立时间和行业优势的基础上，选择中国中车作为央企品牌代表，比亚迪作为民企品牌代表，TikTok（抖音海外版）作为平台品牌代表，最终形成教学型案例3个，研究型案例2篇。

一、教学型案例内容

1. 教学目标

通过对相关品牌案例进行分析，帮助学生了解重点行业和企业的品牌国际传播现状、战略策略以及成效问题，认识品牌传播与中华优秀传统文化、中国特色社会主义制度、社会主义主流价值观、品牌历史变迁之间的相互关系，增强学生的国际传播能力和国际胜任力。

2. 内容结构

（1）品牌历史变迁，如企业与品牌发展简史、业务构成、产品与品牌组合、市场销售和市场地位等。（2）中华文化、中国制度、中国价值背景下的品牌国际传播历程。（3）国际传播的战略策略，如目标市场、品牌定位、传播渠道配置、传播内容设计、传播手段与营销。

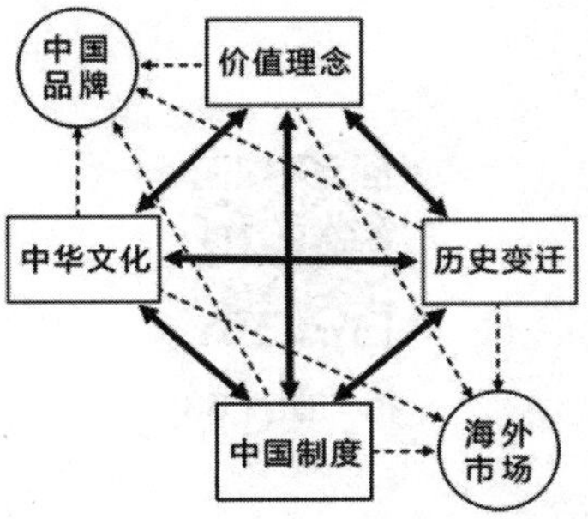

案例内容结构

二、研究型案例内容

1.研究目标

通过对中国中车、比亚迪等案例的考察，梳理中国品牌国际传播的成功经验与模式，助力中国品牌的国际传播。

2.内容结构

（1）文献综述与分析框架确定。通过文献梳理确定当前关于该案例的研究进展，确定理论切入点，形成分析框架。（2）基于历史变迁和价值理念，梳理品牌国际化概况与国际传播历程。（3）基于中华文化和中国制度，结合理论框架分析案例品牌国际传播经验、路径与模式。（4）结论与讨论。总结研究发现和案例的理论贡献与实践启示。

■ 案例适用课程

项目成果适用于广告学、品牌学、营销学和国际传播等专业相关课程，如广告学概论、战略品牌管理、国际市场营销、品牌国际传播、国际公共关系等。

■ 案例思考与创新

“不出海，就出局”已经成为中国品牌界的共识。在中国品牌出海大潮中，做好国际传播是不可或缺的关键一环，没有良好的国际传播作为支撑，品牌在国际市场上不会长久。从党和国家工作大局以及品牌一线的迫切需求出发开展研究，这正是本案例研究的出发点和落脚点。当前品牌视角的国际传播研究较为有限，本研究弥补了既有研究的不足之处，这是创新之一。本案例研究既重视品牌国际传播的一般战略策略梳理，同时也注意观照中国文化、中国制度、中国价值与品牌国际传播之间的关系，在这一视角下开展深入研究，同样具有创新性。

■ 相关图片

相关图片63

人工智能与数字艺术在国际传播中的应用：中国传媒大学“英特尔人工智能生成艺术创作实践中心”建设案例

负责人简介

王雷，中国传媒大学动画与数字学院院长、教授、博士研究生导师，著名动画导演、动画编剧，AIGC艺术家。其创作的动画作品已在近100个国际电影节、动画节中入围和获奖，其中包括中国文化艺术政府奖动漫奖等。

■ 案例建设背景

本案例是围绕“以AIGC艺术创作为桥梁与国际一流企业合作，用优秀艺术作品向世界讲好中国故事”开发的。在数字化和人工智能迅速发展的当下，AIGC技术成为文化创新、艺术创造乃至国际传播的重要工具。AIGC技术强大的表现力，为中国传统文化的创造性转化和创新性发展，提供了新的表达方式与表达工具。AIGC的加入，不仅能够提升艺术创作效率，拓展创造维度，还能赋能中国传统故事原型的现代化表达，以国际化视觉呈现提升“中国故事”的国际影响力与国际传播力。我们的目标是利用科技创新，让中国传统文化以更加生动和现代的方式呈现于世界舞台，借助国际一流企业的技术支持、硬件保障与国际化交流平台，助力中华优秀传统文化走出去。

■ 案例研究价值

案例依托中国传媒大学“英特尔人工智能生成艺术创作实践中心”，将AIGC技术应用于传播学、艺术学等相关领域，有效促进学科间的交叉融合。项目负责人及其团队与英特尔的合作为项目的有效推进提供了国际一流的技术支持和研究平台，切实加速了相关领域的技术创新与理论创新。在艺术创作应用方面，项目着重探索新技术如何为传统艺术形式赋能，尤其是如何通过技术创新来传承和发展传统动画，拓展动画创作理念，更新动画创作流程，为设计学相关领域带来新的研究方向和视角。在与人文学科结合方面，项目着力研究基于跨学科的实践与合作，旨在拓宽学科传统的研究边界，为面向未来的学术研究和实践创新提供新的路径与方法。

■ 案例主要内容

案例以王雷教授带领师生团队创作的国内首部水墨风格AIGC动画短片《龙门》为基础，以拥有自主产权的人工智能模型“墨池”为核心，依托中国传媒大学“英特尔人工智能生成艺术创作实践中心”与项目团队在AIGC方面前期的教学、科研成果，深耕中国传统艺术形式与AIGC技术的创新实践，通过“AI+”的方式创造性再现符合中华传统美学特征，具有浓郁中国特色的新时代影像作品。这些作品不仅能展示中国传统艺术的魅力，展现中国动画学派的风采，还能表现出AIGC技术在艺术创作中的巨大潜力。

案例涵盖从技术探索到艺术创作再到国际展示全过程。团队持续优化拥有自主知识产权的AIGC创作模型和英特尔技术团队共同开发适用于中华优秀传统文化创造性转化的先进技术，搭建AIGC创作新流程，以高品质的艺术创作为导向，不断提升“中国故事”的表现力与感染力。同时与国际伙伴深度合作，将这些作品带到更广阔的国际平台，切实提升“中国故事”的全球影响力。

■ 案例适用课程

作为集合了创作、研发、人才培养与技术创新的案例，本项目涵盖了数字技术、生成艺术、艺术设计、视听影像、国际传播等多个环节，从前期的创作策划，到制作阶段的内容与形式设计创新，再到后期的国际传播，全流程涉及艺术与科技创新、人文与传播结合相关的多个专业学科领域。依托中国传媒大学综合学科优势，本项目在学校广播电视、数字媒体艺术、游戏、动画领域等专业的实践教学过程中均能起到重要作用，对打造“人文为体、科技为用、艺术为法”的交叉融合高级复合型人才培养具有重要意义。

■ 案例思考与创新

作为国内首个将人工智能技术与高校数字艺术实践创作结合的建设案例，本项目将继续深化以AIGC技术推动中华优秀传统文化的创新性传播和创造性转化，创作更多厚植于中华优秀传统文化的高品质AIGC原创作品，为加强我国国际传播能力建设培养优质的后备人才队伍，为以视听作品为载体推动中华优秀传统文化出海、用中国话语向世界讲好中国故事提供有力支持。

■ 相关图片

相关图片 64

新时代文化传播系列案例

负责人简介

严威，教授，中国传媒大学经济与管理学院副院长、专业学位教育中心主任、“大数据管理与应用”国家级一流本科专业负责人。主要研究领域为媒体大数据、文化数字化等，研究成果发表在*Electronic Commerce Research*、《科研管理》等国内外管理学期刊上。主持教育部2022年主题案例项目“新时代文化传播系列案例”，多篇案例收录进中国专业学位案例库、中国管理案例共享中心案例库、中国工商管理案例库，荣获全国百篇优秀管理案例等荣誉。

■ 案例建设背景

党的二十大报告提出，要以人民为导向繁荣发展文化事业和文化产业，提炼出能够展示中华文明的精神标识和文化精髓，增强中华文明传播力和影响力。这一方面要求国内创作良好的文化作品，并围绕作品进行合理的文化引导和认知启发，建立文化自信；另一方面也需要将中国的文化产品带出国门，加强国际传播能力建设，精心构建对外话语体系，讲好中国故事，传播好中国声音，阐释好中国特色。

■ 案例研究价值

本项目选择两个目标公司——中国对外文化集团公司和中国东方演艺集团有限公司。两家公司近年来致力于文化产业发展以及中国文化的对外传播，借助现代文化理念以及数字化等技术手段构建合理的文化产品和网络，其经验和发展路径值得业内和其他相关行业学习、借鉴。

同时，本项目也希望通过对目标公司的案例撰写，引导使用者思考如何借助跨界与融合手段实现中华优秀传统文化的创造性转化和创新性发展，启发使用者理解跨文化传播情境中的文化增值策略，推动使用者了解数字化背景下文化传播的路径及如何扩展文化传播的效能，并能举一反三地运用在其他领域。

■ 案例主要内容

中国对外文化集团案例以其多年来不同舞台剧演出的

主题创作为线索，讲述集团在国际文化传播中推动文化融合和增值的路径演变。案例从舞台剧设计创作维度，将其发展分为三个阶段：第一阶段为“借船出海”，集团抓住加拿大太阳马戏团在国内寻求合作伙伴的契机，合作编排舞台剧《龙狮》，目的是学习国外文化产业模式，打开中国文化走向世界的渠道；第二阶段为“造船出海”，在集团拥有一定规模和实力后，开发《武林时空》等舞台剧，针对国外观众的特点设计文化演出产品，探索中国文化在国外本土化的适应过程；第三阶段“出口不出国”，设计《时空之旅》等演出，在国内引爆国际游客的热点，形成国际对中国文化良好的认知。

东方演艺集团案例首先让学生了解东方演艺集团打造《只此青绿》的动因，了解《只此青绿》成功出圈的原因，探讨东方演艺集团如何打造《只此青绿》文化IP，逐步实现商业价值的最大化；最后探讨，面对更多竞争的出现，东方演艺集团该如何坚守传统文化活化的道路，实现社会效益与经济效益的双赢。

■ 案例适用课程

案例适用于市场营销、文化产业管理、文化传播等课程。案例主要为MBA和EMBA开发，也可用于工商管理专业或文化产业管理专业的本科生和研究生学习。

■ 案例思考与创新

本项目在弘扬中华优秀传统文化和文化创新方面具有独特的特色和创新点。中国对外文化集团案例贴合党的二十大报告中的“文化自信”，展现了在全球化背景下，中国对外文化集团如何融合不同的文化内涵，将中国文化推向国际。东方演艺集团案例体现了习近平总书记强调的“创造性转化、创新性发展”，不仅着眼于传统文化的传承，更在于如何通过巧妙的数字化手段，使传统文化焕发新生。

■ 相关图片

相关图片65

专业学位研究生
作品研读工作坊建设

MBA前沿案例研读工作坊

负责人简介

于晗，经济学博士，中国传媒大学经济与管理学院副教授、硕士研究生导师。多年来从事西方经济学、产业经济学和传媒经济学等领域的教学与科研工作，主讲多门研究生课程“全球媒体市场”“融媒体经营管理”等。承担研究生教改项目两项。

■ 优秀成果或建设经验介绍

一、项目背景与初衷

MBA前沿案例工作坊项目设立的初衷在于帮助学生将理论知识与实际商业环境相结合，提高其解决实际问题的能力。通过深入分析真实的商业案例，学生能够更好地理解商业运作的复杂性，并锻炼自己的商业洞察力。

二、优秀成果展示

本次工作坊举办前沿案例研读分享会共10场，与会嘉宾有来自各行各业的MBA及GMB在读研究生，也有在业界有一定战绩的品牌主理人、行业翘楚，他们为我们分享的案例从久负盛名的老牌企业到强势崛起的行业新星，聚集了10个国内外不同行业的知名品牌，深入地剖析了这些企业创业的历程和成功的经验。

在案例研读与分享过程中，每一位主讲人都展现了出色的分析能力，对案例进行了深入的剖析，挖掘出了案例中隐藏的问题和挑战。在案例讨论中，现场的听众，从学生到老师都在认真地思考，并提出了许多具有创新性的观点和解决方案。这些观点不仅显示了他们的创意思维，也对解决实际问题具有参考价值。部分学生的解决方案非常具有实践价值，这不仅验证了学生的专业能力，也为他们未来的职业发展打开了更多的机会。

在案例研读的基础上，我们还组织学生撰写案例，于晗老师带领国际商务硕士陈培东和王毓淑撰写的案例《Temu抢滩美国市场：历练之智与内观之省》被中国管理共享案例中心成功收录。

序号	日期	拟研读案例题目	研读平台	主讲人
1	4月12日	抖音短视频平台的商业模式创新之路	腾讯会议	李畅
2	4月19日	约从何来？某留学服务企业销售流程困惑解析	腾讯会议	宋雅琼
3	4月26日	跳出一个新世界：顶流健身博主的诞生之路	腾讯会议	冯旭
4	5月10日	“俞公”还能“移山”吗？——“双减”新政下新东方的转型艰途	腾讯会议	琚小珅
5	5月17日	元气森林 如何让Z世代恋恋不舍	腾讯会议	吴文馨
6	5月24日	唯快不破：SHEIN数字化驱动商业飞轮	腾讯会议	李想
7	6月07日	lululemon顾客的教育家	腾讯会议	陈培东
8	6月14日	少年初心致民族匠心：花西子品牌营销创新造就“国货之光”	腾讯会议	王毓淑
9	6月21日	中国商业的底层消费观如何帮助新品牌快速崛起？	腾讯会议	孙潇

三、经验分享

本次MBA前沿案例研读工作坊的成功开展，让我们总结出如下经验：

案例选择：在案例选择上，考虑到学生的兴趣点，我们会选择当下具有话题性的企业或者人们耳熟能详的企业作为案例分析的内容。我们选择的案例具有代表性、新颖性和实际性。一个好的案例能够激发学生的学习兴趣，引发深入的讨论。

问题引导：案例主讲人和作为主持人的老师注重引导学生的思考过程，而不是直接给出答案。通过提问、讨论和反馈，我们帮助学生拓宽思路，找到问题的症结。

鼓励创新：我们鼓励学生提出创新的观点和解决方案，即使这些观点可能并不具备可操作性，有一定的局限性。但这种开放的态度有利于培养学生的创新思维和批判性思维。

■ 学生评价情况或成果推广情况

2022级MBA张华：“在前沿案例工作坊的系列讲座中，我收获颇丰。首先，讲座的组织非常用心，选取的企业案例具有典型性，它们反映了当下现实商业场景中极具代表性的问题。通过这些案例，我深刻理解了企业管理和创新的重要性，无论对于企业实际运营还是学术研究，都具有启发性。总的来说，这些讲座让我深刻认识到企业管理和创新的重要性，并激发了我对企业管理和创新的更多思考和探索。这些收获对我未来的科研和工作无疑将产生积极的影响。”

2022级宋雅琼：“作为一名MBA学生，我非常感激于晗导师组织了前沿案例工作坊项目，并举办了线上分享会。通过这些活动，我有机会与同学们一起深入研究实际商业案例，并从中学到了很多实用的知识和经验。于晗导师的指导和同学们的讨论让我对商业世界有了更深入的理解，也让我更加自信地面对未来的职业生涯。我相信这些经验将对我的学习和未来的工作产生积极的影响。我期待着参加更多这样的活动，继续学习成长。”

2022级MBA李畅：“作为MBA前沿案例研读工作坊的一名演讲者，此次的演讲经历让我十分难忘。对于我来说，准备演讲的过程也是一个学习的过程，研读案例的同时我自己也查阅了很多资料来丰富自己的知识储备。同时我的导师于晗老师为我的演讲稿及PPT提出了很多建设性的修改意见，让我的演讲内容更加丰富生动。作为抖音的用户，我通过此次的演讲与大家的交流，更加了解抖音的运营机制和商业模式。在此十分感谢我的导师于晗老师，能给我这次机会，同时也感谢参与的同学积极地参与讨论来补充我演讲的不足。希望以后还能有机会参加此类活动！”

2022级MBA王佳丽：“听过几场于晗导师主持的讲座，我听到了商业案例中实操企业家的切身经历和感受。这些案例不仅让我对感兴趣的领域有了全新的思考，更让我对如何在特定环境下取得商业成功有了启发。通过这些案例，我认识到在特定环境下取得商业成功需要关注以下几个方面：首先，要了解目标客户的需求和特点，制定针对性的商业策略；其次，要不断创新，提供个性化的商品和服务；最后，要关注市场变化和政策影响，及时调整商业策略。总之，系列分享讲座让我对特定环境下的商业成功有了更深入的认识和理解，博采众长。”

■ 相关图片

相关图片66

专业学位研究生案例作品研读工作坊

负责人简介

刘卓，教授，博士研究生导师，中国传媒大学首批“青年拔尖人才”，播音主持艺术学院创作基础部副主任，北京高等学校优秀专业课主讲教师，国家级一流本科课程负责人，国家级普通话水平测试员，中国语文现代化学会理事，北京市广播影视学会播音主持（主播）专业委员会副秘书长，主讲研究生“播音专业创作基础”“经典作品诵读”“媒介前沿”和“播音主持艺术专业教育与教学法研究”等课程。

■ 优秀成果或建设经验介绍

从2022年的专业学位研究生示范导师组项目开始，到2023年的专业学位研究生案例作品研读工作坊项目，我们始终紧密结合播音主持艺术专业教学特点，鼓励并指导研究生积极参加专业实践，让他们在实践学习中提高专业能力。

首先，通过“走出去”提升专硕学生实践水平。我们先后与学习强国、新华网、中央广播电视总台新媒体平台“云听”等主流媒体平台开展合作交流，在主流媒体为学生提供专业实践与展示的平台。其中工作坊与学习强国学习平台就共同打造大学生朗读频道、建立展演实践平台、培养艺术人才等形成具体工作思路；同时我们与学习强国开展联学联建，交流专硕人才培养工作情况，打造不同的朗读模块，探索推动“电台+强国之声+大学生朗读”的线上发展模式。在与中央广播电视总台新媒体平台“云听”合作的融媒时代演播艺术拔尖创新人才培养项目中，我们通过系统的理论与实践相结合的授课帮助学生夯实专业基础，丰富演播综合素养，了解融媒体演播的运作规律和生态图景，培养学员在演播创作实践中掌握融媒体前沿制作技术，将创意照进创作，让学生成为兼具新时代风貌、前沿技术能力与创意设计思维的复合型人才。

例如2022年，学生葛宇阳代表学校成为高校解说员，在咪咕平台参与世界杯、欧联杯相关场次解说工作，积攒了一线工作经验，实现了他将个人兴趣与播音主持艺术专业的紧密结合。2022级硕士研究生姜依含在腾讯体育《中超联赛》的主持人多轮面试中脱颖而出；2023年参加杭州亚运会相关报道；而后12月参加辽宁广播电视总台主持人大赛，获得全国总冠军。陈德楠同学参与录制的有声演播作品《雷锋》在中央广播电视总台“云听”上线，同时，其参与的多人有声剧演播作品之一《签到从捕快开始》在网端点听量超3 700万。

项目团队带领研究生们一起参加了北京文化艺术基金“融媒时代演播艺术拔尖创新人才培养”项目，在项目实践中研究生们得到了历练与成长。

此外，项目组还紧跟时代前沿，带领学生到腾讯总部学习了解人工智能语音以及数字人主持的发展现状。

■ 学生评价情况或成果推广情况

专业学位研究生案例作品研读工作坊共进行了8期，每一期都提前进行了海报宣传，并在结束后整理相关图文资料，在“学生学声汇”公众号对工作坊内容进行总结推广。

这里摘取第三期工作坊王宇红老师讲座学生反馈信息如下：

2022级播硕许泽华：“在王老师的讲座中，令我感受最深刻的是老艺术家们在今年重阳节的朗诵。在前辈的身上，我感受到他们无比珍视话筒前镜头前的创作机会，力求完美。作为一名即将毕业的研究生，我会更加珍惜毕业作品的创作机会，以文艺经典精品作为学习的明灯，向下扎根，向内探求，把作品做好做实。”

2022级播硕王燕雨：“‘点燃创作之火’是这场分享中，让我印象深刻的一句话。作品表达的原动力是情感，通过想象、直觉和感悟三点来实现。这给我的创作带来很大的帮助，让我受益匪浅。”

2022级播硕张筱：“通过分享，我对于创作的审美观有了更深刻的思考，在创作中我们不可以在镜头前陷入自我狂欢。对即将拍摄毕业作品的我们而言，要从老一辈艺术家们身上学习专业严谨的作风，严格要求自己，争取给研究生生活交上一份满意的答卷。”

2021级播硕姜宗全：“讲座当天（2023年11月7日）是齐越老师离开我们30周年的日子，我记得齐越老师在《寄语青年播音员》中说，‘（播音员要）心口如一，言行一致，不能说的是“一朵花”，做的是“豆腐渣”。’只有做一个知行合一的、纯粹的人，才能有好的作品，才能有幸福的人生。感谢老师们的教诲，这是我们受用终身的宝贵财富。”

■ 相关图片

相关图片67

融合报道案例作品研读工作坊

负责人简介

詹新惠，中国传媒大学新闻学院教授。曾在国家重点新闻网站人民网工作，参加过“两会”、党代会、奥运会、博鳌亚洲论坛、世界遗产大会等大型活动报道。讲授研究生课程“融合报道研究”“融新闻编辑实务”，出版有《网络与新媒体概论》《网络与新媒体编辑运营实务》《网络新闻写作与编辑实务》《新媒体编辑》《数据新闻报道软件工具与应用》等教材。

■ 优秀成果或建设经验介绍

项目还在进行中，到目前为止有一些成果和经验如下：

工作坊自进行以来，我们邀请了《人民日报》、中国人民解放军新闻传播中心“中国军号”、澎湃新闻、封面新闻4个业界团队来进行融合报道案例作品的交流与分享，每次在线交流都有近百人参与，大家对这种将学界与业界打通，直接交流实务课程的方式一致表示肯定。

工作坊的第一个融合报道案例《新千里江山图》在2023年11月份的中国新闻奖评选中获得融合报道一等奖。我们早在当年6月就邀请了《新千里江山图》的制作团队到校与学生面对面交流，团队3位成员不仅全面介绍了作品的制作过程、创作心得和对融合报道的思考，还与学生们积极互动，深入探讨融合报道的未来发展和新技术应用等。

工作坊将融合案例分析撰写成研究报告和论文发表到专业学术期刊上。目前，《新千里江山图》和《雪山下的熊猫村》的对话体分析文章已经被《全媒体探索实践》采用，《新千里江山图》研究类文章已经投稿《新闻与写作》杂志，所有研究文章都同步在公众号发布。

工作坊采取交流讲座与课程学习结合的方式。在本学期的“融合报道研究”课程中，每次课安排学生做1小时的presentation讲解，邀请嘉宾做1个半小时的访谈交流，最后老师做1个半小时的点评和核心内容讲授。讲、教、学的三方面融合，意在让课程从课堂走向课外，更加开放，更加深入，也更加有开拓性。

为了让教学效果更突出，我们在讲、教、学三方面融合的过程中建了一个课程微信群，采用提前准备、提前发问的方式，征集向嘉宾提出的问题。同时，我们还建立了一个有200多人参与的“融合报道案例研读工作坊交流群”，吸纳更多的高校学生、老师和业界人士加入，将访谈预告提前告知，将访谈核心内容及时分享，大家可以在群里提出问题、讨论问题。

■ 学生评价情况或成果推广情况

目前，工作坊还没有完全结束，关联课程的教学评教也还没有结果，在我们建立的“融合报道案例研读工作坊交流群”里，可以看到一些评论，截图如下：

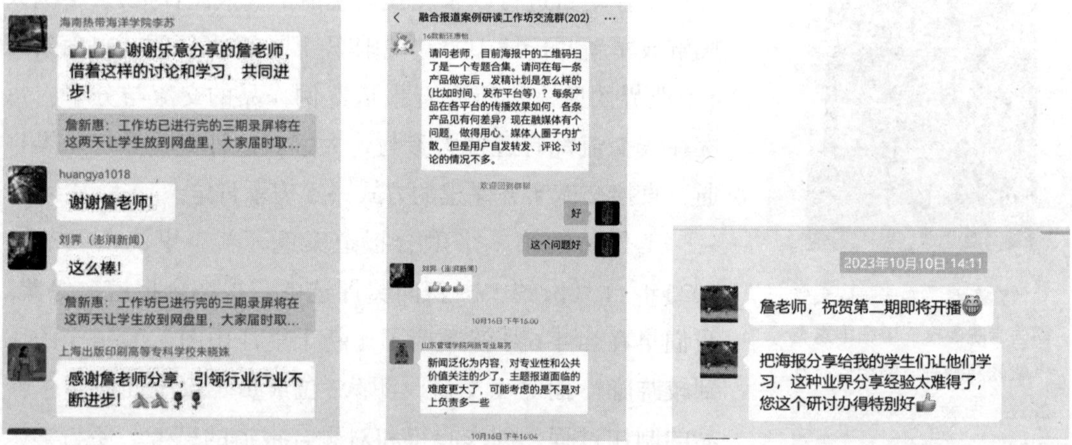

互动交流

工作坊完成后，我们将把所有案例整理成文，每一个案例形成一份分析研究报告，并与《全媒体探索实务》杂志达成合作意向，由他们登载案例分析文章。同时，我们将与《新闻与写作》杂志对接，精选优秀文章供他们选用。另外，所有案例分析文章会发布到“新媒鉴”公众号，在线上平台同步推广。

■ 相关图片

相关图片68

品牌与新媒体战略管理案例研习工作坊

负责人简介

何海明，中国传媒大学广告学院教授，中国传媒大学犨雅品牌研究院院长，传播学博士。曾在广告及营销管理岗位工作20年。担任广告学博士研究生导师、新媒体学硕导师、新闻与传播（品牌营销传播）专硕导师。讲授中国传媒大学校级通识课“新媒体创业与创新”以及“企业营销战略”等课程。曾获中国传媒大学金蔷薇优秀导师称号。

■ 优秀成果或建设经验介绍

品牌与新媒体战略管理案例研习工作坊旨在通过组织实施品牌与新媒体战略管理案例研读，加强我校品牌营销传播方向专业硕士研究生的案例分析能力和管理综合素养，积累品牌营销传播专业教学案例库，同时凝聚一批业界顶级品牌专家，提升我校品牌学科的办学优势和在社会的知名度与影响力。

基于品牌学的应用学科特色，该项目采取以案例为中心、产教融合的教学方式。项目的主要组织形式是品牌企业家亲自讲授+教师对谈导引+案例资料提供与收集+学生学习研讨。

在品牌企业家讲授方面，我们邀请天士力大健康产业投资集团品牌总监、国家广告研究院品牌专家委员会委员关键，原泸州老窖集团总裁、贵雅品牌创始人、高级经济师孙跃，汇源集团副总裁李生延，蒙牛乳业集团常温事业部市场管理中心总经理赵兴继等兼具品牌实操经验和研究能力的专家来进行授课。授课内容以贵雅、汇源、蒙牛等国内知名品牌的管理案例为导入点，授课内容涵盖品牌价值、品牌质量导向、品牌文化的构成要素、品牌文化的升级打造、产品和营销创新、品牌消费者关系管理、品牌全媒体传播与圈层传播、品牌年轻化战略等品牌理论与实践热点问题等。

在品牌案例分析和研讨方面，教师团队制定了包括企业介绍、产品分析、行业分析、品牌架构、品牌定位、消费者分析、品牌传播分析、品牌数字化营销分析、品牌诊断、品牌创新建议在内的案例分析标准。学生在企业案例导入的品牌管理真实情境下进行思考和讨论，收集相关品牌案例资料，并在线下积极开展分享和研讨，相关问题和研究发现由品牌专家进行点评。

该项目的创新性体现在：一是“实战”，不是案例的模拟分析，而是直接来自一线的品牌企业家分享、研讨和案例资料研读；二是“顶级”，用于案例分析的是国内知名品牌，讲授者是国内最优秀的一批企业家；三是“前沿”，着重分析我国品牌如何适应数字化渠道转型、品牌年轻化和国际化的挑战，呼应品牌理论和实务前沿。

■ 学生评价情况或成果推广情况

本项目通过在新闻传播学科教学中引入管理学等商科的实战案例教学方式，有效提升了学生的案例分析水平和品牌管理素养。工作坊的创新形式吸引了来自中国传媒大学广告学院、经济管理学院等学院的研究生，还有校外的品牌相关工作从业者。学生在工作坊中的讲授互动环节和分享研讨环节均有较高的参与度，对于工作坊形式和授课的实战专家给予了较高的评价，认为“授课专家多为优秀企业家”“了解了品牌实战”“案例讲解透彻”“授课内容很有启发”“学到了很多专业知识”。

工作坊学生在了解了品牌案例背景、已有经验和品牌管理战略之后，选取对标案例，进行了自主的案例资料收集和分析，提交品牌案例分析报告并进行分享。以其中的代表性作业为例，学生开展了新消费品牌在品牌联名方面的案例梳理，分析了瑞幸咖啡、喜茶、Manner咖啡、名创优品等品牌的品牌联名案例，发现不同的联名策略，总结了品牌联名对于吸引年轻消费者、提升品牌形象和品牌差异化的作用。案例报告翔实，观点明晰，能明显反映出学习成效。

工作坊的教学成果，一是有效提升了学生的案例分析水平和品牌管理素养，对于他们继续进行专业学习和就业提供了帮助；二是部分案例讨论内容和案例分析发现，反馈给教学案例的品牌企业之后，得到了企业的认可；三是积累了一批品牌教学案例，纳入品牌营销传播专业教学案例库。工作坊还在网络上进行传播，这一形式既吸引了校外学生和品牌相关工作者的参与，又吸引了一些企业家，他们愿意继续支持工作坊，产生了较好的社会效应。

■ 相关图片

相关图片69

《解码中华文化基因》案例作品研读工作坊

负责人简介

白晓晴，中国传媒大学电视学院编辑出版学系副主任、副教授、硕士生导师。担任中宣部《解码中华文化基因》视频项目总导演、光明日报《二十四节气里的中华文化》视频项目负责人，主持多项融合视听创作、融合出版与文创设计类创作项目，获评第三十二届中国新闻奖重大主题报道类三等奖、北京国际电影节短视频单元知识类一等奖等奖项。多次指导研究生参加全国大学生“互联网+”创新创业大赛与“挑战杯”大学生创业计划竞赛等比赛，获国家级、省部级奖项。

■ 优秀成果或建设经验介绍

工作坊的教学内容以电视学院文化传播相关的实践创新项目为依托，包括与中国新闻网合作的《解码中华文化基因》、福州二十四节气融视频项目等，组织学生以项目组会的形式进行案例收集、分析与分享研读，工作坊将从4月开始推进，时间为每周五晚6—8点，案例工作坊将凝结以下两套案例库成果。

一、以融媒体赏析创新课程思政模式

课程思政建设是高等教育中的重要课题。习近平总书记曾在学校思想政治理论课教师座谈会上，强调了思政教育和专业课程的有机结合，思想政治理论课改革创新“要坚持显性教育和隐性教育相统一，挖掘其他课程和教学方式中蕴含的思想政治教育资源，实现全员全程全方位育人”。本项目紧贴国家战略需求，教学团队聚焦中华文明精神标识的发掘，在实践教学中融入课程思政元素与价值引领。通过选取传播正能量、体现社会主义核心价值观的作品案例，推进课程思政与专业教育的深度融合，全面增强学生的思想认识和实操能力，能够实现课程思政与新闻传播专业教育“零距离”。

二、以优质案例学习助推文化传播创新

案例学习是完成实践创新项目的第一环节，只有对行业中的前沿案例、同题竞品进行充分的研究，才能够打开学生的视野，促进优质成果的产出。本项目围绕融媒体文化传承这一主题，充分梳理相关的案例作品，如《美术里

的中国》《新千里江山图》等，让学生通过课下观看视频案例，课上进行案例讨论和分析的反转课堂，对创作的技术技巧、文案写作、特效流程等进行拆解和学习，总结融媒体产品对文化传播进行创意创新的手段与经验。在案例学习中，教师将引导学生具备多元应用场景下多种视听元素综合表达的能力，同时引导学生以更广阔的历史视野和更深厚的文化内涵开拓创作空间，以期产生更多具有前瞻性和影响力的优秀作品。

■ 学生评价情况或教学成果推广情况

本项目聚焦融合内容生产的技术应用与生产流程，从实际内容生产情况入手，调研技术赋能内容生产的各环节、全流程，形成技术创新应用的案例库，使学生既学习如何在内容创意上实现突破，又能够对新兴媒介技术产生兴趣，围绕创作需求对新技术进行学习与探索。学生评价情况遴选如下：

2023级出版专硕张湛若："从沉浸式解谜产品到国潮文创产品，从纪录片《美术里的中国》到微视频《新千里江山图》，工作坊邀请到视听创作、文化产业等领域的学界和业界专家，对优秀前沿案例进行评析。案例研读有深度、有温度、有分量，为我们拓宽专业视野给予了重要帮助。"

2023级出版专硕无彬尔："基于'数字文化工坊'这一微信公众号平台，工作坊邀请了视听创作、文化产业等领域内的专家学者与优秀从业者对优秀案例进行深度剖析，不仅拓宽了我的视野，让我见识到了像《千里江山图》这样融前沿技术于传统文化的优秀典范，也让我从嘉宾的肺腑之言中感受到了他们的创作热情与文化自信，激励我在数字文化领域的创作热情，坚信中华优秀传统文化在数字化赋能的热潮中变得越来越'活'、愈来愈'潮'。"

2023级出版专硕刘一燃："本学期在工作坊的学习令我受益匪浅，使我对数字文化和传统文化的理解得到了深化。在多场讲座分享中，我学习了如何利用数字技术来保护和传承文化遗产，如何通过数字媒体推动社会文化的进步，以及数字文化如何影响我们的日常生活等。这些前沿知识和信息为我提供了一个全新的视角，使我深入理解了传统文化数字化创新和活化的价值。"

2022级广播电视学硕士张竞："在工作坊的各位行业先行者的精彩分享下，我不仅了解了创新传统文化的许多数字技术和知识，更把握了市场上多元行动者的不同功能与定位，为我未来的研究和择业提供了重要参考视角。"

纪录片案例研读工作坊

负责人简介

韩飞，中国传媒大学电视学院视听传播系副主任、副教授、硕士生导师。主要教学方向为纪录片领域的理论和业务课程，开设“中国纪录片发展前沿”“纪录片专题研究”“视听传播概论”等本科生课程，在高职学院开设“电视采访”“新媒体编辑”专业课程，“镜头里的中国”入选中国传媒大学通识教育核心课程。专业学位研究生教学案例《〈我们正青春〉：融媒体微纪录片对外讲好中国共产党故事》获评2022年度研究生教改项目优秀成果。

■ 优秀成果或建设经验介绍

纪录片案例研读工作坊以纪录片案例鉴赏和研析为主，涵盖纪录片放映、案例解析、主创阐述和交流研讨等内容。工作坊聚焦中国纪录片发展的若干话题，以全案分析法切入案例分析研读，旨在提升学生案例分析能力，通过“解剖一只麻雀”，解析一种模式，解决一类问题。

具体而言，纪录片案例研读工作坊在建设筹办中主要侧重以下几方面：

一、前沿性

工作坊围绕中国纪录片发展的前沿性、热点性话题展开，旨在关注时下纪录片行业的最新动态，探讨纪录片行业的前沿问题。在案例选择方面，工作坊以时新性、典型性、高质量为标准，选取时下热播的纪录片作品作为案例，并邀请相关纪录片主创走进校园，借助行业人士一手信息向学生梳理当前中国纪录片发展的新趋势，介绍纪录片创作、传播、项目运作与产业发展的新情况。

二、系统性

工作坊不是散点分享，而是具有体系性、系统性的整套课程。通过工作坊，学生能了解中国纪录片发展的现状和脉络；掌握不同媒介平台的纪录片发展的最新情况，对中国纪录片的产业现状建立认知；熟悉不同类型的纪录片创作生产与传播，培养学生对纪录片作品或项目的全案分析能力；了解中国纪录片国际传播发展动态，鼓励学生发挥纪录片的多元功能和价值，服务国家和社会发展。

三、实用性

工作坊以问题为导向，关注相关专业学生在纪录片创作中的实际问题，向学生分享一线纪录片工作者在题材选择、内容策划、叙事表达、技术创新、传播策略等环节中的经历，提供可借鉴于实际操作的经验与思考，引导学生全流程、全方位了解纪录片创作与传播，以此超越理论课堂，提升纪录片项目实践能力。同时，工作坊重在学思结合，引导学生深入思考当前中国纪录片创作的困局与破局之道，提高学生职业素养、培养创新能力与实战思维。

■ 学生评价情况或成果推广情况

纪录片案例研读工作坊向校内外学生及纪录片从业者开放，课程成果也在“中国纪录片研究中心”微信公众平台公开分享。2023年度工作坊在校内举办了9场讲座，共36课时。每次线下参与人数在100人以上，同时工作坊依托中国高等院校影视学会平台开放线上分享，累计参与人数超千人次。校内外学生、社会工作者均反响热烈，积极报名参与，与主创人员展开热烈的讨论和互动。9场讲座内容如下：

第一讲，纪录电影《看不见的顶峰》点映与创作分享。

重点内容：纪录电影《看不见的顶峰》作品研读，关注极限运动题材纪实影像的创作幕后。

邀请嘉宾：《看不见的顶峰》导演范立欣；主人公张洪、夏琼。

第二讲，大国工程类纪录片的创作与国际传播：“工”在当代，利在千秋。

重点内容：纪录片《功在当代》《大工告成》作品研读，关注大国工程类纪录片的创作与国际传播，全景式展示工程建设上的中国智慧与中国方案。

邀请嘉宾：《功在当代》《大工告成》创作团队金灵、石铁南、李文峰、袁悦。

第三讲，医学人文纪录片创作幕后。

重点内容：纪录片《心外纪事》《医者厚道》作品研读，关注医学人文纪录片创作的幕后经历，及如何用纪录片展示医学的温度和人文的调性。

邀请嘉宾：《心外纪事》制片人及《医者厚道》制片人、总导演杨丽。

第四讲，纪录电影《水让我重生》导演金行征：用影像打破对残障群体的刻板印象。

重点内容：纪录电影《水让我重生》作品研读，关注残障群体类的特殊题材拍摄的困难与挑战。

邀请嘉宾：《水让我重生》导演金行征。

第五讲，纪录片《嗨，亚运》：融合体育精神与人文之美。

重点内容：纪录片《嗨，亚运》作品研读，关注宏大主题纪录片拍摄的困难与挑战。

邀请嘉宾：《嗨，亚运》总导演陈子隽。

第六讲，纪录片《中国》第三季：沿着古老神话脉络，探求中华文化基因。

重点内容：纪录片《中国》第三季作品研读，以当代视角与中西视野剖析“何以中国”的创作幕后。

邀请嘉宾：《中国》总导演李东珅，中国社会科学院考古研究所研究员、《中国》第三季学术顾问许宏，《中国》音乐总监、作曲徐鲤，《中国》第三季动画创意导演庞子洲，绘画导演任刚、单浩翔等主创，中国传媒大学电视学院教授周文，电视学院媒体融合与传播系主任、副教授丰瑞，人文学院副教授谷疏博。

第七讲，纪录片撰稿人邓建永：让我们重返历史现场。

重点内容：历史文化类纪录片撰稿人邓建永的创作分享，探讨影像如何借助文字表达，触动人心。

邀请嘉宾：《河西走廊》《中国》撰稿邓建永。

第八讲，自然生态纪录片《我们的国家公园》放映交流。

重点内容：纪录片《我们的国家公园》作品研读，关注自然生态纪录片制作与拍摄的创作幕后。

邀请嘉宾：《我们的国家公园》创作团队总导演曾海若、总制片人胡小鹿、导演张可哲、制片人王志强。

第九讲，大型医疗纪录片《中国医生》放映交流。

重点内容：纪录片《中国医生》作品研读，关注国内首部以医护群体为主角的大型医疗纪录片的创作幕后。

邀请嘉宾：《中国医生》总导演张建珍。

■ 相关图片

相关图片 70

深度报道与人物专访案例研读工作坊

负责人简介

张龙，中国传媒大学电视学院国际新闻与传播系主任、教授、博士研究生导师，获教育部霍英东教育基金会高等院校青年教师奖、全国高校混合式教学设计创新大赛一等奖、全国高校教师教学创新大赛二等奖、北京高校教师教学创新大赛一等奖，入选北京市“青年拔尖人才”。主讲的“国际新闻理论与实务”课程入选北京高校优质本科课程重点项目。主要研究领域为国际传播、影视传播、播音主持艺术等。

■ 优秀成果或建设经验介绍

深度报道与人物专访案例研读工作坊的建设目标是积极服务创新型国家建设、密切配合我校专业学位研究生培养体系改革与建设的实施举措。工作坊充分体现了“产教融合”的专业学位研究生培养特点，通过策划组织8场内容生动、形式创新、针对性强的深度报道与人物专访视频案例研读活动，我校新闻与传播、艺术等专业学位硕士研究生可以更加深入地了解毕业作品的具体要求、创作要领，从而进一步提升专业学位硕士研究生在选题策划、采访准备、采访提问、视听叙事等方面的专业实践能力。工作坊为学生们的毕业作品创作和未来从事相关职业提供有效的助力，积极践行“讲好中国故事”的使命担当。

工作坊在运行期间，按照预期计划，高质量地完成了8场案例研读活动，邀请业内资深人士和案例主创人员，对电视深度报道《点燃理想的日子》《朱鹮：从七到九千》《“神童”的成长》《胖乎？》《传戏承心》、新媒体系列深度报道《大国来信》、人物专访《任正非：时下的华为》等案例进行了充分剖析和探讨。本项目的建设经验主要有以下三点：

第一，对标业界前沿。工作坊邀请的主讲嘉宾均为媒体行业经验丰富的资深从业者，包括中央广播电视总台新闻中心新闻评论部副主任张士峰、新闻评论部前副主任张洁、《新闻调查》栏目主持人长江，以及北京广播电视台科教频道编导蔡钰婷。这些主讲嘉宾对于当前广播电视和新媒体的前沿动态及受众关注的问题有着深入的了解，并且深度参与了工作坊所选案例的创作过程，有助于通过案例解读，引导学生对标业内前沿，理解发展动态。

第二，设计培养模块。在每一期案例工作坊，主讲嘉宾与主持人共同完成对案例的分析和研读，并将深度报道创作划分为选题策划、采访准备、现场提问、视听叙事几个方面的能力培养模块，有针对性地向学生进行讲解。例如，在研读案例《任正非：时下的华为》时，中央广播电视总台新闻中心新闻评论部副主任张士峰老师侧重讲解人物专访的准备过程，细致剖析了采访对象的选择标准和问题设计。而在研读案例《朱鹮：从七到九千》时，中央广播电视总台《新闻调查》栏目主持人长江老师则侧重讲解深度报道的选题策划、素材取舍和视听叙事策略，得到了现场学生的积极互动和反馈。

第三，创新活动形式。工作坊在形式上主要采用主讲嘉宾分享创作经验，现场学生参与提问互动的方式，有知识、有技能、有心得、有互动。这样的形式既保障了分享的专业性、为学生提供了来自一线的创作经验与实践技巧，又保持了活动的生动性，鼓励学生积极参与、认真思考，与学生的需求相结合，帮助学生更深入地掌握创作技能，并将其应用到实际项目中。此外，案例研读的过程不但重在提升学生的专业创作能力，而且关注学生的综合发展。例如，在讲解《“神童”的成长》时，工作坊专门邀请了我校心理健康教育中心的张静老师、京剧梅派传人巴特尔和他的母亲作为特邀嘉宾来到现场，就青少年心理健康问题进行专题讨论，拓展了案例研读活动的深度和广度。

■ 学生评价情况或成果推广情况

一、学生评价情况

在工作坊运行期间，学生积极参与到互动中，对于工作坊的内容设置、流程形式等进行了积极的反馈，主要总结为以下方面：

第一，互动丰富。在8期深度报道与人物专访案例研读过程中，学生就视听创作和选题策划等相关内容与主讲人、主持人进行深入交流，也有学生结合自身实践，与主讲嘉宾沟通毕业作品设想，形成了良好的互动氛围。2022级硕士研究生吕广斌表示：“我很珍惜能跟业内老师交流沟通的机会，从他们身上，我获取了很多新鲜的知识和实践经验，这些都能帮助我更好地完成视听创作，也帮助我找到了感兴趣的研究内容。”

第二，内容翔实。2022级硕士研究生陈子涵表示：“8期案例涉及身心健康、动物保护、教育理念等多个重要选题，有案例拉片解读，也有创作者现场分享，让我们看到了案例背后的构思与故事，我获益匪浅。”

第三，能力提升。通过工作坊，学生能够从嘉宾讲述和现场互动中获取一手信息、了解一线创作经验，有助于学生提升视听创作能力。2023级硕士研究生童露雅表示：

"通过分析和学习这些案例，我们能够更好地理解这些作品的创作思路、采访技巧、拍摄手法等，从而在各个方面提升自己的新闻报道能力。"

二、成果推广情况

深度报道与人物专访案例研读工作坊在运行过程中建立了体系化、流程化的活动组织与成果总结步骤，分别在前期宣传、回顾总结、案例分析三方面形成了扎实的成果，并通过新媒体手段活动进行推广，扩大活动的受益范围，提升工作坊的传播效果。

第一，预告与海报。每一期工作坊前，团队组织制作活动海报和报名通知，通过多种新媒体渠道，向学生广而告之。通知推文中会简明扼要地介绍主讲嘉宾、研读案例和活动亮点，并附有活动报名表，通过微信公众平台面向全校学生广泛传播。

第二，回顾总结。每期工作坊结束后，团队都会及时对案例研读工作坊的活动内容进行回顾总结，整理讲座笔记、现场照片，撰写要点大纲，形成图文并茂的活动回顾总结，以微信公众号推文的形式发出，帮助其他有兴趣参加工作坊的学生了解活动内容，学习创作经验。

第三，案例分析。每一期工作坊结束后，团队都会根据活动内容和讲座要点，为每个研读案例撰写约2 000字的案例分析。案例分析的主要内容包括案例简介、案例特点剖析与案例应用三部分，分别阐释案例的基本内容，以及案例在选题、叙事逻辑、视听创作、传播等角度的巧思，以便为后续新闻传播专业教学和科研工作打好基础。

■ 相关图片

相关图片 71

专业学位研究生教材建设研究

“视听觉信息应用技术”教材建设研究

负责人简介

苏志斌，信息与通信工程学院演艺工程技术系教师，视听技术与智能控制系统文化和旅游部重点实验室科研骨干，主讲研究生课程“视听觉信息应用技术”，主讲本科生课程“智能装备与系统概论”“剧场工程概论”“单片机原理与接口技术”等。曾获中国传媒大学第九届青年教师教学基本功大赛三等奖、理工学部第二届青年教师教学基本功比赛二等奖。

在教学改革方面，承担校级教改项目4项，参与省部级教改项目1项，参与其他校级教改项目3项，完成混合式线上线下教学项目3项，完成慕课建设1项，发表教改论文3篇。

■ 优秀成果或建设经验介绍

针对视听觉感知与信息处理相关教材资源匮乏的现状，“视听觉信息应用技术”教材的研究与建设目标是，补充与拓展建设现有视听觉相关课程教材，改善现有资源与出版物知识覆盖面不足，视听融合内容匮乏等现状，指导学生通过课程学习与自主阅读，全面了解视听觉的基本原理，通过实验心理学、统计分析与人工智能手段，挖掘视听信息在不同应用场合中的感知规律。本课程的教材建设，能够帮助学生系统了解人类的视听觉系统与视听功能，掌握视听觉信息研究的应用，培养学生有针对性地设计视听心理学实验；帮助学生开阔思路，激发主动探索和创新精神，培养研究生的综合能力和科学素养。本项目作为实践教材建设的前期研究任务，力求通过广泛的信息调研与资源整合，建立内容完整、题材新颖、技术前沿的教学体系；在满足高水平研究生教育的同时，能够推动和促进相关教学方法与教学组织形式的改革，构建跨学科、跨地区、跨学校的团队与学习平台，有效地支持教学资源的协作与共享。本课程建设进展与特色如下：

第一，建立了“视听觉信息应用技术”实践教学课程的教材大纲，对艺术与技术、文科与理科、视觉与听觉等领域的学科交叉与融合进行探索性实践，填补相关教材领域的空白。

第二，打造了理论、实验、实践相结合的模块化课程体系，符合专业研究生知识结构与能力培养需求。相关素材与资料库的建设，为后期进一步构建立体化教材打下基础。

第三，以研究创新为内驱传承特色，依托实验室科研项目与成果，开展以“视觉感知—听觉感知—视听关联”为主线的实践教学设计，形成8大实验体系，融入现代演艺科技最新研究进展，与学术前沿接轨，紧跟发展方向，具有学术启发性。

第四，强调本土化资源建设，激发学生探索中国文化视听感知规律的好奇心与使命感，使其更容易被学生理解和接受。

■ 学生评价情况或成果推广情况

自申请人创立“视听觉信息应用技术”研究生（选修）课程，并将其纳入专业硕士研究生培养体系以来，本课程已经过4轮课程的实践教学，选课人数逐年增加，学生需求不断扩展，教师队伍不断壮大，为课程改革提供了较好的实施基础。

从日常教学情况来看，学生全勤率高，在课堂上与教师互动良好，有思考有讨论，在教学时长内能够始终保持着较高的学习热情。在课外实践环节，学生能够积极主动参与实验设计，各小组分工明确，在组长带领下能够按时完成主观感知实验与实践。

课程改革后，多数学生认为“本课程能够学到和其他研究生课程不一样的东西”“对视听觉感知这个研究题材非常感兴趣”“每周都能接触到不一样的实验”。学生在课下会积极主动与教师交流，与教师共同研讨实验方法是否准确，如何处理与分析实验结果，以及能否获得合理的数据。

根据课程改革后的期末问卷调研，在参与作答的学生中，有50%的学生认为本课程“比较有趣，能够学到知识”，50%的学生认为“很有意思，学到了很多”。在课程环节设置评价中，100%的学生对视听觉感知实验实践环节非常喜欢，67%的学生喜欢不同教师授课的主题式教学模式，50%的学生对能够自主设计视听觉感知实验很感兴趣。课程中的视听功能原理介绍、基于SPSS的数据分析、基于MATLAB的特征提取、论文阅读、小组讨论等环节，也都得到了不同程度的来自学生的肯定。

2022年12月，本课程（项目）作为学院专硕改革优秀案例，参加了专硕人才培养改革成果系列展，受到了广泛的好评。

■ 相关图片

相关图片72

“文化产业投融资”教材建设

负责人简介

王锦慧，中国传媒大学经济与管理学院教授、硕士研究生导师，主教研究生课程有：国际投资与跨国企业管理、文化产业投融资。各门课程评教分数均在85分以上，其中研究生课程“国际投资与跨国企业管理（双语）”（2021-2022学年第一学期）评教得分99.40分。从2013年起至今指导国际商务、工商管理MBA以及传媒经济学3个专业共计29名硕士研究生。

■ 优秀成果或建设经验介绍

本次关于“文化产业投融资”的教材建设改革主要从教学内容、教学方法以及教学形式三个方面展开。在系统梳理了现有的“文化产业投融资”相关教材以及学生学习中的习惯和兴趣之后，我们对于教材课程的设置有了进一步的更新和完善。

首先，传统的投融资教材往往侧重于理论知识的传授，对于实践操作和案例分析的内容稍显不足。然而我们针对学生调研时发现，学生对于本课程中的案例分析部分更为期待。因此，在新的教学内容中，我们引入了大量的文化产业投融资的实际案例，让学生能够更加直观地理解文化产业投融资的过程以及潜在的风险。同时，我们还增加了对新兴技术和创新模式的探讨，使教学内容更加贴近实际，更具实用性。

其次，在教学方法的改革上，以往的教学方法往往以教师讲授为主，学生参与度不高。在本次教学改革中，我们采用了更多的互动式和参与式的教学方法，如小组讨论、案例分析、角色扮演等。这些方法不仅提高了学生的主动性和参与度，也使他们更加深入地理解和掌握了投融资的知识和技能。在教授文化产业融资方式创新这一章节时，老师会组织学生在自主学习后，于课堂上进行展示分享，加深学生对于文化产业投融资发展现状的深刻理解。

最后，在教学形式上，我们在原先数字化教学的基础上进行了进一步的补充和完善。在课程前，上传数字化的资源材料，供学生进行预习。在课堂中，使用交互型课件，进一步加深与师生之间的交流互动，帮助学生更好地参与课堂教学。课后使用线上题库对学生的掌握情况进行进一步跟进，并通过智能化的批改统分等方式提高了效率。

■ 学生评价情况或成果推广情况

在过往的数字化教材的使用经历中，学生反馈，数字化教材的使用主要集中在上课的过程中，内容上以基本理论为主。本课程在建设和推广过程中，一方面满足学生既有的使用体验及习惯，在课堂上的基本理论部分使用数字化教材；另一方面，积极扩充案例资源，并在课程中增加与师生之间互动交流的环节。

在内容上，学生反馈更倾向于在课堂上听到现实案例的分析，认为本次课程改革满足了学生对于获得更具有实用性且紧跟时代的案例内容的需求。在具体的章节内容设置上，学生对于文化产业投融资的现状与趋势、文化产业投融资基本理论以及文化产业融资方式创新三章的内容有强烈的兴趣。此外，针对本门课程的学习效果，学生普遍认为经过课程的系统学习，提高了自己相关的专业知识储备。

在数字化的形式上，学生对于题库、视频以及数字资料库的使用满意度较高，认为这样的形式有助于他们更便捷地巩固学习过的知识。与此同时，学生在不同阶段对于不同形式的数字化资料也有着不一样的需求。在课程中，学生对于交互型课件的使用倾向性更高。而课后，学生对于讨论区的设立有较高的使用需求。对于互动教学的设计，学生表示这样的形式能够提升对于课程的理解，但在准备过程中仍存在一定的压力。

总之，学生对于“文化产业投融资”课程的评价整体满意度较高，相较于之前的课程及教材形式，改革后的教材在富媒体化、交互化上有了更好的表现。教材建设在内容和教学形式上的改进有助于提高学生的学习效果。

■ 相关图片

相关图片73

“国际中文教育专业学位研究生用书系列教材”研究项目成果展示

负责人简介

王璐璐，中国传媒大学人文学院副教授，硕士研究生导师。研究方向为汉语语法、形式句法、词汇语义、计算语言学。主持国家社科基金一般项目1项，教育部语合中心重点项目1项，参与校级研究生案例库建设项目1项。出版专著1部，译著2部，参编教材2部，发表论文近20篇。

■ 优秀成果或建设经验介绍

本项目对国际中文教育专业学位现有教材现状和应用前景进行调研，在充分了解现有教材优缺点的基础上，结合国际中文教育行业实际需求，对标国际中文教育专业学位研究生培养方案，建设一套针对专业学位研究生培养的系列教材，以《国际中文教育中文水平等级标准》和《国际中文教师专业能力标准》为纲，设计并论证该系列教材的图书目标与定位、图书特点、目标读者，设计并确定图书结构及体例，为教材内容编写与教学设计提供基础保障。

在项目实施过程中，团队首先进行了教材概况调研，全面了解国际中文教育专业学位现有教材的整体情况，并具体分析了代表性教材的编写特点、内容形式、优点与局限性，为目标教材的选定和教材体系的建立提供基础数据支持。而后，团队针对应用前景进行调研，深入了解教材目标群体情况与潜在使用人群数量，并阐明教材在校内外的落地和推广计划，以及未来可能产生的社会效益和经济效益，以期系列教材能更加贴合市场需求。此外，通过数字化赋能调研，团队了解到现有数字化资源的利用度与局限性，并归纳出更适合未来智能时代的教学资源形式与运用方法，形成了较为完整的教材配套数字化资源开发思路，为教材的设计与编写提供必要的参考。

本项目的创新性体现在三方面：一是完善专业学位研究生培养用书，注重理论与实践结合，强调专业针对性与适用性；二是立足新标准指导教学实践，以新标准为纲，加强教材的科学性与实用性；三是立体化教材及数字化资源建设，充分利用新媒体和智能技术，打造立体化的教学场景。

项目的具体成果包括国际中文教育专业学位研究生教材调研报告、系列教材建设计划书以及教材配套的数字化资源建设计划书。通过实证调研与数据分析，形成有关现有教材的研究成果和市场需求的认识，并根据调研结果，设计出符合学科标准和实际需求的、适用于国际中文教育专业学位研究生培养的系列教材和数字化教学资源，以期为国际中文教育专业学位研究生教材的选定、设计、实施提供参考依据与开发启示。

■ 学生评价情况或成果推广情况

一、创新性和应用价值

该系列教材体现了汉语国际教育专业的专业特色，实现了汉语国际教育专业的培养目标。教材还注重教学理论与教学实践相结合，为专硕生量身打造了涵盖专业知识体系和实操业务的教材用书。该系列教材充分体现了数字化资源建设的成果，是包括多媒体课件、微课视频等的立体化教材，推进了智能教学，有利于打造立体化的教学场景。教材中的图像、音频、视频等多媒体元素能够更生动地呈现信息，帮助学生更好地理解抽象概念，从而提高学生的学习效率。教材中体现的数字化资源可以轻松地进行更新和修改，以反映最新的研究成果、实践经验和社会变化，这使得教学内容能够与时俱进。

二、社会效益和影响力

该系列教材注重教学理论和教学实践相结合，且充分体现数字化资源建设的成果，有助于现代化教学活动的开展，促进了教育现代化。该系列教材凭借其专业性、实践性和数字化相结合的特点，在汉语国际教育系列教材中具有极大的优势，切实满足了教师和学生的需求，为国际中文教育专业学位研究生提供了更多的选择。同时，该系列教材使用数字化资源辅助纸质教材，减少了对纸质资源的依赖，有助于保护环境。在数字化教学的时代背景下，该系列教材的面世，一定程度上推动了汉语国际教育专业立体化教材建设事业的发展。

三、使用反馈

从教师的角度来看，教师使用该系列教材能够最大限度地赋能于学生，提高学生的专业知识水平与教学能力。该系列教材包括多媒体课件和微课视频等，具有立体化的特征，极大地增强了师生之间以及学生之间的互动性，有利于教学活动高效和生动开展。因此，在数字化的教学背景下，该系列教材深受教师喜爱。

从学生的角度来看，相较于传统教材，该系列教材由于数字化资源的辅助，纸质文本内容少，篇幅短，有利于学生的阅读和学习。教材中含有大量与教学实践相关的内容，有利于激发学生的教学兴趣，增强学生的教学能力，推动汉语国际教育专业人才培养。同时，该系列教材中的数字化资源充分体现了对学生个性的尊重，深受学生群体的喜爱。

■ 相关图片

相关图片 74

专业学位"展演设计"研究生教材建设研究

负责人简介

刘晓希，中国传媒大学戏剧影视学院环境设计系副教授，硕士研究生导师。曾参与"集体创作""(戏剧)开放类实践创作""创作实践(联合实训基地)""定性与定量研究""论文写作指导"等多门研究生课程的教学工作。

■ 优秀成果或建设经验介绍

《"十四五"文化产业发展规划》提出"加快文化产业数字化布局"。科技赋能下的文化产业发展促使展演活动新视听、新场景、新业态加速涌现，展演活动也逐渐成为文化产业发展中的重要内容。与此同时，随着国家经济的发展和文化交流的加强，展演活动本身也需要不断地变革和创新，各种形式的展演活动不断涌现，使得展演设计的内涵与外延不断更新与发展。

《现代汉语词典》(第7版)对于"展演"的解释是"以展览为目的而演出(文艺节目等)"。

"展演(performance)"环境戏剧理论的创建者理查德·谢克纳的术语体系包含了剧场艺术在内的人类社会生活中的各种行为，他认为展演的核心是包含了观众、演员等所有在场者的"整个事件"。理查德·谢克纳在纽约大学开创了"展演学"这一学科后，"展演"所覆盖的内容逐渐从实验性的剧场演出扩展到人类社会生活的范围。

■ 学生评价情况或教学成果推广情况

通过对相关教材的内容梳理和调研分析，我们发现，受限于原有专业学科和专业课程的限制，已有教材中与"展演设计"相关的教材或学术专著主要集中在静态展览的空间表达和形式呈现的展示陈列设计，以及动态展示和文化表达的演艺演出设计。以数字媒体和AIGC为关键技术，构建现代艺术设计的理念与设计思维的教材往往专注于某个传统的专业领域，缺少针对光影空间艺术、数字艺术、舞台美术等相关设计专业学位研究生人才培养需求的教材。

本项目通过对已有相关教材内容框架的总结分析，进一步调整和完善了“展演设计”研究生教材建设的内容及思路。2023年10月28日，在北京1910龙徽艺术展览空间进行了一次关于“展演设计”研究生教材建设内容及思路的专业研讨会，我们在研讨会上与产业相关设计公司的负责人、中央美术学院等兄弟院校的专业教师进行了深入交流，并对阶段性成果进行了相应的调整。随后，2023年11月13日，在中国照明学会年会期间，我们从光环境系列教材的规划角度参加了编写组专家的研讨会，在会上探讨了“展演设计”研究生教材的阶段性研究成果在光环境系列教材中的意义和作用，并就教材的主要内容及设计思路与中国照明学会专家、相关设计公司负责人、专业院校教师进行了交流研讨。2023年11月26日，本教改项目团队的教师和部分研究生一起前往位于798的研学与展示空间，就艺术与科技人才培养的困境、展演设计的行业发展现状、全域制作的产教融合等问题进行了交流与探讨，对进一步优化和完善“展演设计”研究生教材的内容及思路有重要的帮助。

■ 相关图片

相关图片75

计算机专业研究生教材建设

负责人简介

尚文倩，博士（后），中国传媒大学计算机学院教授、博士研究生导师。多年来一直从事人工智能、自然语言处理、大数据分析、认知计算等领域的教学与科研工作，主讲“人工智能”“机器学习”“神经网络与深度学习”“自然语言处理”等课程。发表SCI/EI检索学术论文60余篇，出版著作3部。曾主持或参与国防科工委重大项目、国家自然科学基金、国家科技支撑计划、国家重点研发计划、国家博士后基金等多个项目。担任IEEE/ACIS 理事，CSII2021会议主席。曾荣获China DRM中国数字版权管理论坛突出贡献个人奖，IEEE/ACIS ICIS2019-2021国际会议突出贡献个人奖等奖项。

■ 优秀成果或建设经验介绍

教材是研究生教育的宝贵资源。高水平研究生教材是体现高校研究生教育水平的重要指标，也是高质量研究生教育的核心支撑。学校高度重视研究生教育，本着“因教施材”的原则不断优化研究生课程教材，结合高质量研究生课程建设和高水平研究生培养需求，大力开展研究生教材建设，投入专项经费，鼓励和资助教师编写优秀教材，推动优质资源共享。

基于此，本人编著了研究生教材《神经网络与深度学习》一书，该书由清华大学出版社出版，教材面向科学前沿，以神经网络与深度学习的发展历史为主线，详细介绍了神经网络与深度学习的主要算法和模型，并加入动手实践部分，让学生在掌握理论基础的同时，能动手实现相关模型与算法，培养研究生解决计算机领域复杂问题的能力，为后续的研究与开发打下坚实的基础。

该书荣获国家级实验教学示范中心联席会计算机学科组“十四五”规划教材，同时荣获全国高等学校计算机教育研究会“十四五”规划教材，全国高等学校计算机教学指导委员会推荐教材。

■ 学生评价情况或成果推广情况

本教材的推出受到了广大学生的一致好评，被他们称为“大模型学习的手头必备书”。

■ 相关图片

相关图片 76

媒体融合发展实践中的播音主持艺术

负责人简介

柴璠，中国传媒大学播音主持艺术学院教授、硕士研究生导师，讲授课程包括“广播电视播音主持”“广播播音主持艺术创作”“双语播音主持”“广播电视艺术研究”“视听作品分析”等。2015年开始参与博士生的培养工作，担任“中国播音学”“广播电视语言传播”“专业外语文献阅读”的讲授，2018年加入博士生指导工作小组，担任博导组课程教学。

获得北京高等教育教学成果奖一等奖和二等奖、“中央三台奖”优秀班主任、中国传媒大学优秀教学成果奖等。

■ 优秀成果或建设经验介绍

本教材的前期成果为《广播电视播音主持》（北京大学出版社出版）。《广播电视播音主持》立足于广播电视播音主持教学和研究的前沿，传承播音主持语言表达技巧的精粹，讲解播音主持的理论精华，阐发播音主持的创作依据，提示实践、训练的要点。本教材在夯实学生理论基础、锤炼学生表达技能的同时，力求通过密切观照当下广播电视传播的实践，洞悉媒介融合趋势下广播电视传播对播音员、主持人的新要求，为本专业的学习、训练提供应对策略。教材内容主要涉及广播电视语言表达基本理论和技巧，着重讲授新闻播音、现场报道、新闻评论等新闻形态的播音主持。教材采取理论阐释和实训技巧相结合的写作体例，基本“复原”播音主持专业教学的“大课辨析理论、小课动口实操”的模式，在写作风格上模拟课堂训练的氛围，力求使教材与授课贴合紧实，令使用者感到“身临其境”。即兴口语和非语言表达的重点阐述是这本教材的一个亮点。

本教材加印3次，被多所院校采用，师生反映良好。目前正在与北京大学出版社协商修订、更新内容，优化升级。

这本教材虽然体系完备、结构清晰、逻辑严谨、内容精良、案例经典、阐释细致、理论扎实、表达生动，但节目案例多来自广播电视媒体，播音主持带有鲜明的电子媒介技术制约下的特点，与当下数字技术推动媒体深度融合趋势下的播音主持制播链条、业务形态、表达手段、审美格调已经拉开了一段距离，因此有必要在传承基础理论、核心技巧、创作道路的基础上，遵循媒体融合的底层逻辑，观照媒介社会的现实问题，紧跟教学实践，提升专业知识和理论的维度，建设鲜活的、可持续的、具有前瞻性的教材。

■ 学生评价情况或成果推广情况

本教材预计应用于由本人负责组织并主讲的两门研究生课程“广播电视艺术研究”“播音主持业务研究”，是研究生一年级第一学期和第二学期开设的两门专业必修课。“广播电视艺术研究”是2020年秋季开设的专业学位硕士的必修课，目前完成4轮教学，“播音主持业务研究”同年春季开设，是专业硕士和学术硕士的必修课，培养方案调整前的课程名称是“广播播音主持艺术创作”，调整后课程内容囊括广播电视媒体中的播音主持业务研究。

通过4轮的教学，我收集整理了来自各种途径的课程反馈意见。

一、这门课程系统地更新和补齐了学生的知识结构

“系统性地为大家展现了硕士阶段的广播电视艺术所需的知识内容和结构，满足各位同学对于提升广播电视专业知识的需求。总的来说，本门课程对于现阶段硕士的专业技能培养是必需的，也很充分地补齐了各位同学对于专业知识的认知差距，是一门很值得大家认真学习的科目。”

“这门课程，让我更加清楚地了解了我国新闻播音的历史沿革和发展脉络，更加明确了作为一名新闻播音从业者应当担负起的责任使命和将会遇到的困难挫折，同时也学习到了如何提升新闻播音水平的专业技巧。除新闻播音外，其他不同方向的授课内容，也都提升了我对广播电视艺术的理解和认识，补充了我在各个方向的短板和盲区。总的来说，收获颇丰！”

二、课程内容丰富，实践性强，学术含量高

“本课程老师们的教学有大框架，更有小巧思。在本科的学习中，主修过关于演播空间处理、访谈节目新闻、体育新闻播音、舞台创作与实践等课程，碎片化的知识点很多，但始终没有对于知识的归纳与整理，而这门课特别难得的是让离散式的知识点有了聚合式的知识体系搭建。老师们始终不脱离实例分析理论和支撑观点，其中还有很多对关于学术理念和方法的输出，非常感谢老师们的用心和尽心。”

“教师在课堂教学的过程中采用了理论和大量实例相结合的方式。在理论方面，从主持人的角色定位到谈话技巧分析，老师用充足的理论武器武装学生思想；在举例方面，老师突出了不同主持人在谈话类节目中的不同风格，使得学生了解了目前谈话类节目的基本调性，老师在提供模板的同时，也会为学生打开新思路，有利于守正创新。”

三、教学方法灵活、得当，发挥课堂教学的创造性和风格化

“首先，通过老师的教学内容，能够感受到老师们对于所讲授内容的理解与激情，并且老师们都能通过一种循序渐进且协调的组织方式来进行呈现，老师们也会通过讲述自己的实战经验向同学们表达课堂主题。其次，老师们能很好地运用教学策略来与同学们互动，有效激发了同学们的学习兴趣，老师们所教授的内容也都是与同学们专业息息相关的。在课堂中，同学们整体参与度也很高。虽然我们是身处几十人的大课堂中，但是老师们能在把握整体教学基调的同时，针对主要内容进行细致的联系与分析，做到了主次分明。”

“四位授课老师的教学基本功扎实，教学思路清晰，在各自研究的领域能用案例积极引导我们参与课堂教学，并善于通过设置问题等场景引发我们思考，课堂气氛活跃，教学效果好。”

专业学位研究生示范导师组

基于科幻题材影视短片孵化的导师组教学创新实践和模式研发

负责人简介

马军，中国传媒大学戏剧影视学院副教授、跨媒体艺术研究中心主任。出版有专著《新瓷器》《非物之物》，在《现代传播》《当代电影》等学术刊物上发表多篇论文。参与教改项目《后现代心理学对话教学法在传媒艺术教育中的运用》。

创作的艺术作品被美国达拉斯当代艺术馆、德国罗斯托克美术馆等永久收藏。

■ 优秀成果或建设经验介绍

在此项目中，项目组将戏剧影视学院不同专业的学生，如导演、编剧、美术等组织在一起，通过设定课题目标带动教学实践，取得了一系列令人瞩目的成果，为我校研究生教学体系注入了新活力。同时，我们也在整合校内外教学资源的前提下，为专硕研究生培养模式探索出一条新路。

一是孵化出5部学生原创作品。通过导师组的创作全流程指导，发掘和培养出一批既有创作热情，又具备创新能力的学生，形成了集合导演、编剧和美术设计人才的创作团队。经过一系列淘汰机制，孵化出5部原创影视短片作品。

二是代表中国传媒大学参加世界科幻大会。原创作品《入云为安》成功入选第81届世界科幻大会。

三是参加“蓝色光标”XR大屏展映。蓝色光标的XR数字屏是亚洲最大的XR屏幕，原创作品《多巴胺漫游》被蓝色光标选中作为其XR大屏的首件发布作品。

四是入职五元文化影视公司。《女娲》组的导演同学由于表现突出，被拍出《白夜追凶》等网剧的著名影视公司五元文化影视公司录用。

总之，此项目的教学研发成功构建了成果化的教学服务模式，充分利用校内外导师组的资源，形成了较为完善的影视课程创作模式，在激发学生创作热情的同时，也切实地将学生的原创作品推向市场。接下来我们将探索更多数字化创新及与新媒体平台的合作，进一步深化、托举学生原创作品，为今后更多优秀的学生作品走向国际舞台打下基础。

■ 学生评价情况与成果推广情况

这个项目承接了上一个教改项目，两个项目总共持续了一年半时间。最初是导演、编剧、美术3个专业的学生，他们被分成10个小组，形成10部作品的雏形。经过评委筛选，有5组作品晋级，被淘汰的5组学生有两个选择：退出或者并入晋级的5个小组。最终大多数学生都选择留下，并且积极地投入创作，凝结为5个非常具有战斗力的创作团队。

项目组为学生安排了业内导师，如导演五百、刘循子墨，编剧吴霜、囧叔，美术李森、王阔，日本数字艺术家真锅大度等专门授课。学生们对校外导师专业化的指导教学表达了高度认可，他们在项目中表现出的创作激情和实践动力得到导师们的一致好评。学生们不仅体现出了自己的专业水平，也展现出了对科幻题材创作的独特理解，为今后进一步发展打下了非常好的基础。

项目中成功构建的个性化教学服务和科幻创作营模式，已经成功应用于其他相关课程，这为学校的教学体系改革注入了新思路。

项目一系列成果不仅在学校内部引起广泛关注，也在行业内产生积极影响，这有助于推动我校在科幻影视创作领域的创新实践。

■ 相关图片

相关图片77

英语笔译（影视翻译方向）专业学位研究生创新示范导师组

负责人简介

马建丽，博士，中国传媒大学外国语言文化学院教授、英语系主任，MTI英语笔译专业负责人，英国威斯敏斯特大学访问学者，中国翻译协会影视译制委员会委员，北京市翻译协会成员。主要教学研究领域为翻译理论、笔译、影视翻译与国际传播。在专业研究领域发表论文20篇，独立出版专著、教材6本，主持、参与省部级、企业横向项目26项。影视翻译经验丰富，为中国电影集团、八一电影制片厂、中央电视台、华特迪士尼公司翻译中外影视剧300多部，所译作品在全国各大院线和CCTV-1、CCTV-2、CCTV-6、CCTV-8及海外播出。2024年获得中国翻译协会“优秀中青年翻译工作者”荣誉称号。

■ 优秀成果或建设经验介绍

第一，形成全国具有创新示范性传媒特色专业硕士研究生（以下简称“专硕”）翻译人才培养模式。

依托我校“戏剧影视文学”和“新闻传播学”双一流学科优势，我校英语笔译（影视翻译方向）专硕人才培养模式在全国具有创新示范作用，是独具传媒特色的专硕人才培养模式，在国内外极具知名度和办学特色。

第二，形成学界、业界导师联合，理论、实训、实践三结合课程体系建设。

英语笔译专业人才培养紧跟国家发展战略需求和教育部研究生教育改革要求，经过三次大的改革创新后，形成目前以实践为导向的课程设置体系，并建立类型化课程群，形成学界、业界导师联合，理论、实训、实践三结合课程体系建设。学界导师在课堂理论和实践教学中担当重任，开设理论与实践课。为专硕生打好课内专业理论与实践基础。业界导师负责影视翻译实训，团队先后与涅伽达、甲骨易、萨羽环球文化传媒（北京）有限责任公司等影视翻译公司合作，对专硕生进行影视翻译实训。

第三，业界专业实践，导师带领学生共创影视翻译精品。

学界、业界导师团队联合带领学生实践，影视翻译实践成果丰硕。实训完毕，学界、业界导师带领学生进行影视翻译实践创作。2022—2023年，团队师生先后为中宣部、中国电影集团、美国迪士尼公司、腾讯视频WeTV、萨羽环球文化传媒（北京）有限责任公司、中冶东方翻译中心等单位翻译中外影视剧多部，包括《反转人生》《甄嬛传》《乘风破浪的姐姐》《披荆斩棘的哥哥》《米奇欢乐多》《博物馆奇妙夜》《神奇的迪士尼动物王国》等，均在国内外一流媒体播出，为中西影视文化国际交流做出贡献。

第四，担当使命，师生服务国家重大外译任务。

2022年团队师生共同服务联合国《生物多样性公约》第15次缔约方大会中国馆国际传播外译任务，参加北京冬奥会新闻翻译，为中宣部翻译外宣材料，为国资委翻译《企业本土化传播策略白皮书（缅甸篇）》等国家重大外译任务。团队师生都在努力为讲好中国故事、在国际上传播中国智慧、中国文化和中国价值做贡献。

第五，科研创新，打造良好科研育人环境。

团队导师成员曾主持影视翻译类国家社科项目2项，省部级项目6项。2023年，团队导师成员主持、参与3项省部级项目。科研成果反哺专硕育人指导，使专硕指导模式紧跟学术前沿发展。

■ 学生评价情况或者成果推广情况

学生评价情况：经对我校2021—2023级英语笔译（影视翻译方向）专业硕士研究生调查，他们反馈对我校英语笔译（影视翻译方向）人才培养模式、课程设置、课程体系非常满意。一致认为课程开设体系科学，课程设置比例合理，课程内容深、角度广，开设的理论和实践课以及业界实训收获满满。

推广情况：团队负责人与成员2023年先后与全国知名高校包括北京外国语大学、北京第二外国语大学、大连外国语大学、天津外国语大学、华中科技大学、武汉大学、中央民族大学、对外经贸大学等高校MTI专业硕士负责人，就我校英语笔译（影视翻译方向）人才培养模式、课程体系建设、影视翻译实践情况等方面进行交流和推广，受到了上述高校MTI专业负责人的一致好评。他们一致认为以下内容对全国开设英语笔译专业的高校具有推广和示范作用：

第一，国内首个创新性英语笔译传媒特色人才培养模式。

我校英语笔译（影视翻译方向）专业硕士研究生人才培养模式，在全国具有创新性和推广示范作用。它独具传媒特色亮点，走出了一条在全国英语笔译专业硕士研究生培养领域具有创新发展的特色人才培养模式，非常值得在全国推广。

第二，理论、实训、实践课程设置合理，比例协调。

我校英语笔译（影视翻译方向）课程体系建设，紧跟教育部研究生教育改革要求，以实践产出为导向设置课程体系，理论、实训、实践三结合课程体系建设科学合理。

第三，实践教学与业界实训无缝衔接，培养学生实践创作能力。

我校英语笔译（影视翻译方向）课程的实践教学，是由具有丰富一线影视翻译实践经验团队成员开设，课堂实践教学与业界实训无缝衔接，将一线影视翻译作品纳入影视翻译实训与实践活动中。学生经过课堂学习和业界实训后，在校期间可以直接产出影视翻译精品佳作。

第四，师生积极服务国家战略需求与社会需要。

学生在校期间，在导师团队和业界导师带领下，积极服务国家各项外宣战略需求，服务中国影视剧外译传播，以及国家官方引进外国影视剧翻译任务。在影视翻译实践中，既培养了学生影视翻译实践能力，又服务了国家与社会。

第五，影视翻译科研创新能力强。

团队成员在影视翻译科研方面成果瞩目，在国家社科项目和省部级项目、论文、教材、专著等方面，成绩喜人。

■ 相关图片

相关图片78

全媒体新闻实务第二课堂专硕导师组模式拓展与应用

负责人简介

柳帆，中国传媒大学新闻学院博士、副教授、新闻与传播专业硕士研究生导师，主讲研究生课程：作品创作、广播与音频专题研究、深度报道等。指导研究生获得“青创北京”2023年“挑战杯”首都大学生课外学术科技作品竞赛三等奖、第十四届全国大学生广告艺术大赛北京赛区二等奖等多个奖项。

■ 优秀成果或建设经验介绍

全媒体新闻实务第二课堂专硕导师组由新闻学院全媒体新闻实务方向硕士研究生导师柳帆负责，中央广播电视总台节目主持人白岩松以业界导师的形式对导师组内学生进行指导。

项目坚持“为党育人，为国育才”的使命，努力探索“一体两翼三优”的人才培养模式。“一体”主要是培养学生的综合能力，包括思想、理论、思维、交际、表达、组织等各方面的综合素质；“两翼”是针对专硕生的特点，“学术创新能力”和“实践应用能力”并重；“三优”则是着眼于未来人才评价体系，通过“第二课堂”的形式，培养“上手快、后劲足、筋骨壮”的未来传媒人才。项目立项近一年来取得优异成绩，主要建设成果如下。

一、学生实践能力加强——系列报道《两会声音》

“第二课堂”强调业界导师指导学生业务实践，旨在提升学生实践能力，提高作品质量。项目开展以来，业界导师白岩松坚持每月为学生授课，对学生作品进行问诊。其中，学生柳宇成、刘竹林于2023年全国“两会”期间在《南方都市报》参与创作系列报道《两会声音》，该系列报道通过短视频的形式向受众传递2023年全国“两会”代表的相关提案与建议，适应当下短视频时代的浪潮，以轻量化传播的方式提升信息内容的传播率及到达率。该系列报道在微博、微信公众平台、抖音短视频平台、微信视频号以及各类新闻App发布并传播，在“两会”期间引起了社会热议。

该短视频系列报道主要包括以下内容：《全国政协委员吕红兵：呼吁确立老年人公益诉讼制度》《全国政协委员甘华田：建议实行6岁以下儿童免费医疗》《政协委员刘林：建议严格把关社会事务进校园为教师减负》《全国政协委员鲁晓明：建议将年龄歧视列入法定就业歧视》《全国人大代表陈玮：需迫切明确罕见病定义，采纳学界方案落实》《全国人大代表陈玮：国家应鼓励出版优秀儿童性教育绘本》《全国人大代表陈玮：创造条件让学生躺着午睡》《全国政协委员赖明勇：应加快清理违反公平竞争的行政干预手段》《全国政协委员王先进：建议扩大西沙游轮航线，丰富旅游产品》《全国政协委员吕国泉：建议建立录用中高龄劳动者激励机制》《最高检八厅厅长：推动文物保护等领域法律设置公益诉讼条款》《政协委员谢文敏：加强对托育机构监管监督，杜绝虐童恶性事件》《全国政协委员胡剑江："双减"需要更多时间让政策与实际相适应》，总计15条，内容涉及教育、医疗、法律等多个社会热点领域。其中，《全国政协委员鲁晓明：建议将年龄歧视列入法定就业歧视》在《南方都市报》App中播放量超30万，在全网引发热议。

二、学生学术能力提升——系列学术论文产出

项目用"第二课堂"定义实践课程，旨在强调学校课堂作为第一课堂的重要性。学生通过两个课堂的学习深造，打造"理论知识+实践知识"的知识体系，学生学术能力不断提升，参加各类学术会议。学生柳宇成的论文*Research on production and Communication strategies of mainstream media mobileaudio News from the perspective of availability*：*A case study of "Xinhua FM" audio report of the 2022 Two Sessions of China*入围IAMCR2023年国际媒介与传播研究学会年会，学生刘竹林的论文《框架理论视域下北京冬奥会运动员媒介形象建构研究——以央视频冬奥会融媒体报道为例》入围第四届中国体育传播青年学者论坛，学生王哲平的论文《体教融合背景下体教类电视节目创新研究 ——以中国教育电视台〈金牌体育课〉为例》入围第六届长江中下游新闻传播学研究生学术研讨会并获得优秀论文奖。

三、开展调查研究——两部作品获奖

习近平总书记指出："调查研究是谋事之基、成事之道，没有调查就没有发言权，没有调查就没有决策权。"新闻与传播专业硕士研究生更要走出课堂，奔赴基层一线开展社会调研，做裤腿沾满泥土的新闻人。项目组学生利用课后时间走访多地，王哲平同学的社会调查报告《"情""礼"交缠，移风易俗正其时——四川凉山州婚丧礼俗治理情况调查》获得"青创北京"2023年"挑战杯"首都大学生课外学术科技作品竞赛主体赛三等奖；柳宇成、刘竹林参与的社会调查报告《"育人有道"团属新媒体视频平台影响

力提升方案——以“青春北京”为例》获得2023年“挑战杯”首都大学生课外学术科技作品竞赛“青砺基层”社会治理专项赛二等奖。

■ 学生评价情况与成果推广情况

一、学生评价良好

作为业界导师，白岩松老师坚持每个月给全媒体新闻实务方向硕士研究生上课，课程通过读书分享会、新闻业务指导、学生讨论会、作品观摩等形式进行。项目开展以来，学生积极参与课程授课与实践创作，取得优异成果。学生对项目开展效果十分满意，对校内导师和业界导师非常认可。

二、学生作品得到广泛认可

2023年全国“两会”期间，柳宇成和刘竹林同学参与《南方都市报》专题报道，除了《两会声音》外，柳宇成同学参与采编的《下沉服务网络，打通心智障碍家庭的“最后一公里”》《读懂2023年政经趋势；解读机构改革方案》等作品通过采访一线专家，为孤独症患者社会融入、国家经济发展提供了一定参考。

三、学生世界观、人生观、价值观得到升华

本项目通过理论课程指导+实践创新能力提升，引导学生走出课堂，进入社会，将理论知识运用于实践创作之中，在社会中进行历练，学生的世界观、人生观、价值观得到升华。同时，项目坚持“立德树人”的初心，坚持“德智体美劳五育并举”引导学生全面发展，学生王哲平代表中国传媒大学女子篮球队在全国比赛中获得优异成绩；柳宇成、刘竹林代表新闻学院足球队获得学校第八届九人制足球比赛冠军、第三十四届“广院杯”男子足球联赛亚军。在学校年度测评中，柳宇成获评优秀学生干部、三好学生，王哲平获评三好学生。

■ 相关图片

相关图片79

产教融合双师“互嵌”MPA专硕生示范导师组

负责人简介

王红宇，中国传媒大学中外记者交流研究中心执行主任、媒体融合与传播国家重点实验室教授、政府与公共事务学院MPA导师。曾在主流媒体工作27年，作品曾荣获“五个一”工程奖和中国新闻奖一等奖，先后荣获“国务院特殊津贴专家”、新世纪“百千万人才工程”国家级人选、全国优秀新闻工作者等荣誉称号。目前主要致力于媒体融合、公共传播、国际传播、危机沟通、舆情治理、媒介素养等领域的教学科研工作。

■ 优秀成果或建设经验介绍

一、项目介绍

按照党的二十大提出的推进产教融合、科教融合的战略思想，创新人才培养模式，在专业硕士研究生培养上注入新动能，是新时代赋予高校的新命题。人民网“领导留言板”是人民日报社专门为中央部委和地方各级党委政府主要负责同志搭建的网上群众工作平台。党的十八大以来，“领导留言板”上已有490万件来自广大群众和经营主体的留言得到各地区各部门的回复办理，大批建设性意见得到采纳，被作为全过程人民民主的一项创新实践范例，载入《中国的民主》白皮书。2022年12月，政府与公共事务学院与人民网网上群众工作部“领导留言板”签订了共建实习实践基地协议，以产教融合为主线，开启了校企合作，协同培养专硕人才的新模式。

二、项目做法和经验

产教融合双师“互嵌”MPA专硕生示范导师组，以双方共建实习实践基地为依托，以产教融合为突破点，通过MPA专硕生责任导师王红宇与人民网网上群众工作部主任、“领导留言板”负责人的业界导师杨佳，实现双导师“互嵌”式的协同培养实践应用型专硕人才，将教育链和人才链、价值链联结贯通，共建专硕人才培养新生态，创新构建双师“互嵌”人才培养模式。

主要经验包括以下四个方面：一是双师“互嵌”实践教育模式，为实现产教融合“互嵌”培养提供创新尝试；

二是构建“产教融合共同体”，探索导师组“帮带制”和“项目制”培养，助推MPA学生实习实践和就业；三是双师联动，协同育人，在产学合作、人才培养、教学科研等多方面开展合作，推进MPA教育高质量发展；四是双方协同党建共建，落实立德树人根本任务，做好新时代MPA专硕生的思想引领。

三、项目创新性

项目创新性主要体现在以下几个方面：一是落实立德树人根本任务，以产教融合为突破点，实现人才培养模式的全新升级。整合专业和行业资源，以岗位实践和社会实践为练兵场，建立全面协同的运行机制，实现人才培养模式的全新升级。二是双师“互嵌”将教育链和人才链、价值链联结贯通，协同培养实践应用型专硕人才，共建专硕人才培养新生态。三是以产教融合、校企资源双向流动为“互嵌”支撑，助推产教深度融合，实现双方的良性互动。四是瞄准多重“互嵌”目标，构建“导师组+项目”，实现课堂教学的大幅延伸；通过现场教学、体验教学的方式，大大提高教学实效。

■ 学生评价情况或成果推广情况

人民网“领导留言板”丰富的实践资源为示范导师组提供丰厚的实践土壤，目前已有10余名MPA专硕生在人民网完成了实习实践任务。2023年4月7日，MPA师生前往人民网现场教学，业界导师杨佳做了主题为《今天我们如何做记者——从“领导留言板”看媒体融合向纵深发展》的讲座。杨佳从人民网全媒体矩阵架构、“领导留言板”大事记和具体发展历程，为大家分享了人民网在全过程人民民主的生动实践当中的优秀融媒体案例，并且与在场师生进行了互动交流，上了一堂生动的实践课。以下是实习学生的实习情况和评价。

邱梦晗：2022级MPA全日制班

实习部门：人民网网上群众工作部数据组

实习感言：在人民网“领导留言板”部门的实习经历让我看到，当公众对于某个版块的留言意见呈现聚集性的趋势时，后台往往会将该类留言归纳并内化为阶段性报告，用于相关部门工作的参照。而在网上留言版块，发布的处理满意、极具代表性的案例，能够充分给予留言者对于解决此类问题的信心。这也形成了“领导留言板”模块“有回音、办实事、汇集人民建议”的案例宣传体系，体现了政府公共事务处理的成效，也避免了大规模网络舆情的发生。

吕福麟：2022级MPA全日制班

实习部门：人民网经济部

实习感言：我实习时具体承担视频剪辑、摄助等工作，策划执行了《国际珍稀动物保护日》《Intel可持续发展高峰论坛》《记者去哪儿》《平凡岗位》《记者去哪儿》《我的潮职业》《西藏光明行》等9个视频作品。实习使我拓宽了视野与认知，能让我将所学知识应用于实践，业务能力得到提升。我尤其喜欢作品发布时的成就感。

武承琦：2022级MPA全日制班

实习部门：人民网网上群众工作部运营组实习生

实习感言：实习是学习阶段重要的实践性环节之一，我来到“领导留言板”实习，是将公共管理理论与基层实践相结合的重要环节。通过在人民网实习，我加深理解并巩固了所学专业知识，进一步提高了认识问题、分析问题、解决问题的能力，把我们在学校所学的理论知识，运用到客观实际中去，使自己所学的理论知识有用武之地。在这次人民网实习中，我深深体会到了积累知识的重要性。因为部门的特殊性，我不仅要熟练地掌握office办公软件，还需要有PS、PR等基础修图、剪辑技能，这不仅需要长久以来的技能储备，更需要我们有较强的应变潜力和坚强的毅力。

刘潇：2022级MPA全日制班

实习部门：人民网网上人民群众工作部内参组实习编辑

实习感言：我实习期间参加了内参报告撰写、数据分析、内部讲座学习等工作，这些工作使我懂得了数据分析的重要性、信息分类及标签化的必要性、团队协作的重要性和社会问题的复杂性。我深感自己对社会问题了解不够深刻，未来要多听多看多读多写，提高自己的综合实践能力和报告撰写能力。

■ 相关图片

相关图片80

产教融合视角下专硕导师组培养模式研究

负责人简介

于晗，经济学博士，中国传媒大学经济与管理学院副教授，硕士研究生导师。多年来从事西方经济学、产业经济学和传媒经济学等领域的教学与科研工作，主讲多门研究生课程："全球媒体市场""融媒体经营管理"等。承担研究生教改项目两项。

■ 优秀成果或建设经验介绍

项目开展一年多来，在业界导师和学术导师的共同努力和合作下，取得了多项成果。

首先，业界导师为经济与管理学院的研究生开展实践讲座1次，参会人数200余人，取得了较好的反响。业界导师参与的研究生交流会共计5场，其中线下1场，线上4场。新生见面会3场，论文及就业指导会2场。

其次，在学校新闻网和研究生院的公众号发表"双导师"培养相关内容的新闻和经验分享文章共计3篇，将本项目的示范作用做了很好的宣传和推广。

再次，我们完成8 000余字结项报告，将产教融合视角下专硕导师组培养模式的探索过程进行了较为系统的梳理，总结出了可供参考的实施经验。

最后，参与本项目的学术导师名下的研究生人数共计24人——MBA学生20人，其中8人已经毕业；国际商务硕士4人，其中两人已毕业。部分同学对"双导师"培养模式给予了积极的评价。

对本课题从前期策划到具体实施，我们积累总结了如下几条经验：

一是在"双导师"队伍建设上，选择具有教育理想、责任心强的业界导师作为搭档。做实业界导师的身份，充分发挥业界导师的作用，让业界导师在研究生培养过程中的价值得以体现。

二是实现"双导师"共同制定研究生培养方案，一方面满足校内学术导师侧重研究生基础理论的培养，另一方面满足业界导师对研究生运营管理实践创新能力的培养。拓宽导师的指导范围，导师的指导不仅仅局限于科研，其范围可以涉及课程、论文、社会实践、就业创业等多方面。

三是在研究生毕业设计时实行“双导师”指导制。在拟定国际商务和工商管理专业研究生的毕业论文选题时，要做到课题不脱离行业的实际问题。业界导师定期来学校做交流，并提出一些行业内较为前沿或亟待解决的课题，让学生提前参与企业实际问题的思考和解决，将毕业论文和其他科研成果转化为现实的生产力。

四是业界导师参与培养的形式多元化。随着线上交流工具功能的强大，业界导师的参与方式不再局限于面对面的授课交流，其可以更多地利用在线会议、社交媒体等渠道，如在线座谈会、讲座等可以用腾讯会议，论文咨询指导可以利用微信群，使业界导师和学生能够充分利用自己的碎片时间来交流学习，起到事半功倍的效果。

■ 学生评价情况或成果推广情况

2021级国际商务硕士冯旭：“研究生阶段有幸经历了于晗老师与业界导师林立老师组成的双导师培养模式。学业内，于晗老师主要讲解专业课内容，所讲内容丰富，使我对所学专业与所学内容有了更深刻的见解与认识。导师在日常生活及学业方面也给予了充分的关心与指导，使我的学业目标及未来计划更加明确。学业外，林立老师以他丰富的从业经验、充沛的知识理论以及典型企业案例讲述了与我所学专业相关且又实际的内容，在交流环节中我们也提出自己对讲座内容、实际生活与工作中的思考与疑惑，林立老师都一一做了详细回答，使我受益匪浅。”

2021级MBA李海坤：“我认为，双导师制度的最大优势在于可以帮助我全方位地了解学术和商业的最新进展和趋势。我的第一位导师是学校的教授，专注于学术研究，他帮助我了解到最新的理论和方法，让我能够深入分析和解决问题。而我的第二位导师是一位企业高管，有着丰富的商业实践经验，他能够向我介绍最新的商业趋势和实践案例，帮助我将理论与实践相结合。”

2021级杨霁：“我认为‘双导师’培养模式，可以更好地实施创新实践能力教育，教学相长，互相促进。现有体制下的导师，大多数都直接来自一线教学和科研岗位，有着丰富的理论修养和娴熟的培养技巧，能在掌握较高理论水平的基础上，参加具体的实践活动或现场实验，是广大MBA研究生一直以来所追求的学习方式。以此为契机，更能激发他们的科研兴趣，促进创新能力、实践能力的提高。”

■ 相关图片

相关图片81

中国传媒大学与SAP（中国）MPAcc专硕生示范导师组建设

负责人简介

任锦鸾，中国传媒大学经管学部经济与管理学院教授、博士研究生导师，教育部高等学校管理科学与工程类教学指导委员会委员。长期以来从事智能媒体管理与决策、创新管理与产业变革、大数据分析和媒体运营等方面的科研和教学工作。主要讲授商务决策模拟、创新管理等课程。

■ 优秀成果或建设经验介绍

2020年中国传媒大学获批MPAcc专业硕士授权点，2021年正式招生。中国传媒大学会计硕士专业学位（Master of Professional Accounting，简称MPAcc）特色鲜明，与国家MPAcc培养要求紧密结合，同时又突出我校的传媒特色，目前设置公司治理与内部控制和大数据与商务分析两个方向。中国传媒大学MPAcc的培养既关注我国经济建设的需求，又注重与国际发展趋势的对接，同时兼顾学生学术能力和实践能力的共同提高，着重培养学生在会计与金融服务中的专业性、领导力和执行力。

我校MPAcc项目培养体系完善、师资力量雄厚、培养模式丰富。中国传媒大学与SAP(思爱普)中国（以下简称SAP）MPAcc专硕生示范导师组就是为学生培养开发出的新模式。自2008年以来，中国传媒大学经济与管理学院就开始与世界500强企业SAP开展人才联合培养。SAP是世界知名的软件开发公司，财务软件技术实力世界排名第一，近年来在大数据分析和应用、智能商务决策方面不断开拓进取。中国传媒大学经济与管理学院是最早加入SAP全球大学合作联盟的会员，首批加入 SAP公司Next-Gen孵化器计划，共同打造传媒领域的大数据分析和商务智能平台。双方在长期合作中不断创新合作模式，无缝对接为社会各界培养人才。中国传媒大学经济与管理学院在首批MPAcc业界合作导师中邀请SAP资深专家进入导师队伍，为培养学生的国际性、实践性打下了坚实的基础，提供了丰富的资源。

■ 学生评价情况或成果推广情况

中国传媒大学与SAP专硕生示范导师项目共同开发了联合培养体系，获得了一系列成果，主要包括双方共同成立联合导师组，定期召开联合培养探讨会，提升联合人才培养成效。邀请SAP资深专家走进中国传媒大学课堂，为MPAcc学生做商务数据分析、智慧财务、人工智能技术运用等讲座。MPAcc学生走进SAP北京总部，深入了解企业文化和运营。SAP为学生申请了开放课程培训和认证考试的免费账户，为学生提供了宝贵的学习资源和参加认证考试的机会，无国界地深入学习国际化课程，同时还组织学生参与国际企业经营模拟大赛，以提升学生的就业竞争力。MPAcc师生参与了由SAP CEO在中国成立的数字人才培育项目，学生们获得了免费体验SAP系列云产品课程的机会，任锦鸾教授获得了SAP全球CEO Christian Klein先生亲自颁发的数字人才培养志愿者证书。SAP组织师资技能培训给年轻教师提供了走近SAP的机会。在双方的合作互动中，项目组不断优化人才培养方案。

■ 相关图片

相关图片82

以有声读物音频创作为内容的专硕导师组培养模式开发与应用

负责人简介

曾志华，博士、中国传媒大学播音主持艺术学院教授、博士研究生导师，北京市教学名师。从事研究生教学21年，培养硕博生148人。在博士生教学中，2015年建立了“播博汇”学术沙龙研讨制度，2018年创建同名公众号。至今“播博汇”已推出300余篇原创、转载文章，在学界业界已形成良好且广泛的影响。在硕士生教学中，从2017年起，建立了“时代之音·赏析”训练环节，至今已完成70期，并获中国传媒大学第九届（2021 年）教学成果奖。

■ 优秀成果或建设经验介绍

“以有声读物音频创作为内容的专硕导师组培养模式开发与应用”，为2022中国传媒大学研究生教育教学改革专硕生示范导师组项目，于2022年3月25日获批立项，2022年6月正式启动，2023年1月结束。横跨两个学期，历时7个月，本项目圆满完成预定计划与工作。

本项目可以分作三个阶段——项目筹备阶段、项目选拔阶段、项目实施阶段。

一、项目筹备阶段（2022年6月至2022年7月）

（一）成立导师团队

项目负责人整合学界、业界资源，组织成立导师团队，并告知项目计划与目标，多次商讨实施步骤。决定以“好声音”音频创作训练营的方式，选拔招募专硕生。

导师团队成员有——

来自学界的导师：

曾志华（播音主持艺术学院博士研究生导师、硕士研究生导师）

成倍（播音主持艺术学院硕士研究生导师）

王明军（播音主持艺术学院硕士研究生导师）

赵若竹（播音主持艺术学院硕士研究生导师）

芦巍（播音主持艺术学院硕士研究生导师）

来自业界的导师：

姜峰（喜马拉雅FM副总裁、北京公司总经理、有声

书负责人）

李佳颖（喜马拉雅有声小说主播经纪中心）

张东（中央广播电视总台“云听”首席内容官、演播艺术家、高级记者、主持人）

王同（纪录片声音设计师、高级录音师、纪录片解说指导，北京沐肆洲文化发展有限公司艺术总监）

曾颖（播音名：小曾。著名演播人、制作人、配音导演，中央广播电视总台主任播音员）

2021级博士生胡子豪同学担任了项目的组织、联络工作。

（二）设计教学大纲

有声语言创作，既离不开理论学习，也离不开前人的指导与点评，更需要创作者本人的琢磨与练习。为此，导师组在对国内有声书市场深度了解的基础上，整合资源，用心设计出教学大纲和教学安排。

（1）课程以“业务讲座+经典音频赏析+实践训练听评”的形式为主。

（2）业务讲座内容，包含形体与音频创作的关系、声音和气息与音频创作的关系、有声读物创作技巧、中国音频行业概述、平台简介等。

（3）经典音频赏析，选取多媒体平台各类有声读物的经典作品，采用片段式“拉片”的方式进行赏析。

（4）实践训练听评，学生提交录制的有声读物音频，师生共同会诊、听评。

（5）课程结束后，学生需要提交完整的有声读物作品。优秀的作品可推荐至喜马拉雅、云听、听听FM等新媒体平台进行播出。

（三）选定录音篇目

2022年7月14日，导师组选定了10篇稿件为选拔录音篇目。其中包括虚构类文字6篇、非虚构类文字4篇。

（四）制作招募海报

2022年7月25日，以题为《你有一份‘好声音’训练营招募令，请查收！》公众号推文的形式分别在2020级、2021级硕士研究生班级群中投放推广。

二、项目选拔阶段（2022年7月至2022年8月）

（一）录音收集

“招募令”发出后，截至2022年7月31日，共收到27位同学的42段音频作品。其中男生17人，女生10人；2020级播硕10位，2021级播硕17位。

（二）听审选拔

导师组多位老师采取各自听评、集体合议的方式，对27位同学提交的42段音频作品进行听审选拔。2022年8月2日，训练营导师组通过线上集体听审的方式，以80分作为分数线，正式确定15位同学入选“好声音”音频创作训练营。

（三）建群开班

2022年8月8日，正式建立“好声音”训练营班级微信群。一方面进行了“好声音”训练营的相关说明，另一方面布置了暑假作业：列出收听列表，要求每人选听3—5部作品（至少涵盖3位演播人），并写出收听、评析笔记，开学后分组展示。

三、项目实施阶段（2022年9月至2023年1月）

根据教学大纲的教学安排，开展了业务讲座、经典有声书评析以及实操训练，均为交叉进行。

每一次的讲座、见习，训练营的同学都以综述的方式，记录下自己的收获。

■ 学生评价情况或成果推广情况

针对业界导师李佳颖的讲座“有声行业生态和有声主播孵化运营”，2021级播硕李奥博有如下心得体会：“作为有声读物的创作者，我们通常考虑的是怎么将作品演播好，更多涉及有声语言的技巧层面，但李佳颖老师的这节课告诉我们，创作者对平台、受众、相关机制也要做到了然于胸。从演播者的素养来看，声音语言就是有声读物的核心生产力，演播者要遵循有声语言传播规律，把握有声语言表达特点，做到有声语言表达艺术性与贴近性的统一。有声演播同其他的艺术活动一样，应该在给人们信息的同时，也要给人以美的感受，提高人们的欣赏水平。如果只是一味地迎合，千方百计地迁就一部分人的低级趣味，随意改变语言的样式，违背汉语的特质，就会造成艺术上的粗制滥造，必然为大多数听众所唾弃。同时我们要打造演播者的独特演播特质和个性，让自身立于不败之地。”

业界导师张东分享了中央广播电视总台“‘云听’的有声书创作与平台建设”，2021级播硕周泽昊听完讲座后深有感触地说：“‘好听在云听’，‘云听’抓住35岁以上的受众人群，抓住精品内容，因为内容为王是亘古不变的硬道理。同时在平台运营中主要分为三个赛道：一是有声书。因为长音频内容更有用户吸引力，而有声书演播是很难被人工智能演播替代的。二是新闻资讯为主的直播。三是知识文化历史及其他。‘云听’把握资讯、知识、文化的不同赛道特点，坚持‘高筑墙、广积粮、缓称王’的理念，随着音频市场近年来的飞速发展，在以车联网、智能穿戴、轻应用的新领域中占据了先机。”

听完学界导师芦巍的讲座“形体与音频创作的关系”之后，2020级播硕范远东说：“随着芦巍老师的口令指引，我们漫游在任意的空间、时间当中。我带着这份向往，经历过无垠的沙漠，经历过神秘森林，也经历过深邃的海洋。没有目标，没有方向，只是不断地往前走，去探索未知，去追求心中的答案。直至最后完全放空自己，我遇见了一位‘智者’，我看不清他的面庞，但又觉得他是如此清晰。我问他，‘我该往哪走？’他送给我一个锦囊，里面写着‘器识为先，文艺其从；立德立言，无问西’。我想，我的答案找到了，短暂的迷茫、焦虑不要紧，稳住心神，调整状态，重新出发！”

■ 相关图片

相关图片83

“项目—导师组”牵引下提高专业学位研究生培养质量：以“城市空间文化项目策划与运营”教学为例

负责人简介

杨剑飞，中国传媒大学文化产业管理学院文化产业管理系主任、副研究员、硕士研究生导师，泰国格乐大学艺术学博士研究生导师，兼任中国教育国际交流协会教育与文创分会副秘书长。为研究生开设专业英语、国际文化产业、文化产业项目策划与实践等课程。

■ 优秀成果或建设经验介绍

本项目秉承“毕业论文是对设计作品的学术阐释”的基本理念，探索在“作品设计”中领悟和落实“学术”的专硕培养机制。在执行中，我们依托“项目制”和“双导师制”来形成更加聚焦的研究内容，通过强化业界导师与学术导师在专硕导师组中的双主体地位，带领学生以做项目的形式完成知识的学习和经验的积累。同时，本项目能为专硕生毕业作品和学位论文写作提供有效的方法论和实战经验。

一是“以项目研究”聚焦师生指导关系。本项目尝试进一步优化导师与学生关系，以实际的研究项目为载体重新建构硕士生与指导老师、业界专家的关系，即基于共同的研究爱好，以项目制来强化学生与导师之间的科研联系与合作；同时通过校内外导师联合的项目研发，确保两位导师的优势资源在学生指导中能真正发挥作用。

二是强化学生实践能力的全过程培养。将学生科研选题设定前置，以“项目”为平台，以学位论文为衡量指标开展有针对性的全过程育人。在项目执行过程中，高度重视“项目实操”对于专硕生“发现问题、分析问题、解决问题”的能力培养，将项目的研究步骤融入论文写作的框架中，形成一明（项目策划与实施）一暗（论文架构与写作）两条线索，积极探索“项目前期研究vs课程学习”“项目调研vs专业实践”“项目分析vs论文选题”“项目写作vs论文撰写”“项目汇报vs论文答辩”的双轨运行，实现“科研能力培养”与“理论学习”的并轨运行。在专业基础课程学习、项目关联性课程学习、导师日常科研指导、专业实践、论文写作与毕业设计以及就业全流程发挥双导师的作用。

■ 学生评价情况或成果推广情况

学生对于本项目的指导和训练方式给予了高度评价。学生的部分评价内容如下：

胡蕴文（2021级文化项目策划与创意设计专硕）：“老师们安排专门的课程传授我们如何撰写规划案，如何进行项目管理。业界导师结合以前的案例进行财务分析和投资概算内容的教学，让我收获匪浅，弥补了自身的短板。”

陈思颖（2021级文化项目策划与创意设计专硕）：“这门课以校内导师教授理论知识加校外导师给予行业帮助的形式进行，让我们能够更深刻地体会到实际运营一个以书店为核心的文化空间需要从哪些方面入手考量，对于以后从事相关工作提供了一定的经验。此外，组内同学在一次次课程中所提出的创意想法让我们彼此学习成长，收益颇多。”

郭小蕙（2021级文化项目策划与创意设计专硕）：“对于不同学生的思路和方法，老师都给予了肯定和鼓励，并指出不同思路中的局限性。在写具体方案时，一旦牵扯到是否能够落地实施，双导师机制就能发挥很大的作用，我们的企业项目导师能够精准发现每个项目中不合理之处，会帮助我们在写策划案时，从细节出发，精准落地。”

高歌（2021级文化项目策划与创意设计专硕）：“非常感谢老师循循善诱的讲课方式，使我一步一步地打开研究视野，丰富了我的人文见识；也同样感谢老师认真严格的治学态度，让我明白书写一份面面俱到的策划案需要如何努力锻炼自己条理清晰的逻辑思维能力。”

房钊辉（2021级文化项目策划与创意设计专硕）：“虽然参与项目策划的过程是辛苦的，但是看到最后手中的那份策划书，就觉得甘之如饴，这些成果是老师和同学们共同付出的结果。这段辛苦却美好的时光，是我研究生学习阶段的一份宝贵财富。”

■ 相关图片

相关图片84

“外语”+“传媒”的国际传播人才联合培养模式探究

负责人简介

段然，中国传媒大学外国语言文化学院翻译硕士专业学位日语传媒口译方向负责人。研究方向：翻译理论与实践、日语教育。承担专业方向必修课“翻译概论”“传媒笔译”“交替传译”等教学。指导研究生获第一届全国高校日语专业用日语讲好中国故事微视频大赛一等奖，2022年北京市普通高校优秀本科毕业设计（论文）优秀指导教师，多次获CATTI杯全国翻译大赛优秀指导教师奖等。出版专著《日本大众文化》等，主持或参与项目10余项，发表学术论文多篇。

■ 优秀成果或建设经验介绍

本导师组的成员分别来自：活跃在口译一线、具有丰富实践经验的口译员，为学生提供丰富实践创新活动的中央广播电视总台亚非中心日语部专家，以及承担本实践研究的理论指导、合作对人才培养创新模式进行研究的北京师范大学日语教育教学研究所专家。

经过一年的项目建设周期，本导师组在课程建设、学生活动、学位论文等专硕生培养的多个环节中进行了深入合作，取得了丰富的实践成果。

一、联合授课——增添一线实战元素

为创造更多机会切实提升学生的专业实践能力，我们在对学生实践能力提升比较重要的“同声传译”课程中，将一线口译员引入课堂，实现了校内责任导师与校外业界导师的联合授课，提升校内课堂的实战临场感。校外业界导师在授课过程中，在培养研究生树立正确的翻译观、职业观以及熟练的口译技能技巧方面，起到了很好的示范作用；我们引进了最新的一手翻译素材，激发了学生学习的兴趣和积极性；课上、课后的频繁互动，使学生与业界导师建立了深厚的感情。

除收获到良好的教学效果外，我们在联合授课的过程中，也注意对教学资源的整理，邀请我专业日语外教作为教学助手，进行课堂观察，全程留痕。日本外教浅野美加毕业于日语教育专业，她的课堂观察记录非常专业，除教学内容外，她还对教学手段、师生互动、学生反馈等方面

进行了细致记录，为导师团队下一轮教学方面的合作打下了很好的基础。

二、学生活动——以国际传播为中心

在实现外语与传播结合的特色人才培养模式建设方面，中央广播电视总台亚非中心日语部专家发挥了重要作用。除该专家本人外，日语部的多位业务骨干也为我专业学生举办了多场基于国际传播一线实践经验的报告、讲座，开阔了学生视野，加深了学生对传媒领域以及两国文化理解的认识。每次讲座结束后，学生都能积极踊跃地与专家交流，学习效果显著。

此外，该专家非常支持团队“外语”+“传媒”的国际传播人才联合培养模式的尝试，参与了学生开题等专硕生学位论文环节。正是由于她的参与，学生中有多人将毕业翻译作品选定在国际新闻、发布会等传媒领域，学生的毕业论文也围绕上述领域的实践经验撰写了翻译实践报告。

三、理论同行——全面提升实践成果

在本培养模式实践创新过程中，团队多次拜访北京师范大学日语教育专家，为创新实践寻求理论提升。在这一过程中，我们收到了专家们很多切实有效的建议，提升了实践成果的质量。我们双方基于培养模式创新实践的合作研究正在进行中。

■ 学生评价情况或成果推广情况

一、课程实践成果

通过学习联合授课的课程，学生接触了更多来自一线的资讯和资料，课程训练环节的实践效果显著提升。同时，新鲜的语料让学生的结课作业等实践成果的形式更丰富了，完成度更高了。

二、提升国际传播认识方面的成果

在倾听中央广播电视总台亚非中心日语部开设的各讲座后，我们利用业余时间组织学生进行线上或线下的反思交流，加深了对国际传播的认识。

三、毕业作品及毕业论文

由于业界专家深度参与毕业论文环节，学生中有多人将毕业翻译作品和毕业论文选定在国际新闻、发布会等传媒领域。学生利用开题等契机与专家进行交流，提升了自身成果的专业性。

四、比赛获奖

学生中多人在CATTI杯全国翻译大赛中取得优异成绩，学生实践能力的提升也是本项目的又一成果。

■ 相关图片

相关图片85

播音主持艺术专硕导师联合指导模式创新

负责人简介

刘卓，教授，博士研究生导师，中国传媒大学首批“青年拔尖人才”，播音主持艺术学院创作基础部副主任，北京高等学校优秀专业课主讲教师，国家级一流本科课程负责人，国家级普通话水平测试员，中国语文现代化学会理事，北京市广播影视学会播音主持（主播）专业委员会副秘书长，主讲研究生“播音专业创作基础”“经典作品诵读”“媒介前沿”和“播音主持艺术专业教育与教学法研究”等课程。

■ 优秀成果或建设经验介绍

项目组紧密围绕“立德树人、为党育人、为国育才”的高校教育工作要求，由“双师型”导师组带头，全员、全程、全方位锻炼专硕学生实践水平，扩宽其对业界认知视野，助力业务能力提升。责任导师和业界导师充分利用学界和业界资源共同打造培养学生，实现“产、学、研、用”的有机结合。

首先，以“项目”带“教学”，重视团队学习与学生实践运用。播音主持硕士专业学位授权点所属的导师组与主流媒体合作，以“项目”带“教学”，对“双导师组制”的实施进行了积极探索。业界导师主要负责培养学生的实践和应用能力，带领专硕学生参与业界实践项目，帮助学生将所学转化为生产力，尽快适应一线媒体行业需求。

其次，“走出去”和“请进来”相结合，消除学界培养与业界生产实践间的隔阂。一是通过“请进来”创新联合培养工作模式邀请播音名家担任艺术指导，入校面对面指导学生。二是通过“走出去”提升专硕学生业界实践水平。在导师组指导下，学生们以视听传播的方式将文字实录进行艺术化再创造、再传播，在实践中不断提升专硕学生业界实践水平。

三是“线上”和“线下”相结合，打造媒介前沿实践指导工作坊。导师组采用本院录制的慕课线上资源用作理论指导，将理论课程内容与导师组实训小课内容进行对接，保障理论知识与业务实践的统一性与连贯性，有效保障专硕学生的业务实训时长，加强播音主持业务训练。同时辅以业界导师课程工作坊的形式线下讨论媒介前沿的业务技能，帮助专硕学生掌握一线媒介实务工作技巧。

四是“集中实践”和“分段实践”相结合，根据学生特质制定专属培养目标。采取“一对多”集中实践教学和“一对一”分段实践指导。导师组经过宏观把控，总结课程教学内容的共性实践经验，由导师组带领专硕同学有针对性地开展集中实践指导。

■ 学生评价情况或成果推广情况

为了能够更深刻地了解健康类访谈节目的全媒体生产流程，专硕学生在导师组的帮助下加入新华网《新华大健康》制作团队中实地考察实践，作为直播访谈节目的实习主持人持续参与节目的直播。《新华大健康》是以“传播健康资讯，服务百姓生活”为主旨的一档医疗健康类视频访谈节目。节目主要是以1V2或1V3的圆桌访谈模式为主，主持人与被采访者的访谈环节是节目的主要组成部分。节目内容为演播室内的主持人访谈两位医生专家，并在会话中使用相应策略以推动节目进程。在节目形态上，采取线下、线上相结合的访谈形式；在语篇结构上，以开门见山的方式进入该期节目主题，并在话轮的转换中与被采访者进行实时互动；在提问的问题设置上，采取问题群的设置模式。在整个访谈过程中，主持人需要根据具体情况使用不同的会话策略。

通过与节目编导、导播、前辈主持人的沟通与学习，学生深入地了解了健康节目信息生产的流程、节目制作的理念，以及现场直播节目制作的全过程。具体来看，在节目制作及直播的前中后期，主持人除了精准把控、设置问题群，掌握环环相扣的问题逻辑关联，以及合理运用提问、追问、打断、反馈等会话策略外，还要留意语态的把握、交流感的运用、镜头的找寻、肢体的动作等方面的问题。俗话说：“光说不练假把式”，当学生自己真正上场直播时，他们才能真正体会到其中的不易。从演播室内主持人与嘉宾、网友互动交流时具体的语流、语态，再到两小时一场直播零失误的平稳心态，学生在实践中不断拓宽对视频访谈节目的认知深度与业务实践技能。总体来看，通过业界实践，在“外”与“内”的创作过程中，学生逐步提高了实践创作能力。同时也深刻地认识到，主持人处在媒介信息传递的前端，不仅是节目的串联者、事实的传递者，还是仪式的建构者、价值的引领者，他们在媒介形象构建、话语构造与表达、价值引导等方面起着重要作用。

■ 相关图片

相关图片86

基于电影工业化全流程的跨专业教学团队建设与模式研发

负责人简介

马军，中国传媒大学戏剧影视学院副教授、跨媒体艺术研究中心主任。出版有专著《新瓷器》《非物之物》，在《现代传播》《当代电影》等学术刊物上发表多篇论文。参与教改项目《后现代心理学对话教学法在传媒艺术教育中的运用》。

创作的艺术作品被美国达拉斯当代艺术馆、德国罗斯托克美术馆等永久收藏。

■ 优秀成果或建设经验介绍

本项目旨在促进跨专业实践、跨学科协作和工业化全流程教学团队建设，在专业实践方面有比较扎实的推进，在理论观点和研究方法上也取得了显著的成果，为专硕研究生人才培养提供了独特的经验。

该项目在课程设置上以商业化科幻选题为依据，通过邀请业界专业人士，包括导演、美术指导、科幻作家等，形成一支多元化的教学团队，使学生可以得到一线的创作经验和信息，开阔其专业视野，激发其创新思维。

在研究方法上，我提出了基于电影工业化全流程的教学思路，采用多种研究方法，通过观摩影视剧实际拍摄的工业化流程、剧本分析、科幻讲座、影视美术案例讲解等，思考各专业之间如何建立密切的创作联系，如何建立相互激发、相互促进的创新机制，使学生初步建立工业化的专业意识，以促进科研成果的转化为动力，反推项目制教学模式和跨学科课程的研发。

一是建立校内导师推荐制，由导演、编剧、美术专业的导师推荐专硕研究生，包括部分高年级本科生（其中包括部分已经保送研究生的毕业班学生）组成项目团队。

二是根据五元文化影视公司设定的一个商业科幻选题发布项目任务。

三是学生团队自由组合，形成10个剧本组，由五元文化影视公司负责科幻剧本创作的剧本总监定期授课。在规定时间内，学生须创作出10个科幻原创剧本，内容包括故事梗概、人物设定、世界观建构、主要美术场景设计等。

四是由校内外导师组成的专家团听取10个团队的汇

报，最终评选出5个作品晋级到下一个阶段。

本项目的意义在于校内外导师和学生团队共同推动项目前进，每一个阶段性成果可以看作是下一个阶段项目发展的开始，导师组的老师们在项目进行中时刻把握未来的发展方向、项目的延续性，以及如何更好地将项目成果推举到可以进一步商业化的领域。因此，此项目的目的不仅在于跨学科的整合，更在于影视工业化全流程的实践和创作成果的孵化，这为专硕研究生的培养总结了宝贵的教学经验，也为专硕生综合素养的提升提供了一条可行的路径。

■ 学生评价情况或成果推广情况

一、学生评价：独特的实践体验

首先，项目构建了跨学科的教学团队，学生表示这种团队的多元性让他们能够从不同专业领域获得启发，拓宽了视野。业界专业人士的指导，尤其是青年导演和知名校友的直接经验传授，让学生深刻理解了影视工业化全流程的工作模式和创作背景。

其次，小组搭建有助于学生充分发挥各自的专长。导演、编剧、美术等职位的分工不仅锻炼了学生的团队协作能力，更让他们感受到了一个完整创作团队的氛围。

最重要的是，学生在实践中切实感受到了理论观点的深度整合，对行业发展也有了更全面的认识。

二、成果推广：引领全新的教学模式

首先，项目的跨学科特点和小组搭建经验可以成为其他专业课程的借鉴。构建多元教学团队，吸引业界专业人士参与，可以为其他领域的教学注入新的活力。同时，小组分工的模式也可在其他实践性课程中推广，培养学生的协作和专业技能。

其次，项目的理论观点整合经验对于其他艺术与科技类课程也具有普适性。将实践与理论相结合，引导学生思考行业发展趋势和理论原理，这种整合模式可为其他专业的教学提供范本。这不仅有助于提升学生的综合素养，也能够推动相关领域的学术研究和实践发展。

最后，项目的学术成果和社会影响可通过更广泛的渠道进行推广，将教学成果进一步转化为实际的可以商业化的成果，形成更为广泛的合作空间，推动专硕教学改革的创新发展。

■ 相关图片

相关图片87

产学如何经由课堂结合
——“融合出版课程体系研发与实践”项目阐析

负责人简介

赵丽华，中国传媒大学传播研究院（编辑出版专业）硕士研究生导师，副编审。长期从事编辑出版实务、教学和科研工作，研究方向为数字出版、阅读理论、大学出版等。北京大学硕士、博士，中国传媒大学博士后，美国俄亥俄州立大学传播学院访问学者。发表论文《话语与实践：罗杰·夏蒂埃对阅读研究理论框架的探索》《出版学视域下的阅读理论结构》等20余篇，人大复印资料全文转载4篇，获评中华优秀出版物“出版科研论文奖”。出版著作《民国官营体制与话语空间——〈中央日报〉副刊研究（1928—1949）》《大学精神与大学出版——民国中央大学“学人办刊”研究》等。

■ 优秀成果或建设经验介绍

融合出版课程体系研发与实践，获评2022年中国传媒大学教学改革优秀项目。

项目孵化的学生作品发表于《青年记者》《编辑之友》等杂志。

项目成果整理于传播研究院出版专硕年度作品集《编舟·初心》和《编舟·启航》中。

学生项目“乡村振兴背景下区县文化旅游发展路径调查研究——以丽江纳西族传统歌舞文旅表演现状为例”“乡村视障儿童阅读调研与出版改进策略”获得中国传媒大学传播研究院“大地传媒坊”项目资助。

“融合出版课程体系研发与实践”“编辑出版流程实践课程建设”项目以出版专业硕士研究生核心课“编辑出版流程”为依托，以数字出版实验室为实践平台，与喜马拉雅、北京大学出版社、高等教育出版社、中国青年报报业集团的一线骨干编辑通力合作，通过课程模块分解、学界业界联动、具体项目带动、学生分组操作等有效模式，推动融合出版课程体系的研发与实践工作，充分利用融合出版技术，推出形态丰富、引领行业创新的跨媒介融合出版作品。

我们从业界一线骨干中寻找项目组指导老师，他们在内容融合生产、制作、传播的第一线，能给予学生非常有效的指导。

我们从融合出版的各种可能形态出发，寻找项目组指导老师，包括有声出版、视频化出版、教育在线出版、游戏化出版、传统纸质出版等，这样搭建的指导组比较全面，也比较前沿。

基于出版的全流程展开分解、分步指导。把出版的流程分解为策划—选题报告—项目论证—约稿—合同—审稿—装帧设计—营销推广—项目复盘思考等环节，并由指导组进行全流程指导。在策划、选题报告、项目论证等前期阶段，指导组倾注更多的精力，给予及时有效的指导，这对整个项目的成功孵化是非常重要的。

■ 学生评价情况或成果推广情况

一、走进融合出版前沿：董曦阳老师讲座回顾

2022年12月6日上午，我们有幸请到了喜马拉雅出版部门（天地喜马）的总编辑董曦阳老师分享融合出版的前沿信息。

首先，董老师就喜马拉雅、天地出版社概况做了简要介绍。目前，喜马拉雅已建立起丰富而多元的内容生态，如人文历史、国学创新等多条产品线，涉及门类非常全，近似一个有声“淘宝”；天地出版社为新华文轩旗下的全资综合性出版社，主要出版社科、文学、少儿读物，渠道体系立体多元。随后，董老师进一步介绍了天喜文化及其定位。天喜文化是由天地出版社和喜马拉雅共同投资成立的新型融媒体出版公司，以融合出版为发展定位。目前员工规模约为30人。组织架构上分总编室、财务部两个职能部门，及社科、文学、少儿三个中心，另有新媒体中心，主要负责营销。天喜文化2022年1—11月生产码洋约9 000万元，每月平均800—1 000万元，预计全年1亿元生产码洋，与去年持平。目前天喜的重点产品TOP10皆为市场书，销量20万册1本，销量5万册以上有7本。其中，《小亮老师博物课》《张其成讲易经》为融合出版图书，据喜马拉雅课程内容转换而来。可以说，社科方面的头部产品，如《汴京之围》《小亮老师博物课》等，支撑了很大部分的码洋。

董老师谈到，受大环境影响，2022年出版业遭遇了许多困难。针对困难及渠道变化，董老师通过几个实际的营销案例来讲述出版机构的具体应对策略。一是与抖音电商、读书博主合作。如《盛世的崩塌》通过东方甄选平台，及“吴主任”“老柴说”等博主推广营销；《小亮老师的博物课》则依靠作者张辰亮抖音带货，引发流量外溢，成为融合出版爆款产品。二是小红书营销，目前公众号销量转化率有限，小红书集聚优质读者，转化率值得期待。如天喜出品的《弃长安》一书，营销人员联系200多名小红书博主进行新产品的展示，发布读书笔记等，效果显著；在业界，果麦特别善于利用小红

书和B站打造爆款。此外，小红书营销讲求“颜值正义”，颜值高的图书，获得展示的概率更大，可见做市场书须把关图书的装帧设计，同时编辑自身的审美也须提高。三是众筹的营销方式。近年将图书作为一种“奢侈品”的趋势越来越明显，例如人文社《三国演义》纪念版特装本众筹金额为两百多万，《打开故宫》《戴敦邦话说红楼》等在摩点达成百万级众筹金额。董老师谈到，众筹的营销方式整体流程长，较烦琐，但优点在于折扣由出版社定，回款快；众筹方案很重要，如赠品的设计、特装本前后勒口的设计等细节要到位，后续发货等问题都须及时解决。四是特装本的尝试。近年甲骨文团队掀起特装本的风潮，译林、理想国等都有出特装本，天喜文化今年出了《汴京之围》特装本，市场效果较好。

讲座的尾声，董老师结合业界经验，向我们分享了他多年做书的感悟与思考。首先，做书需要有产品线策略，坚持一个领域，精耕细作，形成品牌。其次，如今互联网加速图书销售，销售周期变短，对出版社来说，爆款需求越来越大。当下的爆款逻辑即“赢者通吃，带动销售”。三是成本控制要做好。近年随着网络书店的折扣越来越低，对成本控制的要求逐渐严格。降低成本、提升效率的意识须增强。四是营销驱动。新媒体、众筹、特装，百花齐放。媒体虽不断更新，但内容依然是本质，我们需要将图书内容转化为新媒体需要的内容，进行内容引流。总体而言，目前图书有“品牌化”的趋势，内容、装帧、营销等也需要相应转换。出版行业受大环境影响相对其他行业较小，我们要看到本土市场的空间，同时也须认识到国内出版与国外出版的差距，尤其在本土选题的开发与创新上，国内出版还有很长的路要走。

二、《中国青年报》的媒体融合“四变”

2022年12月13日上午，我们有幸请到了《中国青年报》中青在线总编辑孙晔老师为我们分享主流媒体的融合内容产品设计。

孙老师首先与我们分享了几个中青在线的融媒产品案例。这些融媒作品的共同点是，都有很高的阅读量和传播量，并且内容新颖、贴近青年。而这些成果的背后都离不开《中国青年报》在融媒时代做出的几个变化。

孙老师从4个维度和我们分享了在内容生产过程中所做出的几个变化：策划思路之变、生产模式之变、运营推广之变、工作机制之变。

在内容策划层面，《中国青年报》的宗旨是推动社会进步，服务青年成长。由于用户和服务对象都是青年人，为了做到让年轻人关注，年轻人喜欢，那就必须关注青年人，找到青年表达。好的内容要讲究一个“新”字，重复性讲旧的内容是不会有所进步和发展的。在讲述过程中，孙老师提到了4个“新”，分别是新视角、新视听、新故事、新知识。传统媒体在大众心目中一直以严肃的刻板印象而存在，面对一些宏大叙事、重大主题、高权威性的报道，其凝聚性与引领性的职责定位，就限制了它的灵活表达。但在新媒体时代，轻量化是一个比较突出的特点，所以各大媒体在重大主题报道上也都放下了身段，灵活调用了青年群体的贴近性视角，来展现重大主题报道的精神内核。

在生产模式层面，也要讲究变。在一些重大事件的叙述上按照传统的方式去讲述是行不通的。以致敬改革开放为例，倘若故步自封保持原有的传播形态是不会取得好的传播效果的。《中国青年报》在致敬改革开放40周年的系列短视频《40秒穿越40年》里分别从“玩具”“通信”“服装”“支付”“音乐”5个维度形象地展现了祖国40年日新月异的变化。视频一经发布便得到了广泛传播，成了短视频报道的“爆款”，获得了当年的中国新闻奖。与此同时，中青在线也在音乐产品方面进行了探索，也获得了非常好的效果。

在运营推广层面，从自营自筑平台向多方合力共赢转变。如果单靠已有的传播平台必定会耗费大量的人力物力和运营成本，倘若影响力弱还会反过来影响人才质量、动摇“军心”。在全媒体融合时代，中青在线以优质内容和服务撬动了外部合作的机会，与今日头条、百度、快手、腾讯、B站等平台展开合作，为“爆款”和“文化IP”的形成提供了有力的外部条件。

除此之外，《中国青年报》还积极与优质内容生产团队合作，做出了一个又一个令人感动的作品。

最后，孙老师提到融合媒体时代的内容创作绝不仅仅是简单的形式创新，更是注重如何利用新工具、新技术把故事讲“活”，让文字真正“站”起来。对应到编辑出版领域也一样，《中国青年报》在内容生产过程中所做出的新尝试、新改变都值得图书出版领域借鉴。这次讲座也为未来数字出版的发展提供了新思路。

■ 相关图片

相关图片88

基于电影工业化全流程的跨专业教学团队建设与模式研发

负责人简介

范小青，博士。中国传媒大学戏剧影视学院副教授、副系主任，“一带一路”电影研究所秘书长。釜山国际电影节顾问，中国电影评论学会理事，中国电影家协会国际传播工作委员会委员，高校影视学会影视国际传播理事，丝路电影节一带一路青年影像盛典总策划，亚洲大学生电影节总策划。韩国东西大学林权泽影像艺术学院海外客座教授，河北传媒大学客座教授。韩国学刊TechArt（KCI）国际编委。

发表论文300余篇，出版有《韩国电影100年》《野生金基德》《亚洲电影研究（第三辑）》《亚洲电影研究（第四辑）》《中韩电视剧文化比较》等。监制、策划《八角亭迷雾》《坏姐姐之拆婚联盟》《危险关系》等影视作品。

■ 优秀成果或建设经验介绍

立项背景：体现我校“传承为本、融合为要、创新为魂”的发展思路。

本项目瞩目互联网时代的娱乐内容创作方法与趋势，充分发挥流媒体传播广、互动性强的天然优势，广邀业界专家、面向社会观众，与学生进行充分互动。

前期实践：本项目不断探索新概念创作活动，为专硕学生提供多元化的实践平台，开拓丰富多彩的、与业界主流联手互动的创作实践机会，为学生积累良好的业界口碑，打下就业基础。

团队有较多新概念短片的组织、拍摄经验。比如2021年秋季学期，团队带领2021级MFA和2020级MFA学生一起成功完成了两期“无剪辑拍摄实验”，18位导演联手4位摄影师、8位演员在两周内共拍摄出18部短片精品。因完成度高，斩获多个业界大奖。

本项目旨在探索如何借媒介整合的优势，启发MFA专硕学生的创新型思维，在了解经典视听语言的同时，也谙熟网络时代用户的期待，探索创新模式，做出有一定市场吸引力的影像内容。

疫情期间，实地拍摄几乎成为空谈，虽然天文台系列短片计划落空，与业界大咖的现场互动与创意激荡也不可能实现，但是依然利用线上课程了解到年轻用户对于互联网娱乐内容的欣赏偏好以及快速创意与有效宣发的种种可行性。在导师团队的努力下，有了较为成熟、随时可启动的创作团队。

■ 学生评价情况或成果推广情况

暑假期间我们迅速抓住由中国高等院校影视学会参与组织的“庐山爱情电影周短片拍创作计划”，在精心策划后，经过两轮路演，我们从全国70多个高校团队中脱颖而出，成为十强团队走进庐山进行实地拍摄。过程中，团队成员取长补短，充分利用线上平台进行前期策划和后期制作的沟通，最终极其高效地完成任务短片。《悠然照相馆》斩获最佳编剧奖，在B站和微博获得501万的点击率。

《悠然照相馆》以真实人物为底色，借盲人摄影师的镜头，从另一个视角打开了“看见”庐山悠然之美的可能。短片上线后深受关注与好评，温馨愉悦的观影感受令人耳目一新的同时，中传创作者在短时间内集合摄影、动画、原创民谣等多种视听元素的高完成度作品备受称赞。此外，聚焦盲人摄影师这一特殊群体的立意，也展现出中传学子拳拳的赤子之心与深厚的人文关怀之情。

■ 相关图片

相关图片89

广播电视“3+1”专硕导师组

负责人简介

桂笑冬，中国传媒大学电视学院副教授、研究生导师，融合出版与文化传播重点实验室副主任、智能融媒体实践教学中心副主任。主要研究方向为视听传播、影像创作、新媒体、纪录片等，主讲课程：新闻摄影、电视影像语言、纪录片创作、影像创作意识、人物照明设计、视听创作等。

主持和参与多个国家级、省部级等横纵向课题项目，发表多篇论文，拥有知识产权产品4项。

创作作品获第十三届精神文明建设“五个一工程”奖、中国网络视听大会优秀网络视听作品、全国党员教育电视片特别奖、北京市党员教育电视片一等奖、中国纪录片学院奖等奖项。指导学生多次获国内外创作奖项。

■ 优秀成果或建设经验介绍

广播电视“3+1”专硕导师组在教学和创作指导中取得了比较丰富多元的项目成果，具体如下：

一、“中国新闻传播大讲堂”项目

“中国新闻传播大讲堂”作为落实教育部高教司新文科建设的重要举措，每年邀请优秀新闻工作者作为课程主讲人，将新闻实践融入全国新闻院校的课堂教学，视频课程已经实现了对我国719所新闻传播院校的全覆盖，推动优质教育资源共享，助力我国高等教育由精英化走向大众化、普及化。

大讲堂已经连续5年分别录制了《中国新闻传播大讲堂——来自武汉抗疫一线的报道》《中国新闻传播大讲堂——践行四力，与时代同行》《中国新闻传播大讲堂——新时代新征程，记者的使命与担当》和《中国新闻传播大讲堂——中国式现代化：记者的行与思》,《记录新时代，建设中华民族现代文明》作品受到广泛关注和赞誉，同时，团队也积累了丰富的经验，形成了成熟的课程建设模式和推广渠道。每年专硕学生都与指导教师一起参与其中，完成沟通、创作、编辑和传播工作，积累了丰富的节目创作经验。

学生在所有课程制作完成后，将内容做成数据课程库，联系每一个新闻传播院校，并一对一发放。与此同时，学生在老师的指导下，对课程内容和学习进行了总结，完成《回响》《笃行》两本书的整理。还制作了100余部短视频在人民网等主流媒体平台上进行传播。

二、《嗨！亚运》系列音乐微纪录片

第19届亚洲运动会于2023年在中国浙江省杭州市举行，亚运会组委授权中国传媒大学师生团队承制《嗨！亚运》系列音乐微纪录片，以2—5分钟音乐短视频的形式展现包容、团结的亚运精神，展现爱自己、爱生活的亚运情怀以及杭州城市新风貌。

三、《行走中国》

《行走中国》是联合中国日报社共同推出的融视频项目，以“青春行走，看见中国”为主题，以“中国内容，国际表达”为基调，通过虚实结合的现代视听技术展现中国大地上的文化遗产、自然风光、风土人情、建设成就等。该系列视频得到我国主流国际传播媒体《中国日报》的认可，获得了在其国内外新媒体矩阵播出的机会，播出后获得广泛好评，取得了良好国际传播效果。

四、毕业作品指导

行业导师全程配合完成学生的毕业作品指导，利用其专业知识和行业经验为学生的毕业作品出谋划策，指点迷津。

■ 学生评价情况或成果推广情况

在“新闻教育实践观”的引领下，广播电视专硕教学团队强化系统设计和统筹规划，矢志培养知行合一、实践能力突出的卓越新闻传播人才。

第一，在每门课程中融入实践元素、设计实践环节，打造出“融合新闻学”等创新性实践教育金课。

第二，为专硕开设“人物照明设计”等微课，在理论和实践的指导上开拓新方向。

第三，改革专硕课程，多元多层教学和指导，引入多位老师共上一门课，分别从各自领域教授、指导学生，最后融合编创作品。

第四，为所有的广播电视专硕学生安排了传媒领域的行业导师，努力构建校内导师和行业导师“双轨导师”指导机制。

第五，学院开放所有实践平台，保障专硕学生课堂实操学习、课后实践模拟训练、课题创作、奖项孵化等，积极做到构建有效衔接。

参加项目的专硕学生可以充分完成创作的全流程实践，作品同时按照行业标准，在各大主流媒体平台进行传播。学生在本项目有序的安排和饱满的实践项目中收获满满，2020级MFA的张云轩同学说，在项目中他得到了真正的锻炼，创作的作品更加扎实完整。2021级MFA的卫睿杰表示，这些项目的实践让她在实习过程中游刃有余，无缝地

链接到工作岗位中。

项目的作品《行走中国》在中国新闻网客户端、微博、视频号、海外社交平台同步上线，获得全国大学生网络编辑创新大赛视听新媒体一等奖等多个奖项。

《嗨！亚运》微纪录片在亚运会官网及相关新媒体平台上线，并在杭州市轨道交通楼宇等平台播放，受到亚组委官方好评，也取得了较好的传播影响力。项目作品《信仰的力量》获得中国正能量“五个一百”网络精品。

“中国新闻传播大讲堂”视频课程已经连续5年实现了对我国 719 所新闻传播院校的全覆盖，推动优质教育资源共享，被各主流媒体深入报道。还被教育部副部长吴岩称为最生动的国情大课、最有温度的思政大课、最高水平的专业大课、最有实践力的中国金课。

■ 相关图片

相关图片90

实践赋能，创新引领
——数字出版与融合传播专业学位研究生示范导师组

负责人简介

秦瑜明，中国传媒大学教授、博士研究生导师，出版学院副院长、媒体融合与传播国家重点实验室副主任、智能融媒体教育部重点实验室副主任，兼任中国记协新闻道德委员会委员、中国音像与数字出版协会理事。被评为北京高校教学名师、北京市教书育人先锋。带领教学团队自2023年起招收第一批出版专业硕士研究生，并积极开展出版专业博士学位授予点申请工作，努力构建国内领先的传播学与出版专业教学科研体系。

■ 优秀成果或建设经验介绍

本导师组面向出版行业战略转型发展需要，顺应媒体融合大趋势，组建年龄结构合理、学缘结构科学的导师队伍，秉承复合型人才培育理念，通过实践赋能推动业务创新与理论创新的双轮驱动，多维度提升学生的学术能力与业务水平。

第一，坚持理论创新，搭建交流平台，推动建设出版学自主知识体系。导师组在培养过程中，注重对教学经验的理论升华和对前沿发展的观察分析，搭建学术平台促进理论交流：在CSSCI学术期刊设置专栏、发表《赓续传统 刻印未来——中华优秀传统文化出版模式建构》等多篇文章；申请并承担国家社科基金重大项目“以融合传播创新增强中华文明传播力影响力研究”、注重思考从出版学科的视角推动融合传播创新，切实服务于国家重大战略；承办全国出版学科共建工作研讨会主题论坛，主办“中国式现代化与出版高质量发展”2023年全国出版融合发展论坛，吸引了学界、业界的权威专家学者，提升了师生的专业水平，更为出版学自主知识体系建设贡献了力量。

第二，坚持实践赋能，强调“知行合一”，打造一系列实践教学成果。导师组坚持实践第一原则，带领学生围绕主题出版和中华优秀传统文化出版两大方向打造出版成果；在主题出版领域，师生共创成果《百年先锋》《红色文物青年说》入选中宣部主题出版重点出版物选题、教育部主题出版选题，正在通过人民教育出版社推进出版工作；学生作品先后获“韬奋杯”全国图书编校暨高校编辑出版能力大赛一等奖、中国新闻奖、中国国际“互联网+”大学生创新创业大赛金奖等荣誉；在传统文化出版领域，师生共创成果《解码中华文化基因》融合出版物已通过中国传媒大学出版社正式出版发行，“中华诗词文化鉴赏”融媒体课程以融合出版物的形式展现小学语文诗词，制作5种民族语言版本，通过民族语言网等渠道向民族地区推广；学生原创作品获得全国大学生网络编辑创新大赛华北赛区一等奖等荣誉。这些实践创作探索促进了中华优秀传统文化与红色文化的传承创新，有效提升了出版专业学生的专业创新力与职业胜任力。

■ 学生评价情况或成果推广情况

经过半年多的培养探索，导师组为数字出版与融合传播专业学位研究生搭建了科学的培养体系，为学生实践创作成果提供了广阔的展示平台。

在学生评价上，融合出版业务、出版与文化传播两个方向专业硕士均对本专业有较强的认同感与归属感，对于学院组织的在京出版企业参访活动、全国出版论坛组织工作等均做到全员参与。学生对导师组设计的各类实践教学课程给予了很高的评价，表现出较强的专业认同度。

在成果推广上，导师组深度参与了第十三届中国数字出版博览会，全面展示了具有中传特点和风格的数字编创与数字出版成果、分享数字出版研究新成果。我们展出以《解码中华文化基因》等为代表的一批具有显著社会效应的主题出版物及融合出版产品，包括音频书架、文创产品、融媒体视频、移动交互产品、融合出版物等，吸引了国内外的数字出版企业代表，相关高校师生代表、科研机构负责人等，当地党政机关代表、中小学生和市民也前来参观。在大会上，导师组负责人秦瑜明教授受邀作为嘉宾在主论坛发表主题演讲，介绍导师组实践育人与理论探索的最新成果。各项展示成果与论坛发言获得数博会官方媒体平台以及中国新闻出版广电网、人民网、新华网、《中国日报》、《光明日报》等主流媒体的全面报道。

此外，导师组积极推动数字出版走出去工程。在世界最具影响力的出版博览会——第75届法兰克福书展上，重要出版成果报告文学《光明影院的故事》中文版亮相中国出版集团有限公司展区的特别推荐位。展会吸引了来自94个国家和地区的4 000家以上的出版商，真正使得师生共创成果走向世界。

■ 相关图片

相关图片91